古籍保护研究

《古籍保护研究》编委会 编

第五辑

中原出版传媒集团
中原传媒股份公司
大象出版社
·郑州·

图书在版编目(CIP)数据

古籍保护研究.第五辑/《古籍保护研究》编委会编.—郑州：大象出版社，2020.6
ISBN 978-7-5711-0641-6

Ⅰ.①古… Ⅱ.①古… Ⅲ.①古籍-图书保护-中国-文集 Ⅳ.①G253.6-53

中国版本图书馆 CIP 数据核字(2020)第107795号

古籍保护研究（第五辑）
GUJI BAOHU YANJIU(DI-WU JI)
《古籍保护研究》编委会　编

出 版 人	王刘纯
责任编辑	吴韶明
责任校对	毛　路　万冬辉
装帧设计	付锬锬

出版发行　大象出版社（郑州市郑东新区祥盛街27号　邮政编码450016）
　　　　　　发行科　0371-63863551　总编室　0371-65597936
网　　址　www.daxiang.cn
印　　刷　郑州新海岸电脑彩色制印有限公司
经　　销　各地新华书店经销
开　　本　720 mm×1020 mm　1/16
印　　张　13
字　　数　225千字
版　　次　2020年6月第1版　2020年6月第1次印刷
定　　价　46.00元

若发现印、装质量问题，影响阅读，请与承印厂联系调换。
印厂地址　郑州市鼎尚街15号
邮政编码　450002　　　　电话　0371-67358093

国家古籍保护中心主办
天津师范大学古籍保护研究院承办

编辑委员会

顾　　　问：李致忠　刘惠平　安平秋　顾　青
　　　　　　史金波　杨玉良　王余光　程焕文
　　　　　　郑杰文　李　培　王刘纯　沈　津
　　　　　　艾思仁(美)
主　　　编：饶权　钟英华
常务副主编：张志清　姚伯岳
副　主　编：李国庆　林世田
编　　　委：陈红彦　王红蕾　杜伟生　接　励
　　　　　　顾　钢　黄显功　杨光辉　林　明
　　　　　　刘家真　孔庆茂　陈　立　刘　强
　　　　　　朱本军　吴晓云　刘心明　韦　力
编辑部主任：王振良
编　　　辑：周余姣　凌一鸣　王鸯嘉　付　莉
　　　　　　强　华　胡艳杰
编　　　务：李　理

目 录

古籍保护综述

普查·总目·书志
　　——"中华古籍保护计划"的古籍编目实践
　　　　……………………… 张志清讲述　李华伟　王鸶嘉　周余姣整理　001

普查与编目

古籍书目编纂之探索
　　——以《中华古籍总目》为例 ……………… 周余姣　李国庆　013
澳大利亚国家图书馆新见《崇宁藏》零种《大般若波罗蜜多经》卷四二残
　　卷浅议 ……………………………………………… 赵洪雅　林世田　021

版本与鉴定

《洪武南藏》问题考论及其重修复原之役 ………………… 李致忠　028
从"丑虏"到"强敌"
　　——潘良贵别集版本考论 …………………………………… 赵昱　040
新见抄本《虎口余生》考论 ………………………………………… 王琼　050

收藏与整理

陕西省图书馆藏丹徒赵艺博积微室藏书 ·················· 郎　菁　059
凤凰县图书馆藏致田兴恕信札 ························ 寻　霖　069

历史与人物

记古籍修复大家肖顺华先生 ·························· 吴晓云　077

保藏与修复

科学、技术与文化遗产
　　——手工纸张的理化性质 ············· 杨玉良讲述　凌一鸣整理　083
浅谈古籍修复之衬纸使用 ···························· 徐晓静　091
明崇祯刻本《圣迹图》修复初探 ················ 罗涵亓　袁东珏　097
枞阳县图书馆藏珍贵古籍修复项目概述
　　···················· 臧春华　蒋　云　张文文　金　鑫　耿　宁　103

再生与传播

海外汉籍数字化加工现状与实践研究 ·················· 朱本军　112
古籍影印对版本研究的助益
　　——兼谈"四部要籍选刊"的影印 ················· 王荣鑫　130
上海中医药大学图书馆古籍影印工作述略 ·············· 陈　腾　139

《永乐大典》专辑

《永乐大典》修复工程略说 ·························· 胡　泊　145
国家图书馆藏《永乐大典》述略 ······················ 谢德智　152
《永乐大典》影印编年简史 ·························· 赵　前　158

名家谈古籍

活字本简史与类型 ……………………………………………… 徐忆农　**166**

书评与书话

文献的生命周期
　　——评林明著《中国古代文献保护研究》 ……………… 凌一鸣　**175**

研究生园地

论古籍编目中对异名同书者采用"双名制"的必要性
　　——由元董鼎所著有关《尚书》的注解谈起 …………… 赵兵兵　**183**

编后记 ………………………………………………………… 王振良　**193**

CONTENTS

1. Survey, Catalogs, Abstracts: The Practice of Rare Book Cataloging of the Protection and Conservation Project for Ancient Chinese Books
   .... Zhang Zhiqing   001

2. The Exploration of Rare Book Cataloging—Taking as an Example *The Catalogue of Chinese Rare Books* .... Zhou Yujiao, Li Guoqing   013

3. A Preliminary Remark on the Fragmentary *Prajnaparamita* Vol.42 from *Chongning Tripitaka* Newly Discovered in the National Library of Australia
   .... Zhao Hongya, Lin Shitian   021

4. A Study of *Hongwu Southern Tripitaka* and its Restoration
   .... Li Zhizhong   028

5. From "The Bastard" to "The Powerful Enemy": the Version Research on the Collected Works of Pan Lianggui .... Zhao Yu   040

6. A Textual Research on the Newly Discovered Codex of *A Narrow Escape*
   .... Wang Qiong   050

7. The Collection of Zhao Yibo's Jiweishi of Dantu in Shaanxi Library
   .... Lang Jing 059

8. The Letters to Tian Xingshu Collected in Fenghuang County Library
   .... Xun Lin 069

9. In Memory of Xiao Shunhua, Master of Restoration of Rare Books
   .... Wu Xiaoyun 077

10. Science, Technology and Cultural Heritage—The Physical and Chemical Properties of Handmade Paper .... Yang Yuliang 083

11. A Remark on the Lining Paper for the Restoration of Rare Books
    .... Xu Xiaojing 091

12. A Preliminary Study on the Restoration of the Woodblock Engraving *Portraits of Confucius* During Chongzhen's Reign (1628—1644) of the Ming Dynasty
    .... Luo Hanqi, Yuan Dongjue 097

13. An Introduction of the Restoration Project of Valuable Ancient Books Preserved in Zongyang County Library ....
    Zang Chunhua, Jiang Yun, Zhang Wenwen, Jin Xin, Geng Ning 103

14. A Study on Digitization of Chinese Rare Books Collected Overseas
    .... Zhu Benjun 112

15. The Contribution of Rare Book Photocopying to Edition Research—And Discussion on the Photocopying of "*Si Bu Yao Ji Xuan Kan*" ... Wang Rongxin 130

16. A Brief Introduction of Ancient Book Photocopying in the Library of Shanghai University of Traditional Chinese Medicine .... Chen Teng 139

17. A Brief Introduction of the Restoration Project of *The Yongle Encyclopedia*
    .... Hu Po 145

18. A Brief Introduction of *The Yongle Encyclopedia* Collected in the National Library of China ·· Xie Dezhi 152

19. A Brief Chronicle of the Photocopying of *The Yongle Encyclopedia* ·· Zhao Qian 158

20. A Brief History and Types of Movable-type Editions ············ Xu Yinong 166

21. Life Cycle of Documents—A Review of Lin Ming's *A Study of Document Preservation and Conservation in Ancient China* ····················· Ling Yiming 175

22. The Necessity to Keep the Different Titles that the Same Book Bears in the Cataloging of Ancient Books—Related to Dong Ding's Annotation of *Shangshu* ·· Zhao Bingbing 183

普查·总目·书志

——"中华古籍保护计划"的古籍编目实践*

Survey, Catalogs, Abstracts: The Practice of Rare Book Cataloging of the Protection and Conservation Project for Ancient Chinese Books

张志清讲述　李华伟　王鹚嘉　周余姣整理

摘　要：文章在回顾"中华古籍保护计划"发起过程的基础上，介绍了古籍普查登记的顶层设计、路径选择，古籍普查登记工作的进展，《中华古籍总目》编目的现状以及其后的古籍书志编纂计划。古籍普查登记是古籍编目的初级层次，但普查可以促进编目的深化发展，而书志实际上是对古籍进行详细著录的一种方式。我国应在古籍编目方面积极探索出一条既与国际编目规则接轨又有自身特色的道路。

关键词：古籍普查；普查登记平台；古籍编目；书志

我今天讲的题目是《普查·总目·书志——"中华古籍保护计划"的古籍编目实践》，向大家介绍一下"中华古籍保护计划"中的古籍普查、编目工作以及今后的工作计划。此前在开幕式的发言中我就提到，古籍普查、古籍编目下一步应该往何处去，是我们要积极思考的问题。如何进一步拓宽古籍普查的思路，完善我们的古籍编目工作，是一项十分紧迫而重要的任务。那是因为：如果真要等到"十四五"规划的时候，甚至经过十几年、二十年的发展，实践证明我们的路走歪了，后果将会非常严重。下面我将主要从古籍普查、总目编制、书志撰写三个方

---

* 本文根据作者于2019年10月在天津师范大学古籍保护研究院承办的天津市人力资源和社会保障局"经济社会发展重点领域人才培养工程"市级高级研修项目"国际视野下的图书馆古籍编目"高级研修班上所做的主旨报告整理而成。

面进行探讨,以期抛砖引玉。

一、全国古籍普查登记的设计和选择

首先向大家介绍全国古籍普查登记的设计和选择。众所周知,我国于2007年启动"中华古籍保护计划"。但在此之前,自1999年起,每年都要召开一次全国古籍工作会议,由包括国家图书馆(以下简称"国图")在内的七个大图书馆轮流主持,后来参加单位逐渐增加到一百多个。在历次工作会议上,各馆古籍部主任讨论的重点就是如何推动古籍保护工作。但一开始古籍普查并未被纳入工作计划,因为这一项工作需要调动全国的古籍收藏单位,在人力缺乏的情况下进行大规模的编目,在当时是无法操作的。

在此之前,新闻出版总署也曾开展过《中国古籍总目》编撰工作,虽历时十年之久,但实际上未能进一步开展。我记得当时我还在国图古籍馆普通古籍组从事编目工作,2003年这项工作又启动的时候,我已调入善本部工作。最后是新闻出版总署下了很大的决心,让全国古籍整理出版规划小组硬性推动,事实上也就是十几个大的图书馆参加。其中国图负责集部,北京大学图书馆负责经部,上海图书馆负责史部,南京图书馆负责子部,湖北省图书馆负责丛部。当时曾提出希望能在三年内干完,我们都认为不可能。经过多方论证后,采纳了国图李致忠先生设计的"品种+版本"的模式。他建议抓住重点,因为90%以上的古籍品种与版本可能都集中在国内十几个大型图书馆,所以单从品种和版本上来讲,基本上是全的。现在看起来,这种做法是有效的,其成果就是我们现在所看到的26卷本的《中国古籍总目》。但《中国古籍总目》的编制存在一个很大的问题,就是没有核对原书,所有款目都是用现成卡片或数据集中起来编的。还有另一个问题,那就是仅仅这十几家收藏单位的数据合起来能不能叫作"中国古籍总目"?这是大家一直存疑的地方。全国古籍普查的需求也就由此产生了。

在《中国古籍总目》已经在出版、工作接近尾声的情况下,国图原馆长周和平同志(时任文化部副部长)接受建议,决定古籍保护工作先从摸清家底做起,也就是先做古籍普查。实际上,从2004年开始,在我亲自设计的至少七个古籍保护计划的早期版本中都没有包含古籍普查。直到我们正式开展"中华古籍保护计划"的前一年即2006年,普查这件事才被提上议事日程。所以从2006年起,为了让整个古籍保护计划得以顺利开展,我们就开始设计今后的普查路径。

无论是采用国图的卡片目录,还是使用国图近年来的 MARC(Machine-Readable Catalog,机器可读目录)数据来做古籍普查,从事古籍工作的专业人员对此都有很大的争议。比如用 MARC 格式去进行古籍编目的时候，采纳的是国际上通用的著录规则，把中国的著录传统基本抛弃了。中国历来有"辨章学术，考镜源流"的目录学传统，过去还是做得非常好的，但是 MARC 记录的各种款目都是平行的，就是一本书一个款目，在对每一本书的著录过程中，看不出各项之间的关系，要靠后台进行集成、综合检索再分出来。那些习惯传统著录规则并觉得传统著录方式更好的编目员，在编目工作中就得面对很大的变化。大家争议的焦点，主要是哪些款目可以更多地采用传统方式，哪些应该向国际著录规则看齐。所以在 2006 年开始设计普查登记规范的时候，大家就开始有意识地考虑怎么"去 MARC 化"了。

另一个原因是当时已经有 DC(Dublin Core,都柏林元数据)了。它本来只是一种适合于物流管理、计算机管理的简化新方式，然而引入到图书馆界以后，得到了很大的拓展。如果说原来的著录格式像一根"棍子"的样子，现在则变成了"枣核"形，著录内容非常烦琐，使人感到无所适从。

于是关于著录格式的争议又摆到了桌面上。最后我们用自定义字段做了一个整体的安排，既不是 MARC 格式，也不是 DC 格式。根据这个安排，现在一共有 162 项，分成 24 个区域。大体如下表：

古籍普查平台区段全表(24 区 162 项)

序号	字段分区	字段名称(必填情况)
1	初始信息（6项）	正式普查编号(必填,系统自动填写,可修改)、旧普查编号(必填,系统自动填写,不可修改)、数据制作人(必填,系统自动填写)、收藏单位(必填,系统自动填写)、索书号(必填)、初始信息附注
2	分类(3项)	普查平台分类(必填)、收藏单位分类、分类附注
3	题名著者（22项）	题名卷数(必填)、题名依据、题名卷数拼音、所属丛书题名(有则必填)、题名卷数附注、朝代/国别(有则必填)、著者姓名(必填)、著作方式(必填)、著者依据、著者拼音、著者附注、著者生年、著者卒年、著者科举年、著者学术活动年、其他、审定年、著者生卒年附注、其他题名、其他题名依据、其他题名拼音、其他题名附注
4	卷数统计（10项）	总卷数(必填)、实存卷数(有则必填)、实存卷次(有则必填)、缺卷数(有则必填)、缺卷次(有则必填)、原缺卷数、原缺卷次、总不分卷数(有则必填)、实存不分卷数、卷数统计附注

(续表)

序号	字段分区	字段名称（必填情况）
5	版本（10项）	版本著录（必填）、版本补配（有则必填）、所属丛书版本著录、版本统计-版本年代（必填）、版本统计-版本类型（必填）、版本著录主要依据（必填）、版本附注、署记/牌记/题记/木记/条记/注记位置、署记/牌记/题记/木记/条记/注记内容（有则必填）、署记/牌记/题记/木记/条记/注记附注
6	版式（11项）	版框（高×宽）（有则必填）、分栏（有则必填）、半页行数（有则必填）、每行字数（有则必填）、双行小字字数（有则必填）、书口（有则必填）、边栏（有则必填）、鱼尾（有则必填）、版心有无字数、有无书耳、版式附注
7	装帧（5项）	装帧形式（必填）、开本（高×宽）、册数（必填）、函数、装帧附注
8	装具（5项）	装具数量、装具外形、装具材料、装具状况、装具附注
9	序跋（8项）	序跋顺序号、序跋名称、序跋名称依据、序跋者朝代/国别、序跋者姓名、著作方式、序跋时间、序跋附注
10	刻工（4项）	刻工顺序号、刻工姓名、刻工首次出现位置、刻工附注
11	批校题跋（8项）	批校题跋顺序号、批校题跋名称、批校题跋名称依据、批校题跋者朝代/国别、批校题跋者姓名、著作方式、批校题跋时间、批校题跋附注
12	钤印（8项）	钤印顺序号、印章位置、印文形状、印文类型、印文释文、印主朝代/国别、印主姓名、钤印附注
13	附件（11项）	附件题名卷数、附件类型、附件数量、附件题名依据、附件题名卷数拼音、附件著者朝代/国别、附件著者姓名、著作方式、著者依据、著者拼音、附件附注
14	文献来源（3项）	文献采访登记号、财产转移方式、文献来源附注
15	修复历史（5项）	曾经修复时间、曾经修复单位、曾经修复者、曾经修复方式、修复历史附注
16	其他（1项）	综合附注
17	子目序号（2项）	子目顺序号、子目分区

(续表)

序号	字段分区	字段名称（必填情况）
18	子目题名著者（10项）	子目题名卷数、子目题名依据、子目题名卷数拼音、子目题名卷数附注、子目著者朝代/国别、子目著者姓名、著作方式、子目著者依据、子目著者拼音、子目著者附注
19	子目版本（2项）	子目版本著录、子目版本附注
20	子目其他（1项）	丛书子目附注
21	古籍定级（6项）	定级人（必填，系统自动填写）、定级机构（必填，系统自动填写）、定级时间（必填，系统自动填写）、古籍定级级等（必填）、定级依据（必填）、定级附注
22	定级书影（4项）	定级书影编号、定级书影文件路径、定级书影所在部位、定级书影备注
23	古籍定损（13项）	分册定损-定损册次、分册定损-定损册数、分册定损-破损类型、分册定损-破损细节、分册定损-破损级别、分册定损-修复建议、分册定损-附注、全书破损级别（确认总破损级别）、全书修复建议（确认总修复建议）、定损人、总件数、全书总定损件数（确认总定损件数）、破损附注
24	定损书影（4项）	定损书影编号、定损书影文件路径、定损书影所在部位、定损书影备注

而我们最初设计的是一个15表的初始表，大表也非常繁杂，主要是考虑全国普查的标准要做得细一些，便于以后编目的时候都能纳入。如果把15表的初始设计叫作"专业级"，那么这个24区162项的设计应该算作"专业完善级"，因为要著录什么，怎么普查，在这个表上基本能得到反映。

当时我作为国图分管古籍保护工作的副馆长，赶紧召集了两个会议，分别邀请编目专家与各地的馆长参加。在编目专家会议上，大家认为这个24区162项的全表涉及的项目还是太少，还应该更为细致才能解决问题。而在馆长会议上，馆长们都认为著录必须极大简化，否则工作没法干。因此在古籍普查开始的时候就有两派意见，一派是专业人士的意见，另一派是馆长等管理人员的意见，两派意见截然相反。

后来周和平馆长指示说，关键是要考虑清楚国家开展普查的初衷是什么。

经过认真讨论,最后大家认为普查的目的是摸清家底,需要知道大概有什么书,有多少书,这些书都藏在哪儿,其价值如何,破损状况怎么样,要不要给予保护与修缮。这恐怕才是政府开展普查的目的。经过全方位交流研讨,古籍普查登记标准最后减为13项。从162项到13项,在数量上大幅减少。此后征求各个省级图书馆意见,结果反馈回来的意见还是认为做不了。直到这个时候,我们才发现一个严重的问题:我们的古籍编目人员太少了!

当初策划"中华古籍保护计划"的时候,我们认为全国修复人员的状况已经到了非常危险的时候,必须进行培养。以国图为例,当年规模很大的一支修复人员队伍,现在大都退休了,很难找到青年人。因为干这行被人瞧不起,图书馆普遍认为,只有古籍采访、鉴定、编目,特别是咨询与研究才是高级的、专业的,而修复最多需要大专、中专文化程度就够了,只有修复工人才愿意去干。所以当时第一步的想法是先把修复队伍壮大起来。经过12年的发展,现在全国古籍修复人员的数量已经超过1000人,而过去不足100人;现在基本上是博士、硕士,当时连一个本科生都没有。这绝对是翻天覆地的变化!

但在古籍编目方面,我们最初以为,从高等院校毕业的学生都会愿意去图书馆做古籍鉴定、古籍编目,这方面的人才不会缺乏,所以我们对古籍编目人才的培训力度确实弱于对修复人员的培训力度。直到这个时候,我们才深刻认识到:包括高校图书馆在内的各古籍收藏单位,全国的古籍编目人员严重缺乏!所以任务分配到各地,就听到一片叫苦声,即使有经费也没用,没人干活!最难的一项就是版本鉴定不了。

反馈意见再次向上汇报后,当时文化部的指导建议是把这13项再分为两部分,即哪些是必须著录的,哪些是可以延伸著录的。原则上保持13项的要求不变,一部分无力完成的图书馆则可以减少为以下7项:书名、卷数、著者、版本、稽核项册函数,还有残存卷数,另外还有普查登记号。这7项是必备项①。还记得当时在布置这项工作的时候,我向周和平馆长汇报,说哪怕仅仅著录7项,这项工作大概也得20年才能完成。而且专家需要做专家级别的事情,基本不参与,他们愿意做的是《中国古籍总目》这一类的精英目录。

当时怎么也没想到,仅仅7年后的今天,全国已经有24个省(自治区、直辖市)全部完成了古籍普查,登记完成了260余万部书,占所有藏量的80%!说实话,我是非常激动的。

---

① 具体可参见国家古籍保护中心编《全国古籍普查登记手册(暂行)》,2012年。

总之,古籍普查当时就是这样一个背景——经费有限,严重缺乏专业人员,可见难度之大。所以当初设计标准的时候,才逐步经历了"专业级"的15表的初始设计、"专业完善级"的24区162项的设计、"总目级"的13项选择,以及"基本级"的必选7项这样一个过程。所谓"木桶原理",范围越大越是要取低,否则就没有办法完成。古籍普查登记的任务是要摸清底数,实际上相当于要为每部古籍编发一个身份证,上面记载的信息虽然非常简单,但是作用却不容小觑。业界也都认识到,确有必要在进行古籍普查的时候尽可能地调查清楚古籍破损程度等事项,为引导未来的国家资金投入做好准备,实际上我们一直也是这么做的。

我认为,古籍普查登记并不是专业的古籍编目,前者只是后者的一个初级层次,并不是真正的完善级别或者详细著录级别的古籍编目。

过去,在编《中国古籍总目》的时候,发现全国有近900家图书馆藏有古籍;现在,我们已经知道有2800家单位藏有古籍。可谓增幅巨大!这次普查发现了很多我们过去完全不了解的单位,有的甚至藏有非常好的古籍,比如安徽的皖西学院不仅古籍藏量巨大,而且不乏宋元版本。普查中也发现了大量曾经藏在深闺不为人知的珍贵品种、珍贵版本以及珍贵研究资料。可以看出,普查起到的作用实际上还是非常大的。也许有人会问:这么简单的普查数据到底有没有用啊?很多人认为有用,最明显的例证就是复旦大学专门研究古籍数据的龙向洋先生,他也是《中国古籍总目》总编吴格先生的得力助手,他就认为古籍普查数据大量地补充了原来《中国古籍总目》的不足,并且通过大数据分析,还能发现很多有重大意义的研究资料。

古籍普查这项工作,到2020年底将基本告一段落。除寺庙、宫观及一部分文博系统因阻力太大没办法纳入外,主体的公藏单位,特别是公共图书馆系统,已经全部完成了古籍普查工作,大部分高等院校图书馆也完成了,可谓有成绩有遗憾。虽然古籍普查看起来永远都是一个阶段性的任务,但也到了必须尽快结束的时候了。以后,国家可能不会再进行类似的大规模普查,但会在编目专业级别上进行深入,把专家原本期许的古籍编目"精华版"分成几个层次、几个时段一步一步地去实现。这也许是今后相当长一个时期内的工作任务。

二、古籍普查登记平台与普查总书目的编制

我想现在大家可以明白古籍普查的前世今生了。下面向大家介绍古籍普查登记平台与普查总书目的情况。

古籍普查工作的基本完成并不意味着万事大吉了,数据的处理要逐步深化。

可以预计，基于24区162项标准而设计的"专业完善级"古籍普查平台在今后会发挥越来越大的作用，主要表现在两个方面：

首先，古籍普查平台的区段全表设置，也就是所谓的24区162项。它包括唯一的普查编号、旧的普查编号、数据制作人、收藏单位、索书号、附注等初始信息，这些在普查登记平台上是必备选项。

其次，平台的分类。收藏单位的分类附注可以查询普查手册上的专门分类表。此外，还有题名著者项、卷数统计、版本项、版式、装帧、装具、序跋、刻工、钤印、附件、文献来源、修复历史、其他附注等模块。值得一提的是特别加入的几个项目：第一就是古籍定级情况，加入了文物管理方面的内容；第二就是作为定级重要依据的定级书影；另外还有古籍定损，包括破损状况与定损书影，其依据是专门研制的破损定级标准。希望162项借此都可以全部完成，如此才是不忘初心的做法。

当然，平台登记是一项非常长期的工作，将来只有到了普查的第二阶段，才算是真正进入古籍的编目阶段。这也说明古籍普查并不是编目本身，但普查可以促进未来编目的深化发展。

普查登记平台主要分为两大部分：一是业务处理系统，二是发布系统。业务处理系统实际上是为各个古籍收藏单位提供的工作平台。系统的使用者与全国古籍普查的参与者范围一致，即我国境内的各收藏机构。业务处理系统的普查对象为汉文古籍、简帛、敦煌及西域遗书、碑帖拓本、少数民族文字古籍。古籍的登记内容包括题名、著者、版本、分类、版式、装帧、装具、序跋、刻工、批校题跋、钤印、附件、文献来源、修复历史、丛书子目、定级、定损、相关书影等信息。另外，我们还研制了一个藏文的古籍普查登记平台，供西藏自治区使用。西藏的古籍收藏单位以寺庙为主，有2000家左右，我们原来预想只有200家，结果发现竟然增长10倍，而中文古籍收藏单位全国也就2800多家。在地处世界屋脊的阿里地区，我们也有古籍普查的重大发现和惊喜。阿里地区条件无比艰苦，却能够成为全国首个完成普查的地市级行政区，其精神令人感动！

发布系统即"全国古籍普查数据库"，是古籍普查成果的展示方式之一，用于将国家古籍保护中心审核通过的普查数据发布给公众检索和浏览。配套的自动发布系统可以把业务处理系统已经做完且校验无误的数据直接通过索引库发布，索引库则能够直接生成书本式目录。总之，这个平台可能看着有些复杂，但是实践证明完全是可以使用的，而且很方便。所以，我认为古籍普查平台可以作为未来古籍编目深化著录的基础。

实践也证明，全国的古籍普查登记工作在整体上确实取得了较大的发展。

一方面，摸清了全国古籍普查人员队伍的数量。国家古籍保护中心办公室对 2007 年、2012 年、2015 年三次专项调查的所有报告和数据进行了汇总，发现 2007 年是 500 余人，2012 年增长到 1234 人，2015 年增长到 2089 人，之后这个数字还在增长。例如 2015 年之后，四川省图书馆建了新的古籍书库，人员也相应有所增加；如果加上来自各个高等院校作为第三梯队的志愿者服务队伍，就更多了。这个数字令人振奋，不用再担心后继无人。

另一方面，出版了非常可观的古籍普查书目成果。从 2013 年起，全国 2800 多家古籍公藏单位开始联合开展古籍普查，到 2019 年初，2315 家公藏单位普查了 260 余万部加 14500 函（藏文），出版了 285 家古籍收藏单位的古籍普查登记目录计 80 种 123 册（有的目录由几家收藏单位合作完成，如重庆 33 家图书馆联合编了一种目录）。预计全部出齐以后，能达到 400 册。这个数量我觉得非常了不起！之前新闻出版总署牵头制作的《中国古籍总目》是 26 卷（26 本），我们现在已经出到 123 本，规模超过它很多，而且我们出版的目录里有大量《中国古籍总目》原来没有的内容。但即使 2020 年 400 册古籍普查登记目录出齐，也仍然只是一个阶段性成果，因为需要深化的内容还是很多。

数据完善并出版目录之后，普查结果需要在网上发布。现在全国古籍普查登记数据库已经发布了 169 家单位的 67 万条数据，涉及 654 万册古籍。相比于同样作为全国文化遗产的文物普查信息、档案信息、非物质文化遗产信息的公布情况，这个数量让人叹为观止！在这方面，图书馆界实际上起到了带头作用，我们公布得越多，对其他行业压力越大，这也在一定程度上起到了推动作用。不过文物部门的普查也有其自身的特殊情况，有些内容确实不宜公开。

根据国家第二次可移动文物普查的统计，第一大类的钱币约占所有文物数量的 38%，古籍占所有文物数量的 16%，而包括瓷器在内的其他各类文物，每一类平均不到 5%，最高也不到 6%。截至目前，文物部门做过的所有普查涵盖的是 1000 万册古籍，而图书馆界已完成了 260 万部。可以预计，2020 年普查登记的所有古籍加到一起，应该达到 3100 万至 3200 万册。届时在所有的文物种类中，古籍的数量很有可能超过钱币或者至少与其数量相当，成为第一大文物种类。众所周知，钱币是一枚一枚数的，而古籍的统计单位是册，规模比钱币大了去了。

通过这次古籍普查，收藏古籍的藏书单位数量激增，大量不为人所知的新品种、新版本得以发现，成绩显著。"中华海外古籍调查数据库"和"中华历代古籍信息著录数据库"正在调查编纂中，其中"中华海外古籍调查数据库"的数据量已接近100万部，而登载历代著录古籍的"中华历代古籍信息著录数据库"预计数量可达180万部左右。这三个数据库建成后，意味着我们可以知道历史上一直延续至今的所有古籍的全貌。这就是古籍普查的效果，这一天已经越来越近了！

在全国古籍普查登记目录的基础上，我们从今年起正式启动《中华古籍总目》分省卷的编纂。现在"天津卷"的全部与"国图卷"的经部已经先期完成了。已经编了《中华古籍总目》的编目手册，眼下正在做关于《中华古籍总目》编纂收录范围，含分类表以及类分示例、分类款目组织规则、分省卷地方志分类表在内的著录规则等基础工作。分类表主要分为经、史、子、集、类丛五部。天津图书馆在编本馆古籍总目的时候，还单独设了一个"新学卷"，目前大多数专家的意见是"新学"仍归入四部之中，最后究竟采用哪一个标准，可以继续讨论。

古籍普查也留有一些遗憾，就是没有做书影，没有记录行款格式，不利于比对版本。今后在编《中华古籍总目》时必须补，不然没法核对。我提议国图和若干大型图书馆先把自己的书影放到平台上去，便于大家自行比对，为各省编本行政区域内的古籍总目奠定基础。

三、古籍书志的编纂

接下来很重要的一项工作就是书志的撰写。

先说体例，这恐怕是大家最感兴趣的问题。经过国图古籍馆、国家古籍保护中心办公室长时期的研制，书志的体例不断在改，若加上实验期，前后已有十年之久。过去，浙江图书馆是其他图书馆的对标单位，因为该馆做的普查登记目录最完善，开始时高达150项之多，后来减为55项。吴格先生就曾建议在此基础上制作书志。那么书志到底要怎么撰写？以我的理解，书志实际上是详细著录的一种方式，过去叫作提要。当然，关于书目提要一向是仁者见仁，智者见智，因为它有各种不同的系统。比如在《四库全书总目提要》中编纂者就对每一种文献做了内容评价，看其是否符合道德教化等收录标准。

现在的若干种古籍善本提要，包括沈津先生的《美国哈佛大学哈佛燕京图书馆中文善本书志》、陈先行先生的《柏克莱加州大学东亚图书馆中文古籍善本书志》，以及国内已完成的《中华再造善本》及其续编的提要在内，基本上可以看作一种版本提要，因为它们重在考证版本。这种提要大都有固定格式：首先是一些基本信息，如书名、卷数、著者、版本、行款、题跋等；其次介绍著者生平、成书经过等情况；第三考证版本；第四考证确定某版本的内容价值和版本价值；还有就是叙述一些藏家的题识、书籍的递藏情况等。现在的提要和书志基本属于这种格式,但是我感觉有待完善的空间还很大,比如递藏只是指出了大的、按顺序的递藏关系,有些小一些的就遗漏了。其他关于印章、刻工、避讳也是如此。这种书志固然起到了提纲挈领的作用,但应该详细著录的要素并未完全表达出来,这就为后人进一步研究留下了一些空白,回过头来还需要再去补充。如果把每一项都在数字人文库里做链接点,这个链接点的窟窿就会比较大。因此,我认为现在的很多书志仍然是某个阶段的产物,不能真正为未来的数字化、信息化以及数字人文的数据挖掘提供特别翔实的基础。

那么,到底为什么要做书志?我想,做书志的主要目的就是把里面的信息都挖掘出来,实际上就是客观地详细著录与深化著录。书志需要依据一定的标准去做。比如现在国内有1457家单位收藏的12274部古籍进入了《国家珍贵古籍名录》,书志首先要从这些国宝做起。国图依据鲍国强、沈乃文等先生执笔的国家标准《古籍著录规则》(GB/T2792.7—2008),通过客观翔实挖掘古籍数据的方式,已经完成了不少书志。它们与以前的好多书志相比,进步还是很明显的。做书志的过程中,我们就深深感到清代苏(州)、常(州)的乾嘉学派在古籍整理领域起到了很大的作用,业界向有"顾校黄跋"之说,而顾广圻还只是其中的一个代表人物。通过撰写书志,撰写者个人在印章辨识、手写批校题跋辨认、古文字运用水平等方面也可以得到很大提高。从2017年开始,国家古籍保护中心办公室编辑了集刊《书志》,由中华书局出版。考虑到要鼓励业界专门人员积极参加书志的撰写,以及编撰人员的心力付出,《书志》定的稿费相对较高,暂定200元/千字,并且以后还会上涨。我们现在正与中华书局商量,准备从2020年起每年出版两本,欢迎大家踊跃投稿。其实,这也可以成为一种"书志类"科研项目推广的方式,即在项目进行过程中持续发表阶段性成果,共商于业界和学界,结项后则可与优秀出版机构签约,正式结集出版。

总之,不一定非得以编目深化的名义发动大家进行详细著录。方式可以灵活,以调动大家的积极性,比如以书志项目立项的方式鼓励大家编纂书志,一旦结项,编撰者本人可以取得科研成果,客观上也起到了深化著录的效果,一举两得,何乐不为?只要标准统一,所有书志的前端都可以参与检索。这方面的情况,大家可以去看一下我们做过的书志举例。

四、结语

上面我介绍了"中华古籍保护计划"开展十多年来在古籍普查方面取得的进展,未来肯定要以平台的方式继续深化古籍著录,要编写《中华古籍总目》的分省卷，要进行书志的撰写。每个阶段都要做好积累，然后层层推进，这些工作都需要大量的编目人员。因此，包括在座的各位要有信心，别动摇。今后国家古籍保护中心重点经费支持的也是这些项目，可以为大家提供科研等方面成长的平台。

另外，没解决好编目标准格式问题一直是我们的一个主要缺憾。之前没有紧跟国际上的发展，没有参与相关国际标准的制定或者对一些标准的制定施加影响，缺乏话语权。对此，我们要有紧迫感，努力培养一批不但专业而且是职业的、既懂古籍编目又通晓国际编目规则的人员，并且用我们的成果去影响世界。对一些问题要进行研究，比如，现有古籍普查登记平台上一些综合性的描述今后能不能参与数字人文的切分？能不能在保存民族特色格式的基础上，还能跟国际标准接轨甚至与未来的自动标引、自动索引挂接起来？目前《中国图书馆分类法》22个大类的分类就是被现代西化的分类法解构了，解构之后却没有有效重构，例如中医的分类，竟然把"祝由"分到迷信范围了。这就需要我们回答，是否需要追踪国际标准？怎么追踪？怎样使我国的古籍编目系统与世界建立有效链接？这些都需要探索，需要时间。但也用不着悲观，虽然现在包括国图在内的很多大型图书馆还是在按照自己的方式进行古籍编目，只是把其中的相关字段提取出来交给国家古籍保护中心完成古籍普查，但情况应该还是乐观的，并不意味着与国际著录规则距离有多远。传统文化在现代分类法上就像一把伞，是分散的，而不是整体。所以，怎样在保留传统文化精华的基础上进行拓展，使之既发展得好，又与现代接轨，我觉得还是要找到一条既与国际接轨又能自己发展的路，一条真正适合自己的路。例如，举办类似这次的高级研修班就非常重要，可以集中激发老师与学员们的热情和积极性，鼓励大家不仅在编目格式方面，而且在分类法方面做出贡献。

总之，未来还有许多激动人心的课题，它们的价值绝不仅仅限于微观上的古籍编目，还很可能影响到今后世界怎么看待中华文明，怎么看待中国传统文化。所以，无论是普查、总目、书志，还是今后的分类法、国际标准，它们都是值得从事古籍编目者认真考虑的问题，希望大家能够多多提出宝贵的意见和建议。

我今天就讲到这里，谢谢大家！

（张志清，国家图书馆副馆长、国家古籍保护中心副主任、研究馆员）

古籍书目编纂之探索
——以《中华古籍总目》为例*

The Exploration of Rare Book Cataloging—Taking as an Example *The Catalogue of Chinese Rare Books*

周余姣　李国庆

摘　要：《中华古籍总目》是一部真正意义上的国家现存古籍总目，也是"中华古籍保护计划"的标志性成果之一。文章对《中华古籍总目》的性质和功用进行了介绍，对书目编纂的现状和问题做了分析，并提出三项建议：完善相关制度、加强古籍编目人才培养以及推动古籍编目理论研究。

关键词：古籍保护；中华古籍保护计划；古籍编目；《中华古籍总目》

2007年国务院办公厅印发的《关于进一步加强古籍保护工作的意见》（国办发〔2007〕6号），宣告"中华古籍保护计划"正式启动，这是我国历史上首次由政府主持开展的全国性古籍保护工程。2011年文化部又印发了《关于进一步加强古籍保护工作的通知》（文社文发〔2011〕12号）（以下简称《通知》），《通知》涵盖了古籍保护工作的全部内容。古籍书目的编纂是"中华古籍保护计划"的一个重要组成部分，本文拟以《中华古籍总目》（以下简称《总目》）的编纂为例，探讨新时期古籍书目编纂的若干问题。

---

*　本文系天津师范大学引进人才基金项目（人文社会科学）"古籍保护学科系列论著的编撰"（编号：YJRW201903）研究成果之一。

一、《总目》编纂之规划

(一)《总目》之性质和功用

在《总目》之前,已产生了一些全国性的古籍联合目录,如声名卓著的《中国古籍善本书目》,还有近年新出的《中国古籍总目》。那《总目》又所为何来呢?在《中华古籍总目编目规则》中,《总目》被定性为"现存中国古籍的总目录,包括汉文古籍和少数民族文字古籍"。《总目》以全国古籍普查登记为基础,据目验原书而以"版本"立目,是一部版本目录,并规范著录各书书名、著者、版本及收藏等信息[1]4。由此可见,《总目》是一部真正意义上的国家现存古籍总目。其所收古籍,较以往最大的不同在于:所著录的古籍均是经过编目人员目验的现存古籍。凡入目,均有书,即在前期馆藏古籍普查登记取得的核查数据基础上进行编目。其价值和功用,预计会在《中国古籍善本书目》和《中国古籍总目》的基础上有更大的拓展。之所以这样说,是因为《中国古籍善本书目》只收全国古籍善本,《中国古籍总目》则主要利用旧编馆藏古籍书目和卡片著录信息编制而成,且两部书目著录事项中均缺行款,颇存缺憾。而《总目》恰好可弥补其部分不足,做到内容更完备,信息更精确。如能按预期设想完成,《总目》将是继《汉书·艺文志》《隋书·经籍志》等高质量官修目录之后产生的又一部高质量国家古籍总目。这部《总目》在著录古籍规模、类目设置及价值功用等方面,均有所突破,可以说是一部具有里程碑意义的目录。

(二)《总目》的编纂设计

为了做好《总目》的编纂工作,2008—2009年,国家古籍保护中心组织专家对《总目》的收录范围、编纂体例等各个方面进行了多次讨论,初步形成了《中华古籍总目编目手册(征求意见稿)》(以下简称《编目手册》),作为《总目》的编纂准则。《编目手册》包括著录规则、分类表、分类款目组织规则三个部分,其设计有很大的新意,主要体现在:

1. 分卷设计上的别出心裁

按照《总目》的顶层设计,实行分卷编制的办法,包括以下四大类型:其一是分省卷,以全国各省(自治区、直辖市)为单位进行编制,例如"天津卷""湖南卷""湖北卷""广东卷""河南卷""山东卷"等;其二是以藏书超过百万册的图书馆为单位进行编制,例如"国家图书馆卷""上海图书馆卷""北京大学图书馆卷""南京图书馆卷"等;其三是以专题古籍文献为单位进行编制,例如"敦煌卷""金石卷""古地图卷"等;其四是以文种分卷,如"水文卷""蒙文卷""藏文卷"等。当然，在具体编制过程中，还可能出现新的情况，部分省馆在分省卷之下，再设下一级分卷，例如"重庆卷"之下，拟再分43个分卷[2]。

2.古籍分类上的革故鼎新

一般传统的古籍书目的编制，多采用经、史、子、集、丛五部进行分类。我国著名古籍版本学家李致忠先生负责《总目》分类表的设计，经过对五部类目进行深入研究和充分论证，首次提出新的五部分类法。其根据是"类书"大多包含经、史、子、集四部内容，放在"子部"多有不妥。为此，《总目》在传统的第五部"丛书部"中，加入了原属子部的"类书"，从而形成新的"类丛部"。这个"类丛部"，比传统的"丛书部"更有新意，从分类角度看更为科学合理。"类丛部"的设定，把古典目录学的发展向前推进了一步，可以认为是对新时代古典目录学发展做出的一大贡献。

3.编纂条件上的积极准备

编纂《总目》需要具备三个基本条件：一是摸清并掌握传世古籍的情况，为《总目》编纂提供物质条件。这就需要在全国范围内进行馆藏古籍普查工作并取得古籍普查成果，为《总目》编纂打下基础。二是组成一支训练有素的古籍编目团队，为《总目》编纂提供人才条件。以省馆为中心的编目团队，业务过硬，专业性强，为在全省实施编目工作提供了人才保障。三是按照需求制定编目规则，为《总目》编纂提供一套新的编目标准。《编目手册》的制定，为开展此项编目工程提供了指导性的样本和工具。

4.编纂程序上的统筹规划

编纂《总目》应分三步走：第一步，由各省级古籍保护中心负责，在行政区域范围内，以省级图书馆为单位，进行馆藏古籍普查登记工作。凡完成馆藏古籍普查登记工作的图书馆，先行正式出版《馆藏古籍普查登记目录》，以该省级行政区域内全部完成馆藏古籍普查登记工作和正式出版《馆藏古籍普查登记目录》为本阶段目标。第二步，由各省级古籍保护中心负责，对省级行政区域内已经全部出齐的《馆藏古籍普查登记目录》书目数据进行汇总，在此基础上着手编制《总目》的分省卷，同时向国家古籍保护中心提交分省卷书目数据。第三步，由国家古籍保护中心负责，在全国范围内陆续收集各省级古籍保护中心提交的分省卷书目数据，进行汇编，形成最终成果。

从以上可以看出，《总目》的编纂，酝酿筹划多时，设计也较为合理，如能顺利完成，将在目录学史上画下浓墨重彩的一笔。

二、《总目》编纂之现状

(一)古籍普查先行

古籍普查的意义和作用,学界已有普遍认识,主要是:第一,摸清全部家底;第二,培养年轻业务骨干;第三,为编制《总目》分省卷提供高质量的书目数据。2011年在山东省图书馆召开的"山东卷"编纂专家论证会上,专家们就曾提出应分古籍普查、分省卷编纂、平台录入三步逐层推进并加快推进普查工作的工作思路[3]。

自2013年起到2018年止,全国2000多家古籍公藏单位联合开展了"全国古籍普查登记工作"。24个省级行政区2315家单位已完成普查,共普查古籍260余万条,另14500函(藏文),占预计总量80%以上[4]。累计出版226家收藏单位之《全国古籍普查登记目录》71种114册,收录75万余条款目。"全国古籍普查登记基本数据库"累计发布169家单位古籍普查数据672467条,6541261册(件),发现大量过去不为人所知的古籍新品种、新版本和古籍收藏单位。目前"中华海外古籍调查数据库"和"中华历代古籍信息数据库"正在建设之中[5]。

为继续做好古籍普查的工作,为《总目》的编纂打好基础,还可加强相关的工作,如提供人员培训、普查登记咨询等支持,做好普查数据的审核,加快研制少数民族语言古籍普查软件平台、珍贵古籍保护修复监测系统,完善"全国古籍普查平台"系统等。在国家古籍保护中心统筹安排下,地方古籍保护中心宜进一步加快古籍普查进度,及时上报普查数据,共同推动"中华古籍数字资源库"建设。

古籍普查工作是《总目》编纂前的基础性工作,只有更深入地开展,才能为《总目》编纂打下坚实的基础。还应当进一步加强对古籍普查工作的组织领导、资金投入和队伍建设,以便全面推进古籍普查工作的开展。

(二)分省卷编纂的进展及问题

2010年2月1日,文化部与天津市文化局、湖南省文化厅分别签署编纂"天津卷""湖南卷"协议,启动《总目》编纂工作。随后其他省市的分省卷也陆续启动,并组织了一些书目编纂培训班。相较其他分省卷,"天津卷"一直走在编纂的前列,并提出了很多建设性的编纂意见,如"分部主编""分类责任""工作包干"等[6]。2016—2018年期间,"天津卷"完成初稿、二稿、三稿任务。2018年,天津市古籍保护中心完成"天津卷"的组织和编纂工作,向国家古籍保护中心递交了样稿,该卷收古籍52142种,条目86405条。同年"国家图书馆卷(经部)"也已近完成。这两种《总目》分卷目录的编制,是继古籍普查登记目录编制出版之后取得的又一个具有里程碑意义的古籍保护工作成果。2018年11月,国家古籍保护中心在天津图书馆举办了《总目》编制工作研修班,来自全国主要省级图书馆、高校及科研单位图书馆的古籍编目骨干70余人参加了研修班,推动了《总目》的编制工作。

然而,在《总目》的编制过程中也发现了一些问题,如《通知》里提出的"成立《总目》编纂委员会,负责指导、协调各分卷的编辑工作"要求,还须进一步落实,相关机制的完善有助于《总目》编纂工作的开展和推进。另外《总目》分省卷编纂也存在编制进度缓慢的问题,这也与相关单位负责人对工作的重要性认识不足有关。此外《通知》提出的"文化部将根据各分卷的工作进展情况,在经费上给予支持",为建立相应的奖惩制度提供了理论根据,但还须进一步落实到位,才能有效推动《总目》编纂工作。

三、推进《总目》编纂之建议

(一)完善相关的制度

1.建立国家古籍编目与版本鉴定专家制度

按照《通知》精神,一是要尽快成立《总目》编纂委员会,负责指导、协调各分卷的编辑工作,积极推进《总目》分省卷的编纂。二是成立分省卷编制指导委员会,由此前业已成立的各省级古籍保护专家委员会委员兼任。三是成立分省卷编纂委员会,成员从各省级行政区域所属图书馆参加古籍普查登记工作的业务骨干中选拔。四是实行分部主编制,根据本省各个图书馆藏书情况与编委个人兴趣和工作能力,分别承担经部、史部、子部、集部、类丛部的编纂工作。化整为零,责任到人,倒逼时限,成果可期。

作为一项重要的国家级文化工程,专家应发挥智囊的作用。国家和地方可出台相关的制度确保充分发挥古籍保护专家的作用,尤其是发挥经验丰富且有余闲的退休专家之余热。在此方面,古籍修复专家的作用得到了广泛的重视。自2014年起,国家级古籍修复技艺传习中心的多个修复传习所相继建立,并举办了隆重庄严的拜师仪式。与此相对应,古籍编目和版本鉴定专家的作用还有更大的施展空间。我们建议通过建立"中华古籍保护计划"专家资源库,积极向专家征询建议,以解决古籍保护工作的重点难点问题。

2019年中国古籍保护协会成立古籍版本鉴定委员会,这是一个权威性的专业组织。期待该委员会在推动全国古籍保护工作,指导《总目》编纂工作方面发挥积极作用。

2.建立古籍编目人员的资格认证制度

《通知》还提出建立古籍保护工作专业人员的资格认证制度,组织开展文献修复师资格认证工作,实行持证上岗,提高古籍修复工作的专业化水平。对于古籍编目人员来说,相应的资格认证制度非常重要。但限于各种原因,这种资格认证制度一直没有建立起来,从体制上制约了文献修复、古籍编目工作的开展,影响了从业人员的积极性,使他们的个人发展空间受到一定限制。

(二)加强对古籍编目人才的培养

通常而言,古籍编目包括著录、分类、款目组织三个环节。著录是编目的基础;分类是正确判定一部书性质从而类归其应属部类;款目组织则是将著录准确、分类正确的款目加以有序编排的规则[1]46。这三个工作环节中的任何一个环节,未经专门训练的人均难以胜任,因此培养适应古籍编目需要的人才就变得极为迫切。如"云南卷"编制过程中,要求"需要一个谙熟古书,了解云南古籍实际的编目工作班子,参与编制目录的专业人员,一定要功底比较深厚扎实,具有'离经辨志'的基本功,能标点断句,读懂'白文'(包括《序》《跋》及《题记》),同时要具备辨章学术,考镜源流,鉴别版本,类分古书,校勘异同,论定是非的水平"[7]。对于古籍编目专门人才之培养,目前可见的有天津师范大学古籍保护研究院。该院是继复旦大学中华古籍保护研究院之后又一所古籍保护研究机构,也是中国北方第一家古籍保护研究院。2018年以来,该院在古籍鉴定与编目、保藏与修复及再生与传播三个方向开展研究,着力培养国家急需的古籍保护高端人才,建设中国古籍保护人才的培育基地。该院还致力于古籍保护学科建设,加强古籍保护专业的课程设计、学科理论、研究方向等问题的研究[8]。

除了科班人才的专业培养,培训班形式的专业能力提升也很重要。2018年10月9日,天津师范大学古籍保护研究院举办了"专业技术人才知识更新工程2018年高级研修项目——新时代的古籍保护研究与新技术应用"高级研修班。这个高研班由天津市人力资源和社会保障局与天津师范大学古籍保护研究院共同承办,是古籍保护研究院人才培养的一次新尝试。2019年10月9日,又举办了"国际视野下的图书馆古籍编目"高级研修班,张志清等专家围绕"古籍编目与书志撰写""国内外文献编目发展""特种文献编目"等主题进行了集中授课。这些创新性举措,开辟了一条由地方政府参与培训古籍保护高级专业人才的新途径,具有示范作用和推广价值。我们呼吁更多的高校和图书馆关注古籍编目专门人才的培养问题。

（三）加强对古籍编目理论的研究

目前古籍保护的理论研究还有待进一步深入，包括对古籍保护政策的解读、对古籍保护专业学科理论的探讨、对已有成果的系统研究以及对古籍保护基础理论的探索等。回到古籍编目这个问题上，正如一些学者所指出的："编目是古籍整理的基础工程，具有很强的实践性，需要经过理论—实践—再理论—再实践的过程，在不断的工作实践中总结经验，完善理论，再指导实践。"[9]只有理论与实践密切结合，我们对古籍编目才能有更深刻的认识。

目前我们可以看到在《总目》编纂工作中，学者们结合自己的工作，做了较多的研究，如有的对类目设置优劣、目录组织方式等问题进行了探讨[10]，有的继续对《总目》的分类表[11]、款目组织[12]等加以修订完善，还有学者着眼于探讨对MARC数据的利用及计算机编目方法的研究[13]。在各分省卷编制过程中，编目人员也结合实际工作中遇到的问题，提出了许多有益的建议。如"天津卷"编纂过程中，编目人员参考以往的编目成果——《中国丛书综录》《中国古籍善本书目》《中国古籍总目》《中国地方志联合目录》《中国中医古籍总目》及《汉文大藏经子目分类目录》等，为该馆古籍的分类提供线索和依据。对一些特殊文献的分类，"天津卷"将子部宝卷定位在收录明末清初产生的、内容属于儒释道三教合一的宗教文献，集部宝卷则收录清代中叶以降产生的、大多属于文学性质的文学作品。对于宝卷这种特殊文献进行的分类处理，在目录学中尚属首次，至于是否被学界肯定，还有更多探讨的空间。此外，"天津卷"参与人员还将其心得和感悟付诸文字，供同行借鉴[14]。又如"云南卷"编纂过程中，编目人员对收录范围、同名异书、异名同书、版本项和稽核项等处理细节上的疑问进行了思考[15]，也对基层县馆如云南建水县、石屏县编目中遇到的问题进行了总结[16]。这些都是新时期古籍书目编纂过程中开展的有益探索。

然而，古籍编目的专门论著，尚不多见，20世纪80年代编的《图书馆古籍编目》[17]应在新的时期内有更新的内容。推出新的古籍编目理论著作也应该是古籍编目研究者的工作重点。随着《总目》编纂工作的不断推进，我们期待在实践中推动理论研究，并产生更多的古籍编目理论成果。

四、结语

古籍是中华民族文化的根基，是中华民族精神的物质载体，对其加强保护既是当代学人光荣的历史任务，也是重要的文化使命。加大对古籍保护工作的经验总结与工作梳理，完成《总目》的编纂有着重要的文化意义。自2010年《总目》

编纂工作启动,到现在已有 10 年,尽管任重道远,也存在不少的困难,但我们相信在这一代古籍保护工作者的努力下,古籍书目的编纂应能取得更大的成就。而《总目》编纂的成功,将会在中国文化史上打上一个重要的标记,所有的参与者都将与有荣焉。

（周余姣,天津师范大学古籍保护研究院副教授,天津师范大学历史文化学院博士后[在站];李国庆,天津图书馆研究馆员[已退休],天津师范大学兼职教授)

参考文献:
[1]国家古籍保护中心.中华古籍总目编目规则[M].北京:国家古籍保护中心,2009.
[2]袁佳红.《中华古籍总目·重庆卷》编纂工作启动[J].重庆图情研究,2011(3):34.
[3]山东省馆召开《中华古籍总目·山东卷》编纂暨宋刻本《文选》装帧形式专家论证会[J].山东图书馆学刊,2011(5):10.
[4]中华古籍保护计划:统一、规范、联合[N].新华书报,2018-11-16(2).
[5]张志清.共建共享原则下的中华文献典籍保护['N].新华书报,2018-11-16(2).
[6]天津市古籍保护中心.《中华古籍总目·天津卷》编纂刍议[N].光明日报,2012-02-08(7).
[7]高玲.《中国古籍联合总目·云南卷》编纂工作探析[J].云南图书馆,2014(1):81-82.
[8]姚伯岳,周余姣.任重道远　砥砺奋进:我国古籍保护学科建设之探索与愿景[J].中国图书馆学报,2019,45(4):44-60.
[9]张磊.《中华古籍总目》子书归类辨析四则:以"天津卷"为例[J].图书馆工作与研究,2017(6):101-104.
[10]樊佳琦.《中华古籍总目编目规则》史部类目设置与目录组织[J].图书馆学刊,2012,34(7):73-75.
[11]李致忠.《中华古籍总目》分类表(修订稿)[G]//国家古籍保护中心.古籍保护研究:第一辑.郑州:大象出版社,2015:233-246.
[12]李国庆.《中华古籍总目》款目组织(修订稿)[G]//国家古籍保护中心.古籍保护研究:第一辑.郑州:大象出版社,2015:264-279.
[13]丁学松.《中华古籍总目·天津卷》对 MARC 数据的利用及计算机编目方法初探[G]//国家古籍保护中心.古籍保护研究:第一辑.郑州:大象出版社,2015:174-181.
[14]张磊.《中华古籍总目·天津卷》子部编目札记[G]//国家古籍保护中心.古籍保护研究:第二辑.郑州:大象出版社,2016:96-105.
[15]周东亮.关于《中华古籍总目·云南卷》编目中的一些思考[J].云南图书馆,2011(3):75-77.
[16]周东亮,唐春妮,孙艳萍.对《中华古籍总目·云南卷》前期编目工作的一点思考[J].云南图书馆,2012(1):74-76.
[17]北京大学图书馆学系.图书馆古籍编目[M].北京:中华书局,1985.

澳大利亚国家图书馆新见《崇宁藏》零种《大般若波罗蜜多经》卷四二残卷浅议

A Preliminary Remark on the Fragmentary *Prajnaparamita* Vol.42 from *Chongning Tripitaka* Newly Discovered in the National Library of Australia

赵洪雅　林世田

摘　要：澳大利亚国家图书馆藏有《崇宁藏》本《大般若波罗蜜多经》卷四二残卷一部，尚未为学人所知。此卷原为国际汉学家房兆楹先生旧藏，1961年被澳大利亚国家图书馆购入。从《大般若波罗蜜多经》卷四二的版式行格、字体刀法、刻工、印工等方面来看，该卷是北宋福州东禅寺传法慧空大师冲真于元丰三年（1080）在东禅经局主持雕造的《崇宁藏》本《大般若波罗蜜多经》零种之一。南宋绍兴三十二年（1162）五月，参政太师王庆曾之子福建路安抚司参议官王伯序出资购买了早年印本，并补刻了卷尾题记，置于自家祠堂供养。该卷的发现为《崇宁藏》的研究提供了新材料。

关键词：《大般若波罗蜜多经》；《崇宁藏》；澳大利亚国家图书馆

自19世纪后半叶至20世纪上半叶，中国佛教逐渐复兴，汉文佛教大藏经研究曾有过一个较大的发展时期。20世纪二三十年代，罗振玉[1]、梅光义先生[2]已对"海东所见东禅本残经"的雕造年代、收经数量等问题进行了研究。1930年，陕西开元寺、卧龙寺《碛砂藏》被重新发现，1934年山西赵城县（今洪洞县）广胜寺《金藏》被重新发现，促使佛教大藏经研究达到新的高潮，一批著名学者，如叶恭绰、欧阳竟无、吕澂、周叔迦、蒋唯心等，奠定了大藏经研究的学术基础。20世纪80年代以来，任继愈先生主编《中华大藏经（汉文部分）》，李富华、何梅、方广锠等学者系统地参与调查了国内收藏大藏经的状况，使当代大藏经的调查和研究进入新阶段[3]。"中华古籍保护计划"启动后,各地图书馆、博物馆及寺院等收藏单位对佛教古籍进行系统清理,发现了一批过去鲜为学界所知的大藏经,丰富了佛教大藏经的品种和数量。在已公布的五批《国家珍贵古籍名录》中,有十家单位的四十九种六十三卷《崇宁藏》列入名录,不断促进着大藏经及相关领域的学术研究。

2012年12月,笔者在出访澳大利亚国家图书馆(National Library of Australia)期间,得见《大般若波罗蜜多经》卷四二残卷一部(以下简称"卷四二"),"宇"字函,内容为《初分譬喻品第十一之一》,卷首、卷尾钤"房兆楹"朱文印,卷首略残,尾全。共十三纸,半页六行,行十七字。卷中刻工有求、俊、侃、昌、宗、纯、亨。卷尾印"何文印造"墨色长方形木记。考此卷版式、字体、刀法、刻工及印工等,具有明显的《崇宁藏》经本特征,在海内外相关书目文献中未见著录,应为《崇宁藏》零种,试简述如下。

一、澳大利亚国家图书馆与房兆楹藏书

澳大利亚国家图书馆位于首都堪培拉市,中文馆藏近30万册,为南半球之冠。其馆藏中文图书中有一批特藏书籍,即1961年购买的美籍华裔学者房兆楹所藏6000余册藏书。

房兆楹先生(Chaoying Fang,1908—1985)是国际知名中国史专家,尤精于明清史及近代人物研究。曾先后参与撰写《清代名人传略》《中华民国人物传记辞典》《明朝名人录》三部巨著,在国际汉学界有很大影响。房兆楹早年毕业于燕京大学,1933年应邀赴美,参加美国国会图书馆东方部主任恒慕义(Arthur William Hummel,1884—1975)主持的清人传记项目。美国汉学界关于清史研究的重要集体成果《清代名人传略》(Eminent Chinese of the Ch'ing Period,1644—1912)中共收清人传略809篇,其中房兆楹、杜联喆夫妇共撰写了422篇,占半数以上,贡献卓著。

1961年至1963年,房兆楹受聘为澳洲国立大学图书馆东方部主任,在他主持东方部期间,该馆东方学书籍增加了11000册,涨幅达25%,为该馆亚洲文献的收集和服务奠定了发展基础。1961年,澳大利亚国家图书馆向房兆楹购买了6000余册藏书,其中一半左右是中文书籍,余者为英文或其他西文书籍。此批特藏学科范围广泛,主要包括中国历史和人物传记,同时也涵盖中国艺术、考古、文学、哲学及部分关于东亚日本和朝鲜的著作。

《大般若波罗蜜多经》卷四二即房兆楹先生旧藏。该卷不仅是澳大利亚国家

图书馆最重要的中华古籍,亦是该馆最古老的文献[4]。

二、《崇宁藏》本《大般若波罗蜜多经》经本比对

《崇宁藏》刊刻于北宋神宗元丰三年至徽宗政和二年(1080—1112),历经三十二年,之后又有续刻和补刻。自元丰年间起,福州闽县(今福建闽侯县)东禅寺等觉禅院发起劝募,开我国历史上民间自发雕造大藏经的先河。此藏因进献徽宗祝延圣寿,于崇宁二年(1103)赐名《崇宁万寿大藏》;又因其所在地名和寺名被称为《福州东禅寺大藏》或《东禅寺万寿大藏》;今简称《崇宁藏》。《崇宁藏》对宋、元及明初大藏经的刊刻影响深远,在我国大藏经雕刻史上占有重要地位。

《崇宁藏》的全藏国内失传已久,即或是零星散见的残卷,也已极为罕见。据《中国古籍善本书目》子部著录[5],国内见存的《崇宁藏》残卷仅八十八卷,分藏在国内十四家单位中,其中国家图书馆藏十三种十七卷①,北京大学图书馆藏十二种十二卷[6],是国内收藏单位中藏量较多的单位。近年来,通过古籍普查,国内个别收藏单位(如长春市图书馆)又有新发现的《崇宁藏》残卷陆续进入研究视野,料想国内《崇宁藏》残卷或在百卷左右。我国台湾地区及美国、英国、日本亦存有《崇宁藏》残卷,其中日本目前保存《崇宁藏》经本最多,京都东寺、醍醐寺及高野山劝学院各藏有一部近于完整的《崇宁藏》②。

现将澳大利亚国家图书馆《大般若波罗蜜多经》卷四二与其他《崇宁藏》经本相比对:

(一)卷首、卷尾及版式行格

《崇宁藏》每册经本首版的第一至三行通常为题记,一些无题记的经本就空白三行。唯独《大般若波罗蜜多经》除外,卷首既无募缘题记,亦无空白行。题记之后是经文卷端,首行自上而下题经名、卷次和编号;次行从低于经名若干字的位置,题著者的职衔和名字。卷尾有尾题,绝大多数文字与卷端首行相同,亦有编号。尾题的前一行留空,通常记注版次,并钤有印工的墨色长方形木记。

卷四二无题记,卷端首行自上而下题经名、卷次"大般若波罗蜜多经卷第四十二",其后空两格,题千字文编号"宇"。次行空六格题著者的职衔和名字"三藏法师　玄奘奉　诏译"。第三行题卷标题"初分譬喻品第十一之一",下钤"房

---

① 据《北京图书馆古籍善本书目》载,国家图书馆藏《崇宁藏》十二种十六卷,缺《金刚顶瑜伽中略出念诵经卷二》一卷,实际藏有十三种十七卷(北京图书馆:《北京图书馆古籍善本书目》,北京:书目文献出版社,1987年,第1574页)。

② 京都东寺、醍醐寺所藏以《崇宁藏》经本为主,以《毗卢藏》经本补配;高野山劝学院所藏以《崇宁藏》经本为主,以《思溪藏》经本补配。

兆楹"朱文方印。卷尾尾题文字、编号与卷端首行相同,即"大般若波罗蜜多经卷第四十二　字"。尾题的前一行留空,钤有"何文印造"墨色长方形木记。

关于《崇宁藏》的版式有不同说法,如桥本凝胤[7]、叶恭绰[8]及李圆净[9]诸先生基本认同"每半页六行,每行十七字,每版三十行"。但也有学者提出存在每面三十六行的情况①。从整体上看,除部分补刻和续刻的经本版式不尽相同外,《崇宁藏》经本的版式有三十行者,亦有三十六行者,均为每折六行,每行十七字。卷四二共十三纸,每开六行,行十七字,与《崇宁藏》经本版式一致。

此外,《崇宁藏》每版第六至七行经文间(每版第一、二开之间的折缝处)记有版次,上部为《千字文》函号;中间为卷次,题作"某某卷",或"某某卷"的简写;下部为版次(或曰纸次);最下部为刻工,亦有不题刻工者。如太原市崇善寺藏《大般若波罗蜜多经》卷一八四,"暑"字函,其第八版版间注文即为"暑　一百八十四卷　八　林盛"。中国国家图书馆藏《大般若波罗蜜多经》卷二四六,"闰"字函,其第五版版间注文即为"闰　六卷　五　余奴"。

卷四二的版次记注格式亦与此相同,卷次多简写为"二卷",有"宇　二卷　二　求""宇　二卷　三　俊""宇　二卷　四""宇　二卷　五　求""宇　二卷　六　佩""宇　二卷　七　昌""宇　二卷　八　佩""宇　二卷　九""宇　二卷　十　宗""宇　二卷　十一　纯刀""宇　二卷　十二　亨""宇　四十二　十三"。

(二)字体和用墨

据沈乃文先生考察,凡元丰三年所刻《崇宁藏》经本,字体均带颜体意味。如《大般若波罗蜜多经》和《法苑珠林》,刻工技巧较好,能传书法之神。卷四二即有颜体风范,墨色黝黑,写刻俱佳,纸墨相映,观赏价值极高。将卷四二与国家图书馆藏《崇宁藏》本《大般若波罗蜜多经》卷二二、二四六、二七〇、二九三、五三九相比照,字体刀法极为类似,应为《崇宁藏》本《大般若波罗蜜多经》残卷之一。

(三)刻工和印工

《崇宁藏》的雕造有一个完整的组织机构,称"东禅经局"或"东禅藏司"。据李富华先生、何梅女士统计,知见的《崇宁藏》刻工已达140余人[10]。据笔者不完全统计,参与《大般若波罗蜜多经》的刻工有如下60位:陈永、才、丁思、丁绍、

---

①　台湾释道安法师认为"每行十七字,每面三十行乃至三十六行,每六行一折,每面五折或六折之折帖方式"(释道安:《中国大藏经雕造印史》,收入张曼涛主编:《大藏经研究汇编》上册,台北:大乘文化出版社,1977年,第134页)。方广锠先生认为"每版三十行,折为五个半页,每半页六行,行十七字(现存部分印本为每版三十六行,折为六个半页,详情待考)"(方广锠:《佛教典籍百问》,北京:今日中国出版社,1989年,第163页)。

丁宥、发、朱、余奴、余记、余中、亨、附、邵保、保、林大、林盛、林韵、韵、昌、明、忠、侃、周光、俊、俞宗育、恩、志、陈正、宗、盛、深、问、张、住、郑求、求、宾、蔡纯、纯、蔡揖、赐、康、通、训、受、溢、付十、泾、吕大、任、睢、元、逵、宏、平、楷、刘青、吴铭、高元、官上。

其中邵保与保、林韵与韵、郑求与求、蔡纯与纯，或即一人。当然，限于所知所见，参与刊刻的人数当远不止前文所列。卷四二中出现的刻工求、俊、侃、昌、宗、纯、亨，亦出现在《崇宁藏》本《大般若波罗蜜多经》卷一九三、二四六、四〇五、四六四、五二二、五三九等卷中，且侃、俊、求等人还频频出现于其他《崇宁藏》经本，如《阿毗达磨顺正理论》与《大般涅槃经》卷一八、卷二七中。因此，有理由判断卷四二与其他《大般若波罗蜜多经》残卷为同一批刻工所雕。

《崇宁藏》末版空白处除刊有用纸数、刻工姓名外，还有印工戳记，如"某某印""某某印造"或"福州东禅经生某某"。据李富华先生、何梅女士统计，知见的《崇宁藏》印工近30人[10]。据笔者不完全统计，参与《大般若波罗蜜多经》的印工有如下11位：陈实、丁庆、何文、葛敏、韩椿、林彦、李意、李音、王惠、王兴、郑显，出现于《崇宁藏》本《大般若波罗蜜多经》卷二二、二三、一二四、一九三、一九五、二四六、三〇〇、三二二、三五一、三八三、四〇五、四三六、四五一、四六四、五三九、五四五、五四七中。

卷四二尾钤有"何文印造"墨色长方形木记。除此之外，"何文印造"还出现在长春市图书馆藏《大般若波罗蜜多经》卷四五三、中国国家图书馆藏《大般若波罗蜜多经》卷五三九、哥伦比亚大学东亚图书馆藏《大般若波罗蜜多经》卷四五一以及美国国会图书馆藏《杂阿含经》卷八中。将卷四二与国图藏卷五三九相比对，基本可以判断为同一印工的印记。

三、王公祠堂大藏经印本

卷四二尾题后有五行题记："明州奉化县忠义乡瑞云山，参政太师王公祠堂大藏经，永充四众看转，庄严报地。绍兴壬午五月朔，男左朝请郎福建路安抚司参议官赐绯鱼袋王伯序题，劝缘住持清凉禅院传法赐紫慧海大师清宪。"

此段"明州奉化县王公祠堂"的卷尾题记还出现在上海图书馆藏《大般若波罗蜜多经》卷三二一，长春市图书馆藏卷一〇七、一二四、四五三，美国哈佛大学哈佛燕京图书馆藏卷三二二、三五一、三八三、四三六、五四七①及加州大学洛杉矶分校东亚图书馆的馆藏零种[4]中。上海馆藏卷三二一卷尾尾题前还有墨书二行："植拙参政太师王公者，王次翁也。次翁仕至参知政事，身后追赠太师。三子伯庠、伯离、伯序绍兴进士第五人。见《宝庆四明志》。"卷首经题前也有文四行云："某按参政太师王公者，王次翁也。次翁仕至参知政事，身后追赠太师。三子伯庠、伯序、伯离，绍兴进士第五人。见《宝庆四明志》。男颖敬录。"

考明州即今浙江宁波市。宋真宗景德三年以鄞阳为忠义乡（鄞阳亦曰海阴），位于奉化县（今宁波市奉化区）东南一百里。瑞云山距奉化县城六十里，宋杨简生于此，生时有五色云起，盖山上乡人异之，因名瑞云山[11]。王次翁字庆曾，绍兴十年七月自御史中丞任知政事，至十三年闰四月免参知政事，以资政殿学士提举洞霄宫[12]。十四年致仕，十九年薨，身后诏赠太师。三子中，伯庠绍兴二年进士，试教官中第一，为淳熙侍御史；伯序绍兴五年进士第五人，仕宗正丞；伯廱以朝议大夫致仕[13]。王伯序题王公祠堂大藏经的日期是绍兴三十二年（1162）五月一日，在其任福建路安抚司参议官期间。

沈乃文先生通过东禅经局印工的年代顺序，判断王伯序所购的《大般若波罗蜜多经》是东禅经局早年印成的经本。谢水顺、李珽先生[14]也认为："伯序绍兴三十二年在福建做官时，舍钱请去了全部东禅寺大藏经至奉化王氏祠堂供养，并补刻了卷末的一段题识，以表善缘。"今知有"明州奉化县王公祠堂"题记的《崇宁藏》经本仅有《大般若波罗蜜多经》，未知有其他经本。故仅能推知，福州东禅寺传法慧空大师冲真于北宋元丰三年（1080）②在东禅经局主持雕造了《崇宁藏》本《大般若波罗蜜多经》，八十二年之后的南宋绍兴三十二年（1162）五月，参政太师王庆曾之子福建路安抚司参议官王伯序出资购买了早年的印本，并补刻了卷尾题记，放于自家祠堂供养。

流散于世界各地的《崇宁藏》本《大般若波罗蜜多经》分藏于日本、英国、美

---

① 沈津先生将此五卷著录为"宋绍兴三十二年（1162）明州奉化县王公祠堂刻本"（沈津：《美国哈佛大学哈佛燕京图书馆中文善本书志》，上海：上海辞书出版社，1999 年，第 476 页）。梶浦晋、沈乃文、李富华、何梅等多位先生均已指出，其应为《崇宁藏》在绍兴年间的印本（梶浦晋：《日本现存之宋元版〈大般若经〉》，《金泽文库研究》297 号，1996 年；沈乃文：《宋雕"崇宁藏""毗卢藏"残卷考》，《中华文史论丛》2008 年第 3 期，第 65~136 页；李富华、何梅：《汉文佛教大藏经研究》，北京：宗教文化出版社，2003 年，第 165~166 页）。

② 元丰三年（1080）是现存已知《崇宁藏》经本最早的刊刻时间，部分《大般若波罗蜜多经》卷尾可见"都劝首主持传法慧空大师冲真，请主参知政事元绛"字样。见《崇宁藏》本《大般若波罗蜜多经》卷一九三尾题，"往"字函，现藏美国国会图书馆（沈津：《美国所藏宋元刻佛经经眼录》，《文献》1989 年第 1 期，第 196 页）。

国等国。其大约先是流传至日本,再自日本辗转流散至北美、欧洲、澳洲等地。澳大利亚国家图书馆所藏《大般若波罗蜜多经》卷四二当是一未见著录的《崇宁藏》零种,经国际汉学家房兆楹先生收藏,后入藏澳大利亚国家图书馆。

(赵洪雅,国家图书馆馆员;林世田,国家图书馆研究馆员)

参考文献：

[1] 罗振玉.宋元释藏刊本考[M]//罗振玉.永丰乡人杂著.刻本.1922(民国十一年).
[2] 梅光义.佛典略说[M]//海潮音：第十一卷.上海：上海古籍出版社,2003：187.
[3] 李际宁.近三十年新发现的佛教大藏经及其价值[EB/OL].[2009-03-29].http://www.fjnet.com/fjlw/200903/t20090329_114756.htm.
[4] GOSLING A.Long before Gutenberg：the oldest book in the library[J].National Library of Australia News,2008(19)：3-6.
[5] 中国古籍善本书目委员会.中国古籍善本书目：卷二十 子部释家类[M].上海：上海古籍出版社,1988：883.
[6] 沈乃文.宋雕"崇宁藏""毗卢藏"残卷考[J].中华文史论丛,2008(3)：65-136.
[7] 桥本凝胤.宋版一切经考[M].慧敏,译//张曼涛.大藏经研究汇编：下.台北：大乘文化出版社,1977：130.
[8] 叶恭绰.历代藏经考略[C]//胡适,蔡元培,王云五.张菊生先生七十生日纪念论文集.上海：商务印书馆,1937：25.
[9] 李圆净.历代汉文大藏经概述[M]//张曼涛.大藏经研究汇编：上.台北：大乘文化出版社,1977：96.
[10] 李富华,何梅.汉文佛教大藏经研究[M].北京：宗教文化出版社,2003：165-166.
[11] 沈津.美国所藏宋元刻佛经经眼录[J].文献,1989(1)：195-210.
[12] 脱脱,等.宋史[M].北京：中华书局,1977：5557-5559.
[13] 罗濬,等.宝庆四明志[M].清咸丰四年(1854)刊本.台北：成文出版社有限公司,1983：5170-5171.
[14] 谢水顺,李珽.福建古代刻书[M].福建：福建人民出版社,1997：33.

《洪武南藏》问题考论及其重修复原之役

A Study of *Hongwu Southern Tripitaka* and its Restoration

李致忠

摘 要：本文先对《洪武南藏》的校刻、回禄之灾、供奉崇庆州上古寺三个问题进行了考辨，对其历史地位予以充分肯定。基于其传世情况，指出通过现代技术手段重修复原《洪武南藏》的意义与价值。

关键词：《洪武南藏》；校刻；回禄之灾；上古寺；重修复原

《南藏》之称，久已有之。意谓明初洪武、永乐两朝各自所修释家大藏皆开版于南京，故统称为《南藏》。为厘清两《南藏》的不同，习惯上又将洪武时所校刻的大藏称为《初刻南藏》，不言而喻，永乐时再次校刻的大藏就称为《再刻南藏》。古人绕了半天弯子，不如赵朴初一纸"洪武南藏"的题签，便将模糊了几百年的《初刻南藏》《再刻南藏》的关系澄清了。今人能将《洪武南藏》和《永乐南藏》区而别之，还要感谢赵朴初的这四个大字。明葛寅亮《金陵梵刹志》卷三一收录了一篇明俞彦《大报恩寺重修藏经殿记》，文中说："《南藏》之有镂板，自高帝始也。其皮而置之经堂，则文皇命也。"意谓《洪武南藏》的镌版雕造，始自洪武高皇帝，而将其版片和印经皮置天禧寺经堂，则是建文皇帝的敕命。这里不仅出现了《南藏》之名，亦明言《南藏》之开版乃自洪武皇帝始，故颜之曰《洪武南藏》，名正而言顺。

一、《洪武南藏》的校刻

朱元璋自幼托身佛门,对佛教笃信不疑,故于即皇帝位之第五年,即"洪武五年壬子春,即(南京)蒋山寺建广荐法会,命四方名德沙门,先点校藏经"(《金陵梵刹志》卷二《钦录集》),从此拉开了《洪武南藏》校刻的序幕。至"洪武辛巳冬,朝廷刊大藏经、律、论将毕,敕僧录司,凡宗乘诸书,其切要者,各依宗系编入"(明释居顶《圆庵集》卷四《续传灯录序》)。洪武没有"辛巳","辛巳"当是建文三年(1401),距洪武五年(1372)刚好是三十个年头。三十年中朝廷出公帑镌雕的大藏经之经、律、论,也就是正藏部分行将蒇工,故建文皇帝朱允炆及时下令朝中主管佛教事务的僧录司,检各宗乘诸书,凡属切要者,均依各宗系编入大藏,习惯上称之为续藏。因知《洪武南藏》乃由经、律、论正藏和各宗乘切要之文组成的续藏两部分构成。至"永乐元年九月二十九日午时,本司官左善事道衍,一同工部侍郎金忠、锦衣卫指挥赵曦于武英殿题奏:'天禧寺藏经板有人来印的,合无要他出些施利?'奉圣旨,问他取些个。钦此"(《金陵梵刹志》卷二《钦录集》),又可知到永乐元年(1403)九月,《洪武南藏》至少是正藏部分镌版工程已经完竣,可以进行刷印了。所以僧录司左善事道衍,也就是姚广孝,才同工部侍郎金忠、锦衣卫指挥赵曦共同题奏请示:若有人来请经,可否收取他们一些施利钱?而得到的答复,是可以"问他取些个"。表明此时《洪武南藏》正藏部分的刊版工作确已基本完成。

然《洪武南藏》之续藏部分中所收《古尊宿语录》卷八末尾有一段明释净戒的识语,称:"大明改元己卯春,佛心天子重刻大藏经板。诸宗有关传道之书,制许收入。然吾宗虽不执语言文字,若古尊宿语诸录,实后学指南,又不可无者,乃依旧本誊录,重加校正。《传灯》重复者去之。仅以《六组坛经》列于首,南岳、马祖四家语继之。而颐公所未收者,则采《广灯录》诸书以联尊宿语,自南岳至晦机等又通得四十二家,共四十八家,谨缮写进刊,与经、律、论永久流通,故书此以识。岁月云越三年壬午春,僧录司左讲经兼鸡鸣禅寺住持沙门幻居净戒谨识。"这里所谓"大明改元己卯春",当指朱元璋驾崩,朱允炆即皇帝位,改元"建文"。这一年,岁逢"己卯",实即建文元年(1399)。这一年的春天,"佛心天子"朱允炆"重刻大藏经板"(实即《洪武南藏》续藏经版),释家诸宗传道之书,准许编入续藏。"越三年壬午",乃建文四年(1402),净戒写下了这篇识语。表明建文元年春天以前,《洪武南藏》的正藏部分确已完全蒇工,否则就谈不上"佛心天子重刻大藏经板"。前到什么时候?一般都认为前到洪武三十一年(1398)。识语中所谓

"重刻大藏经板",用语当属不确,实际当是"续刻",即继续编刻《洪武南藏》的续藏部分。这一点不仅本识语可以证实,从前引建文三年"朝廷刊大藏经、律、论将毕,敕僧录司,凡宗乘诸书,其切要者,各依宗系编入",也能得到证实。

然当建文三年冬,朱允炆敕令僧录司继续藏刻《洪武南藏》续藏部分时,正值其四叔燕王朱棣以"靖难"为口实从北平起兵直指南京之际,翌年,即建文四年六月,京师陷落,建文倒台。但政治上改天换地,并未影响《洪武南藏》续藏佛典的编刻工作。《永乐南藏》所收《古尊宿语录》卷二一卷尾又有一篇净戒的识语,谓:"新《藏》经板,初赐天禧。凡禅宗古尊宿语、颂古、雪窦、明教、圆悟、大慧等语,多有损失。永乐二年,敬捐衣资,命工刊补。今奉钦依,取僧就灵谷寺校正。以永乐十一年春二月为始,至冬十一月乃毕。供需之费,皆本寺备给。计校出差讹字样十五万余。刊修改补,今已幸完。庶得不遗佛意,不误后人。所冀永远流通,祝延圣寿万安者。永乐十二年岁在甲午仲冬,僧录司右阐教兼钟山灵古禅寺住持臣净戒谨识。"由此可知,《洪武南藏》之续藏佛典的编校镌版工作,至永乐十二年仲冬,亦全部竣工。这标志着自洪武五年(1372)命四方名德沙门在蒋山寺校点藏经,至永乐十二年(1414)正续藏全部编刻完毕,前后长达四十二年。共刻正藏五百九十一函,续藏八十七函,总为六百七十八函,七千余卷,被后人誉为"点校严谨,刻工精良"①。

二、《洪武南藏》的回禄之灾

明葛寅亮《金陵梵刹志》卷三一收录永乐十一年(1413)成祖朱棣的一篇《重修报恩寺敕》,敕文中云:"天禧寺旧名长干寺,建于吴赤乌年间。缘及历代屡兴屡废,宋真宗天禧年间尝经修建,遂改名曰天禧寺。至我朝洪武年间,寺宇稍坏,工部侍郎黄立恭奏请募众财,略为修葺。朕即位之初,遂敕工部修理,比旧加新。比年有无籍僧本性,以其私愤,怀杀人之心,潜于僧室,放火将寺焚毁。崇殿修廊,寸木不存;黄金之地,悉为瓦砾;浮图煨烬,颓裂倾敝;周览顾望,丘墟草野。"这段话里有一词一人值得注意,一词是"比年"二字,是相对于永乐十一年写这篇敕文时所说的,亦即"前几年、近几年"之意,由此可知永乐十一年的前几年,天禧寺被无籍和尚本性泄私愤而纵火焚烧。《洪武南藏》的经版亦随之付之一炬。然这"前几年"或"近几年",到底前到哪一年,近到哪一岁,本敕文并未明言,给后人留下了悬念。民国以来,很多人认为这个"比年"是永乐六年(1408),但一追寻

---

① 上述正续藏的说法、引证净戒的两篇识语等,主要采用了日本立正大学教授野泽佳美所撰《明初的两部南藏——再论从〈洪武南藏〉到〈永乐南藏〉》的成果。特此声明。

此说的来源,则并无真凭实据。2007年9月,南京出版社出版了《南京稀见文献丛刊》,该丛刊收有民国时张惠衣所撰《金陵大报恩寺塔志》一书。其书网罗的资料极为齐全,并在其中单辟出《大事记》一节,且对所记每桩大事都注明资料的出处来源。唯在"(永乐)六年,寺塔全毁于火"之后,未注明此说的根据来源,显然是张惠衣推测出来的,没有文献记载作为根据。因此,永乐六年天禧寺遭回禄之灾,尚不宜轻信,但也不能轻易否定。"一人"即无籍僧人本性。此人有什么私愤而怀杀人之心,且纵火焚烧天禧寺？这是个值得研究的问题。清谢旻所修《[康熙]江西通志》卷一〇一载:"金地寺,在上高县南塘良团,唐大顺间僧姑林开山,宋治平元年赐额,元末兵毁,明洪武间,僧本性募建,本朝顺治己亥邑人况文英捐倡重修。"这里出现的"僧本性"在洪武年间募资重建过金地寺。

又明陈道所修《[弘治]八闽通志》卷十七"建宁府"条载:"陆源桥,在冷水寺前,永乐十年僧本性建。"这里出现的"僧本性",于永乐十年(1412)在建宁修建过陆源桥。明谢纯所修《[嘉靖]建宁府志》卷九亦载:"陆源桥,在冷水寺前,永乐十年僧本性建。"进一步印证了上述两志所载的僧人本性,确实生活在明初洪武至永乐年间,并且在江西、福建等地行修。其他行实虽然无考,但表明本性也做过一些善事。本性是否来过南京,不得而知,且此人是否就是永乐皇帝敕文中所说的那位无籍僧人本性,也不得而知。但也无由否认他就不是。他曾在江西、福建行修,也有可能来过南京。若真是来过南京,则潜于天禧寺僧室,纵火焚烧寺院,就有了可能。至若结怨的原因,很有可能与明政府两次大的佛事活动都没有邀请他有关。一是洪武五年在南京举行的广荐法会,"命四方名德沙门,先点校藏经",因为他是无籍僧人,很难参与其事,未能到蒋山寺与僧友一道校点藏经。这可能是结怨的原因之一。

据《明史》记载,永乐五年(1407)七月,成祖仁孝皇后徐氏崩。徐氏,乃中山王徐达长女,"幼贞静,好读书,称女诸生。太祖闻后贤淑,召达谓曰:'朕与卿,布衣交也。古君臣相契者,率为婚姻。卿有令女,其以朕子棣配焉。'达顿首谢"(《明史》卷一一三《后妃传一》),可知成祖之后乃太祖为媒以成亲。永乐五年仁孝皇后"疾革,惟劝帝爱惜百姓,广求贤才,恩礼宗室,毋骄畜外家"(同上),称得上是一代贤后,所以她死后,"帝悲恸,为荐大斋于灵谷、天禧二寺,听群臣致祭"(同上),并"敕谕天下赴会僧众……举荐扬之科,启无遮之会,广集僧伽,讽扬经典。百日之间,嘉祯禽集"(《金陵梵刹志》卷三一《报恩寺修官斋敕》)。都是僧人,礼遇却截然不同,本性怒从心头起,恶向胆边生,最终酿成寺毁经亡的恶果。当然,这些都是分析与推测,不能成为结论。由此回过头来再看张惠衣《金陵大报恩寺塔志·大事记》中所推断的"六年,寺塔全毁于火"之说,在时间与情节上比较接近事实。因为永乐五年七至十月还在灵谷、天禧二寺举办祭祀活动,六年,正是僧人本性私愤未泄的气头上,故纵火毁寺,比较符合情感淤积爆发的逻辑。

前边已谈到《洪武南藏》正藏的镌版藏工,多认为在洪武三十一年(1398),但前引明释居顶《圆庵集》卷四《续传灯录序》却又说"洪武辛巳冬,朝廷刊大藏经、律、论将毕,敕僧录司,凡宗乘诸书,其切要者,各依宗系编入"。洪武无"辛巳","辛巳"已是建文三年(1401),这一年仍说朝廷所刊大藏经之经、律、论将毕,可知《洪武南藏》正藏部分的刊刻到建文三年才算接近尾声,之后经版则由蒋山寺移贮天禧寺经堂,所以天禧寺遭回禄之灾,被烧的经版当是《洪武南藏》正藏的版片。而续藏的编刻则在灵谷寺,与天禧寺无涉,不存在天禧火害。

前引明成祖永乐十一年《重修报恩寺敕》中尝言天禧寺失火后"崇殿修廊,寸木不存;黄金之地,悉为瓦砾;浮图煨烬,颓裂倾敝;周览顾望,丘墟草野",形容概括得令人胆战心惊,但于经版被火烧状况却只字未提。是同崇殿修廊一样,寸木未存,还是有的化为灰烬,有的烧成残片,有的仍然幸存?留下的悬念比较多。为了证实是哪种情况,日本立正大学教授野泽佳美,曾下苦功夫从《永乐南藏》中找出二十七名刻工,都是元末明初的从业人员,并举出他们所参与刻梓的图书。例如王保、黄保、陈厚、陈鲁、潘晋、杨保,尝分别与刻《辽史》《金史》《慈溪黄氏日抄分类》《唐文粹》《西山先生真文忠公集》《古今纪要》《古史》;朱祖、徐成、李成、李和,尝与刻《晦庵先生文集》;陈七尝与刻《通鉴释文弁语》和《资治通鉴》;高山甫、卢显尝与刻《通鉴总类》;陈文、林伯福尝与刻《文献通考》;薛志良、高山甫、黄还朗、杨保尝与刻《文选》;王安、王全、黄道正、吴五、子得、薛志良、杨成、林伯福尝与刻明初覆元大德九路儒学十七史中的《史记》《宋书》《南齐书》《魏书》《周书》《南史》《北史》《隋书》《新唐书》;何宗大、孙成、贝公亮、孟起宗尝与刻《元史》。这些本来活跃在元末明初的刻工,怎么又先后出现在《永乐南藏》中是个特别值得注意的问题。上述二十七名刻工中,绝大多数在元代从事刻版活动,最近的大概当属《元史》的刻工,这一年是洪武三年(1370),因为这一年的十月,二百一十卷的《元史》即"镂版讫工"。所以这批刻工最多只能参与《洪武南藏》的镌版任务,到《永乐南藏》在大报恩寺校刻时,他们恐都老眼昏花,无法与刻其中了。因此,《永乐南藏》中出现他们的名字,只能说明《永乐南藏》刊修时,直接利用了《洪武南藏》旧有的版片,但前述《洪武南藏》正藏的版片,已同天禧寺同遭回禄之厄,"黄金之地,悉为瓦砾",哪还有版片可供《永乐南藏》直接刷印!事情常常超乎人的想象,当年英法联军火烧圆明园,清代内廷四阁之一的文源阁《四库全书》随之化为灰烬,但迄今仍有文源阁库书零种留存于世,成为烬余之物。《洪武南藏》正藏版片,规模宏大,虽遭大火,未必没有烬余,这些能继续使用的《洪武南藏》的烬余版片,永乐时直接用以刷入新编的《永乐南藏》,是完全可能的。果如此,则证明《洪武南藏》的正藏版片,当时并未完全被烧光。

三、《洪武南藏》缘何供奉在崇庆州上古寺

《洪武南藏》之所以从京师不远万里供奉在四川崇庆州(今崇州市)上古寺,与两个人有关:一个是朱元璋的幺叔法仁,即后来的悟空祖师;一个是被封为蜀王的朱元璋第十一子朱椿。

法仁在元末兵乱之际,离家行修,走入西藏,皈依大宝法王为徒。待朱元璋平定天下,登基做了皇帝后,一方面朝廷派人四处找他,未得踪迹;一方面他亦出藏,经绵竹,来到了四川崇庆州古寺安顿下来。这里山清水秀,茂林修竹,环境幽美,使他想在这里了断尘缘,永皈佛法。"古寺在味江西山,唐善思和尚开创。洪武初,悟空禅师(法仁)焚修于斯"。"法仁,绵竹人,元末兵乱走西藏,皈依大宝法王为徒。太祖定天下,乃归隐州西古寺,常习静苍松下,有二虎随身"(清丁荣表、顾尧峰纂修《[嘉庆]崇庆州志》卷八《寺观》)。"洪武壬子,有悟空法仁禅师从绵竹来,静隐于斯。日居月诸,俊声蔼著"(丈雪《常乐寺记》)。这些文献记载,印证了上述法仁的行迹。

另一个人就是蜀王朱椿。蜀献王朱椿,朱元璋第十一子。洪武十一年(1378)受封,二十三年(1390)就藩于成都。其人"性孝友慈祥,博综典籍,容止都雅,帝尝呼为'蜀秀才'……成祖即位,来朝,赐予倍诸藩。谷王橞,椿母弟也,图不轨。椿子悦燇,获咎于椿,走橞所,橞称为故建文君以诡众。永乐十四年,椿暴其罪。帝报曰:'王此举,周公安王室之心也。'"(《明史》卷一一七《诸王传二》)从此蜀王朱椿与四哥永乐皇帝结下了深厚的情谊。当他得知上古寺的法仁即是他叔祖时,便于永乐十四年(1416)奏请朝廷"敕赐'光严禅院',盖琉璃瓦。赐经文一大藏,计六百八十四箧。中竖藏经车轮,额曰'飞轮宝藏'。内有千僧锅、善思井、通天井、般若井、明月池、惺心池、善思塔、悟空塔"(《[嘉庆]崇庆州志》卷八《寺观》)。非但朝廷应请厚赐,蜀王朱椿亦为之"建石塔,遂跏趺而寂,王谥曰悟空禅师。今肉身犹存"(同上)。因知为上古寺请赐额名,为其叔祖法仁请赐全藏,圆寂后谥曰悟空禅师者,都是蜀献王朱椿,故谓《洪武南藏》不远万里供奉在四川崇庆州上古寺,与此二人紧密相关。

前边已经考论《洪武南藏》的正藏经版，已于永乐六年至十年（1408—1412）与天禧寺一道同毁于火，就算仍有烬余的版片，但怎么也刷不出《洪武南藏》正藏的全部内容，所以上古寺所藏《洪武南藏》的正藏，一定在永乐六年（1408）之前即已刷印而成。然后再将建文三年（1401）开始续辑，永乐十二年（1414）最后蒇工的续藏刷印，并与正藏"合龙"，才可能形成《洪武南藏》的全藏。细节是否真是如此，尚待来哲详考。

由四川省人民政府参事室主办的《文史杂志》，1996年第2期发表的张天健先生《明初孤本〈洪武南藏〉流入崇州古寺始末》一文说："朱元璋的第十一皇子朱椿，当时领蜀封成都王，成都城经元火毁弃，朱椿为成都城的恢复构建颇有政声，奠定了几百年成都旧城的格局。他得知幺祖父仁法（当为法仁，朱元璋的幺爸）离皇室云游西藏多年，已潜心佛事，来到崇庆县古寺一住，山情水意的挽留，他决定选择在这里了断红尘，永远归山。朱椿便把此事禀报父皇。朱元璋便以御赐诏令，赐仁法半副銮驾、龙凤旗的礼仪，又赐琉璃瓦五间，皇锅一口（直径七尺），大藏经《洪武南藏》一部。所以，这部《洪武南藏》千里跋涉，便来到深山古寺，古寺赐名光严禅院。"依照此说，是蜀王朱椿将朱元璋幺叔来住崇庆州上古寺的消息禀报了父皇。朱元璋遂下诏赐给他半副銮驾及享受龙凤旗的礼仪。同时还赐给他琉璃瓦屋五间、皇锅一口、《洪武南藏》一部。若果是这样的情节，则《洪武南藏》移赠四川崇庆州上古寺就当在洪武年间了。这就又产生了必须稽考清楚的几个问题，具体如下：

一是上述事情的发生，必在朱椿受封蜀王并且之国以后，否则朱椿就无以传递这样的消息。前述已知，朱椿受封为蜀王，乃在洪武十一年（1378），二十三年（1390）才之国就藩于成都。所以朱椿能传递这样的消息，必在洪武二十三年（1390）以后，否则他也无从得知叔祖来住崇庆州上古寺。

二是《洪武南藏》的雕版工程，一般多认为蒇工于洪武三十一年（1398），这一年是蜀王朱椿入蜀的第八年。要论蜀王知道叔祖来住崇庆州上古寺，应当只能在此八年之内。而《洪武南藏》的刊版却完成在这八年中的最后一年，情理上是来不及上报朝廷，更来不及刷印《洪武南藏》并宣诏颁赐。更有甚者则说"洪武辛巳冬，朝廷刊大藏经、律、论将毕"，洪武辛巳，实则已是建文三年（1401），如果真是建文三年《洪武南藏》的经、律、论，也就是正藏部分才刊版将毕，则《洪武南藏》刊版竣工更要大大后推，这时朱元璋已驾崩三年，更无可能亲诏将之颁赐其叔。所以还得回到清丁荣表、顾尧峰纂修的《[嘉庆]崇庆州志》卷八《寺观》的记载上来。

我们可以略考一下蜀王朱椿的行实，有助于厘清《[嘉庆]崇庆州志》记载的可信程度。洪武四年（1371）朱椿生。洪武十一年（1378）受封为蜀王。洪武十八年（1385）命住中都凤阳。洪武二十三年（1390）之国就藩于成都。建文四年（1402）秋七月壬午朔，大祀天地于南郊，奉太祖配。诏"今年以洪武三十五年为纪，明年为永乐元年"，椿来京师朝贺，所得赏赐倍于诸藩。椿母弟谷王朱橞谋不轨，子悦燇获咎于椿，走橞所，橞称为故建文君以诡众。永乐十四年（1416）朱椿大义灭亲，揭露了他们的阴谋，帝赞曰"王此举，周公安王室之心也"，因得入朝，受赐金银缯彩巨万，并借此来朝之机，奏请朝廷"敕赐'光严禅院'，盖琉璃瓦。赐经文一大藏，计六百八十四箧。中竖藏经车轮，额曰'飞轮宝藏'。内有千僧锅、善思井、通天井、般若井、明月池、惺心池、善思塔、悟空塔"。计"六百八十四箧"当是《洪武南藏》正藏、续藏的全部内容，与今天实存相一致。如果提前到永乐十二年（1414）以前，续藏尚在编刻中，谁都无法奏请或颁赐《洪武南藏》的全藏。所以还是永乐十四年（1416）朱椿借再次来朝之机，向永乐皇帝请赐寺名、请赐《洪武南藏》可信。

四、《洪武南藏》的历史地位

《洪武南藏》在中国释家大藏中，特别是在历代官刻大藏中，占有举足轻重的地位。据《佛祖统纪》卷四三记载，北宋开宝四年曾"敕高品张从信往益州雕大藏经板……（太平兴国）八年六月……诏译经院赐名传法，于西偏建印经院。成都先奉太祖敕，造大藏经板，成，进上"。

宋初西蜀草玄亭沙门慧宝撰《北山录》卷十《外信篇》记载："今大宋皇帝……雕藏经印板一十三万余板。"

《宋会要辑稿》第二百册《道释二》"传法院"条记载："传法院，旧曰印经院……（太平兴国）五年……太宗崇尚释教，又以梵僧晓二万言，遂有意于翻译焉。是年，诏中使郑守约就太平兴国寺大殿西度地作译经院。……（八年）是年，诏改译经院为传法院，又置印经院。雍熙元年九月，诏自今新译经论，并刊板摹印，以广流布。"这就是我国历史上官刻的第一部释家大藏经，称为《开宝藏》，也称为《蜀藏》，凡四百八十函一千零七十六部五千零四十八卷。但《开宝藏》久经风雨，迄今仅存零帙，分别珍藏在国家图书馆、山西博物院、山西高平博物馆、北京法源寺等单位。日本亦有收藏。

《辽藏》，也称为《契丹藏》，其刊刻年代盖从辽圣宗耶律隆绪统和八年至辽道宗耶律洪基咸雍七年（990—1071），历时八十余年，地点多在燕京，也就是今天的北京。但它是否为官刻大藏,从山西应县木塔所出几件刻经题记看,还很值得研究。如辽刻《契丹藏》本《法华经玄赞会古通今新抄》卷第六卷尾题记云:"五十六纸,云州节度副使张肃一纸,李寿三纸,李延玉五纸,应州副使李胤两纸,赵俊等四十五人同雕。伏愿上资圣主,下荫四生,闻法众流,多聪圣惠,龙花通遇,觉道齐登,法界有情,增益利乐。"明显是各界资刻,非政府出公帑开雕,但有《千字文》编号。

1976年唐山发生强烈地震,丰润县(今河北唐山丰润区)西南天宫寺塔刹被震掉,塔身有数道裂缝。1987年修整时,于七至十三层的两个塔心室内发现了辽刻《契丹藏》数册。其中《大方广佛华严经》八卷,黄绫函套,长26.5厘米,宽17.5厘米,内有"时重熙十一年岁次壬午孟夏月甲戌朔雕印记"刊记。《一切佛菩萨名集》卷六,长26.8厘米,宽15.7厘米,内有"皇朝七代岁次癸巳重熙二十有二年律中大吕蕤生十午时序"。《大乘妙法莲华经》八卷,长31.5厘米,宽19厘米,内有"时咸雍五年十月十五日记。燕京弘法寺都勾当诠法大德沙门云矩提点雕造,天王寺文英大德赐华沙门志延校勘"题记。《大乘本生心地观经》三册,红绫函套,长26.5厘米,宽15.5厘米,有"咸雍六年十月奉宣雕印"刊记。装帧为蝶装方册式。这些经册是单经,还是大藏零种。据专家考证,辽代统和年间所刻《契丹藏》,全藏共五百零五帙,包含《开元释教录·入藏录》全部四百八十帙,及《续开元释教录·入藏录》的二百六十六卷二十五帙,是卷轴装。山西应县木塔所出十三件大藏零种,证实了这一点。山西大同(辽、金称为西京)华严寺薄伽藏殿内现存有金大定二年(1162)段子卿撰写的《大金国西京大华严寺重修薄伽藏教记》碑刻一通,文曰:"异哉,佛教化若此以大兴,教之简牍亦从而浸广,故纂成门类,即造颁宣……至大唐咸通间,沙门从梵者集成《经源录》以纪续之。其卷帙品目、首末次第,若网在纲,有条不紊,可使后人易为签阅。尔及有辽重熙间,复加校证,通制为五百七十九帙,则有太保大师《入藏录》具载之云。"这是说辽兴宗于重熙间(1032—1055)又对《经源录》所收经律重新校证,厘为五百七十九帙,雕版印造。太保大师的《入藏录》就是这部新刻大藏经的入藏目录。这部《契丹藏》比统和所刻大藏多出七十四帙,显然不是辽代统和年间所刻的《契丹藏》。《阳台山清水院创造藏经记》中镌有"燕京右街检校太保大卿沙门觉苑"之名。觉苑本人所撰《大日经义释觉演密钞序》中自己落款衔名为"燕京圆福寺崇禄大夫检校太保行崇禄卿总秘大师赐紫沙门",可知参加复校并撰《入藏录》的太保大师就是觉苑。《畿辅通志》卷一五〇所记《阳台山清水院创造藏经记》作者志延,曾于辽大安九年(1093)又撰《陈宫山观鸡寺碑记》,其落款衔名为"燕京右街天王寺讲经律论前校勘法师",可知志延也参与了这部大藏的校正工作。因推知重熙间所刻《契丹藏》亦当开版于当时的南京,即今北京。《金石萃编》卷一五三载志延《阳台山清水院创造藏经记》亦云:"印大藏经凡五百七十九帙。"也印证了上述段子卿碑刻所说"通制为五百七十九帙"记载的信实。可知丰润天宫寺塔所出之某些经册,当是辽时所刻之另一部大藏的零种,而所刻年代大约在辽兴宗重熙元年至辽道宗咸雍十年(1032—1074)之间。

《东文选》卷一一二收有高丽僧宓庵所撰《丹本大藏庆赞疏》,《疏》中谓:"念兹大宝,来自异邦。帙简部轻,函未盈于二百;纸薄字密,册不满于一千。殆非人功所成,似借神巧而就。"宓庵将其所见"来自异邦"的"大宝",称作"大藏"。而这部大藏"帙简部轻,函未盈于二百",也就是不足二百函;"纸薄字密,册不满于一千",说的是这部大藏因纸薄字密,故"册不满于一千"。这里特别值得注意的是,他所描述的"纸薄字密",今观丰润天宫寺塔所出之《大方广佛华严经》及《一切佛菩萨名集》,正是狭行密字。而其所描述的"册不满于一千"称的是"册",而未称"卷"或"轴",与辽统和间所刻大字《契丹藏》不同,彼是卷轴装,而此是方册装。今丰润所出之佛经零种,似乎就是宓庵当时所见"丹本大藏"的风貌。故专家推断,丰润天宫寺塔所出之有关佛经,盖即是俗说的小字《契丹藏》之零种。此经今藏河北唐山市丰润区文物保管所。

元代有所谓《元官藏》和《普宁藏》两部官刻释家大藏,但存世者也屈指可数。计算下来,《洪武南藏》之前,虽有几部官刻释家大藏行世,但留存于今者皆是零帙。迄今仍正藏、续藏都比较完整存世的官刻释家大藏,唯有这部《洪武南藏》,这就凸显了它的历史地位。

五、《洪武南藏》重修复原的价值

用现代技术重修复原《洪武南藏》,既是一项具有重要意义的工作,也是一个需要通过大胆创新而努力攻克的难关。

我们知道,现存的《洪武南藏》也有不少缺陷,除一般常见古代典籍中的虫蛀鼠啮、潮湿发霉、粘连破烂等现象外,还有一个不可思议的现象,那就是当初刷印时,版片本是发硎新试,刷出来的印纸应当是初印精美,笔画通透,清新可人,但现存实物却是刷印粗率,敷墨不匀,甚至大片模糊,墨点四溅,所以很多版面字迹不清。这样的现实存况,要想还原它的本来面目,困难可想而知。当今,照相或扫描制版,然后影印,是最简便、最真实、最能保持本来面貌的方法,《洪武南藏》也曾影印过,但由于底子太差,效果极为不佳。电脑中选择一种字体,然后重新排印,版面绝对可以焕然一新,可大家谁也不会认可它是《洪武南藏》。左突无路,右闯无门,冥思苦想,最终憋出来一个办法,这就是建造一个《洪武南藏》字体库,用以重修复原《洪武南藏》。

典籍的主要价值在内容。《洪武南藏》在崇庆上古寺供奉了几百年,其间由于各种原因,造成前五百九十一函中缺失五十函一百七十部三百八十六卷,后八十七函中缺失十函三十四部九十一卷;另有文献记载其后面还有六函五部五十七卷散佚,总计有六十六函二百零九部五百三十四卷缺失。另有七十二部二百五十六卷系后人抄配。合计造成二百八十一部七百九十卷需要增补。对这些内容上的缺失、抄配怎么办?即或是页面清晰,可以影印,那也并非《洪武南藏》的本来面目,而是缺失、抄配之后的现存实况。是保留如此的现存实况,还是用所造《洪武南藏》字体库中的八万四千多字,将缺者、配者都重行排出来,率先形成一部既恢复了全藏内容,又还原了原藏风貌的《洪武南藏》,然后再扫描制版,印出全藏?所以在题名中用了重修复原《洪武南藏》的提法。"重修"容易造成调整结构、增损内容的误解,但这里的"重修"未调整原藏的任何结构和文字增损,而只是补正了讹文脱字和缺文、抄配,这在内容文字上不会有太大的差异。且凡有差异者,皆作了校勘记。所以这种建本《藏》字体库,用来还原本《藏》内容和风貌的做法,未尝不是一项大胆的创新,它为人们整理复原大部帙典籍提供了有益的借镜。

重修复原《洪武南藏》的做法,现在是成功了,但支撑其成功的背后,则是周密设计、精心施工、一丝不苟、百折不挠。其程序是:经版缩微底片扫描—经版拼接—拼接审覆—经版粗修—粗修审覆—经版精修(含墨迹粘连修复和笔画毛刺修复)—精修审覆—字体库建设(含经文部分字体库建设和音释部分字体库建设)—替字并作补修勘记(含残、缺、模糊文字的替换和对替换文字作补修勘记)—经文校对(含与《洪武南藏》原初印本校对,与《碛砂藏》校对并作校勘记,与《永乐南藏》校对并作校勘记,与《永乐北藏》校对并作校勘记,与其他藏经校对并作校勘记)—校对补修勘记—排录补抄和缺失经卷—排经校对—排版—排版校对—《洪武南藏》修复完整版付印。这套复杂的程序是摸索创造出来的,饱含华严书局全体职事人员的辛勤劳动和心血,向他们表示深深的敬意。

其中,创建《洪武南藏》字体库,然后用《洪武南藏》原有的字体校正补充现存原藏的讹文脱字、缺经少文,绝对是摸着石头过河,边创新,边试验,边修改,边完善。八年艰辛路,炽热弟子心,三千晴雨日,立水荡浮尘。其法是要将《洪武南藏》所有文字逐一键入字体库,各处同一字便会相对集中,采字时可选更接近本版字体风貌者取用。其中讹字可以用本《藏》字体校正,脱字可以用本《藏》字体补齐,衍字可以通过校勘删削,倒字可以用本《藏》字体矫正,缺失经文可以用本《藏》字体补排,原手抄补配的经文亦可用本《藏》字体重行排版,这样就会使全藏浑然一体,恢复原来面目,此即所谓风貌上的复原。

《洪武南藏》的价值,盖有如下几点值得称道:

其一,一部六百年前校刻的卷帙浩繁的官刻释家大藏,迄今留存基本完整,这本身就十分难能可贵。

其二,《洪武南藏》自身较为完整的优势,奠定了它成为现存官刻释家大藏完帙中的最早传本,所以被甄选进入了第一批《国家珍贵古籍名录》。

其三,《洪武南藏》孤帙单传,海内外独一无二,极具历史文物价值。

其四,《洪武南藏》源自《碛砂藏》,但经四方名德沙门较为严格的校正,有较高的校勘价值。

其五,《洪武南藏》的字体,既带有其前官刻大藏的神韵,又有自身独具的结体严谨,刀法剔透,清新隽永,颇具艺术价值。

(李致忠,国家图书馆研究馆员)

从"丑虏"到"强敌"
——潘良贵别集版本考论

From "The Bastard" to "The Powerful Enemy": the Version Research on the Collected Works of Pan Lianggui

赵 昱

摘 要：潘良贵是两宋之际名臣，著有《默成居士集》十五卷，今已散佚不存。本文通过分析现存各个版本的内容特点，梳理考察它们的源流情况：(1)清康熙三十六年(1697)曹定远重辑、黄珍刻本《潘默成公文集》八卷为现存各本之祖，《四库全书》本、《续金华丛书》本、《丛书集成初编》本、清抄本等皆从其出；(2)中国国家图书馆藏清康熙三十六年刻本《潘默成公文集》这部海内孤本，又是文津阁《四库全书》本《默成文集》的底本；(3)《四库全书》本《默成文集》删略康熙三十六年刻本为四卷，成为清代至民国最为通行的版本，直接影响了《续金华丛书》本和《丛书集成续编》本的翻刻翻印；(4)上海图书馆藏清抄本《潘默成公文集》七卷，虽然脱落了末卷，但它忠实于底本面貌，有助于辨析推定诸本异文，更递经名家旧藏；(5)《永乐大典》中尚有不少潘良贵诗文，可补康熙三十六年刻本《潘默成公文集》的辑佚缺漏。

关键词：潘良贵；《潘默成公文集》；宋人别集；版本考；四库底本

潘良贵(1094—1150)，初名京，后改名良贵，字义荣，又字子贱，号默成居士，婺州金华(今属浙江)人。徽宗政和五年(1115)以上舍释褐，为辟雍博士，迁秘书郎，后提举淮南东路常平。钦宗靖康元年(1126)，直言何㮚等人不可用，黜监信州沙口排岸。高宗即位，召为左司谏，以言忤黄潜善、汪伯彦，去职奉祠，主管明道宫。绍兴二年(1132)，起左司员外郎，与宰相吕颐浩语不合，出知严州，未几又奉祠。绍兴二十年(1150)，坐与李光通书，降三官，卒，年五十七。《宋史》卷三七六有传。

潘良贵别集，初由其侄潘畤（1126—1189）编刊于孝宗淳熙年间。淳熙十三年（1186），朱熹为之序曰："平生之言颇可见者，独有赋咏、笔札之余数十百篇而已。后之君子，盖将由此以论公之世，其可使之没没无传而遂已乎？公之兄子、今广州使君畤谓熹，盍序其书而传之？熹不敢当，而亦不得辞也。……集凡十有五卷。"[1]陈振孙《直斋书录解题》卷一八即著录"《默成居士集》十五卷，中书舍人潘良贵子贱撰。一字义荣，刚介之士也。朱侍讲序其集，略见其出处大致"[2]，其后《宋史·艺文志》见载卷数同。明初，《永乐大典》屡屡引及"宋潘良贵《默成居士集》""《默成潘良贵先生集》"；而有明一朝最重要的两部官修目录——《文渊阁书目》卷九著录"潘氏《默成文集》，一部四册全"[3]，《内阁藏书目录》卷三著录《默成先生集》四册全，宋哲宗朝金华潘良贵著，凡十五卷"[4]，则十五卷本直到明代中后期仍有留存。时至今日，宋、明两朝古籍目录中著录的各种传本，却均已散佚无存，甚为可惜。

现存潘氏别集的最早刊本，为清康熙三十六年（1697）曹定远重辑、黄珍刻本《潘默成公文集》八卷，今藏中国国家图书馆。乾隆年间，诏开《四库全书》馆，潘良贵《默成文集》四卷即以黄珍刻本为底本抄录。1924年，永康胡宗楙继其父胡凤丹《金华丛书》之后辑刻《续金华丛书》，《默成文集》亦在其列。1988年，台北新文丰出版公司编辑出版《丛书集成续编》（280册），《默成文集》收入第126册。此外，上海图书馆另藏清抄本《潘默成公文集》一部七卷（索书号：线善765372），原为彭元瑞、朱学勤、张佩纶、于右任等名家旧藏。以上即现存潘良贵别集之全部版本，兹依时代先后，胪陈如次。

一、清康熙三十六年刻本（以下简称"康熙本"）

此本凡八卷，为海内孤本。半页九行，行二十字；左右双边，单鱼尾，版心刻书名"默成文集"、卷次、页码。书前有朱熹《默成潘先生遗文序》、《宋史》本传、《宋名臣言行录》引录潘良贵传记及事迹。次《潘默成公文集目录》，不标卷次，仅著文体及篇名。各卷首行顶格题"潘默成公文集卷之×"，次行低一格题"胶西赵鹿友先生鉴定"，三至五行低五格题"后学黄珍重梓、曹定远重辑／后学曹时震原阅／裔孙潘有后重订、重参"。全书内容依次为：卷一敕诰，卷二年谱，卷三札子、表、状，卷四启、书，卷五记、说，卷六诗、词、补遗，卷七诸贤题赠，卷八附录潘祖仁、潘畤的敕命、传记、题赞等。其中，卷三、四、五、六为潘良贵诗文。书后有康熙三十六年曹定远《潘公义荣遗集跋》。书首页正中上方钤"翰林院印"。

就篇帙结构言之,这部康熙刻本《潘默成公文集》并不复杂,但论其文献价值,它既是潘良贵别集传世各本之祖本,同时还是《四库全书》缮录时所据底本,书中涂抹勾画的诸多笔迹,或可生动揭示出《四库全书》本《默成文集》的形成过程。

例如:

卷首《默成潘先生遗文序》,首行上方天头处写"□篇抄"。

《宋史》本传,首行上方天头处写"此篇不抄"。

《宋名臣言行录》引录潘良贵传记,首行上方天头处写"此篇不抄"。

卷一、二、七、八,首行上方天头处写"此卷删去不抄"。

卷三、四、五、六,首行大题末二字"之三""之四""之五""之六"皆圈除,旁写"一""二""三""四"。

卷三《论治体札子》"虽无□□之患,而中国自敝矣。陛下留神察焉",缺字处补写"境外","陛下"之上原空一字处改为连写,文末写"另行接下篇写,下仿"。

卷五《宝林禅寺记》"尘昏本明转不息","明转"之间旁写"辗"字,"犹如□□□□□子,子出远游,望望不至。彼为子者,漂流□□□□□归,寝食之间,尝怀忆念,闻说父母,涕泪□□□□□因,疾若桴鼓。此岂可以情量揣摩,笔舌□□□□□",缺字处补写"父母只生一""无所终年不""交横固无别""形其意态乎"。

概言之,这些涂抹勾画的改动,主要包括以下两个方面的内容:一是卷次格式方面的调整,直接删去了卷首的《宋史》本传、《宋名臣言行录》和卷一、二、七、八这四卷非潘良贵诗文的内容,从而使作为潘良贵别集的文本名实更加相符,正如《四库全书总目》卷一五七《默成文集》提要所称:"惟是篇页寥寥而强分卷帙,未免有意求多。又一卷、二卷皆载本传及年谱、诰敕等文,至三卷乃及其著作,虽用宋敏求编李白集之例,而喧夺太甚,究为编次无法。至潘时乃良佐之子,于良贵为犹子,而亦附其传志于末编,尤为不伦。今姑仍旧本录之,而附纠其丛脞如右。"[5]宋神宗熙宁元年(1068),宋敏求重编《李太白文集》,将"李阳冰、魏颢、乐史序和范传正、李华、刘全白、裴敬四人为李白作的墓碑碣记等编为一卷,列于诗前,成为一个新的三十卷本"[6]。四库馆臣认为,曹定远重辑潘良贵别集,前二卷编录本传、年谱、诰敕,后二卷编录诸家题赠乃至潘祖仁、潘时的相关资料,形式上仿效宋敏求重编李白别集,但不免有喧宾夺主之嫌。二是底本出现的误字、脱文、倒乙等,皆有所订补,以求文从字顺。当然,对于那些语涉违碍的字眼,四库馆臣也做了必要的讳改,更使文义发生了完全的变化。

二、从《四库全书》本到《丛书集成续编》本

(一)文渊阁《四库全书》本(以下简称"文渊阁本")

据书前提要,此本抄成于乾隆四十三年(1778)二月。全书四卷,卷首仅朱熹《默成文集序》,正文即前述康熙本卷三、四、五、六,各卷首行、次行题"默成文集卷×""宋潘良贵撰"。并且,康熙本卷六《满庭芳·中秋》词之后,又有《挽陈德固守御》诗一首,题下小字注"补遗";至文渊阁本中,这首诗被移至《满庭芳·中秋》之前,与潘氏其他诗作连排,不再作为"补遗"置于整卷最末。

潘良贵身处两宋之际,诗文中亦多见关涉宋金关系的内容,而这些文字到了文渊阁本里面,也遭遇了不同程度的讳改。例如,卷二《谢张丞相启》"威申华夏,荡除四塞之妖氛",康熙本卷四作"憺威夷落,荡除直北之妖氛";卷四《挽陈德固守御》"强敌登城日",康熙本卷六作"丑□登城日";等等。

(二)文津阁《四库全书》本(以下简称"文津阁本")

据书前提要,此本抄成于乾隆四十九年(1784)闰三月。全书仅正文四卷,卷首朱熹《默成文集序》一并删省,行款格式则与文渊阁本全同。

在具体内容方面,文渊阁本和文津阁本之间多见异文,而文津阁本的文字基本又与康熙本(包括康熙本上出现的改字、补字)相同。如表1所示:

表1 潘良贵别集康熙本、文渊阁本、文津阁本异文对比表

篇目	康熙本 (框内文字底本原缺)	文渊阁本	文津阁本
《论治体札子》	虽无**境外**之患	虽无**敌人**之患	虽无**境外**之患
《谢中书舍人告表》	怜臣去国之**急难**	怜臣去国之**苍黄**	怜臣去国之**急难**
《谢中书舍人表》	抚**禅**琴而增慕	抚**祥**琴而增慕	抚**禅**琴而增慕
《谢张丞相启》	**憺威夷落**,荡除**直北**之妖氛	威申华夏,荡除**四塞**之妖氛	**憺威夷落**,荡除**直北**之妖氛
《静胜斋》	**属**诚有意于功名	**向**诚有意于功名	**属**诚有意于功名

(续表)

篇目	康熙本 (框内文字底本原缺)	文渊阁本	文津阁本
《宝林禅寺记》	盗起 于 定(改作 兹)	盗起(小注:阙)定	盗起于兹
	犹如父母 只生 一子,子出远游,望望不至。彼为子者,漂流 无所 , 终年不 归。寝食之间,尝怀忆念,闻说父母,涕泪 交横,固无别 因,疾若桴鼓。此岂可以情量揣摩,笔舌形其 意态乎 ?	犹如父母 惜所爱 子,子出远游,望望不至。彼为子者,漂流 途路 , 虽未即 归,寝食之间,尝怀忆念,闻说父母,涕泪 自垂 , 感召之因 ,疾若桴鼓。此岂可以情量揣摩,笔舌形其 万一哉 ?	犹如父母 只生 一子,子出远游,望望不至。彼为子者,漂流 无所 , 终年不 归。寝食之间,尝怀忆念,闻说父母,涕泪 交横 , 固无别 因,疾若桴鼓。此岂可以情量揣摩,笔舌形其 意态乎 ?
《君子有三戒说》	官当择优厚之 职,庶足 为蓄积之资	官当择优厚之 地,俸当 为蓄积之资	官当择优厚之 职,庶足 为蓄积之资
	亦可哀 也	诚可哀也	亦可哀 也
《和仲严弟暮春二绝》(其二)	乐然宁复叹春移	陶然宁复叹春移	乐然宁复叹春移
《挽陈德固守御》	题下小注"补遗",次于《满庭芳·中秋》之后	次于《满庭芳·中秋》之前	题下小注"补遗",次于《满庭芳·中秋》之后
	丑(改作 勍) 敌 登城日	强敌登城日	勍敌 登城日

特别是《宝林禅寺记》中的"盗起□定",康熙本原有缺字,文渊阁本亦保留,而文津阁本在所据底本上径自补写"于兹",造成了全新的异文。由此推断,中国国家图书馆现藏之康熙本,当为文津阁本《默成文集》缮录时所据底本。至于文渊阁本《默成文集》,据提要"此本乃康熙中其裔孙所刊,……皆掇拾于散亡之余,粗存梗概"的表述,虽然其底本也是康熙三十六年黄珍刻本,但显然不是我们现在仍能见到的这一部。

今日整理潘良贵诗文,文渊阁本因为最早影印、最易得见,所以常常被选为底本。但是与此同时,由于缺少其他版本的详细参校,个别与各本改字密切相关的异文往往也未能获得更充分的揭示。仍以《挽陈德固守御》为例,这首诗是潘良贵为京城守御陈德固所作。钦宗靖康间,京城失守,陈德固以身殉国,归葬时,

潘良贵作此诗以寄哀思。类似的情节,陈德固之子陈岩肖在《庚溪诗话》卷下有更详细的记载:

> 潘子贱待制良贵以清德直节,退居乡间近二十年。所居弊屋数间,略无生事,然自得其乐。平昔无所好,谈禅之外,亦喜为诗。岩肖之先君光禄靖康间为京城守御司属官,尝以守御策献之朝,而议者沮之。京城失守,督将士与虏战,遂以身殉国。及归葬日,公为挽诗曰:"丑虏登城日,中华将士奔。人皆趋北阙,君独死南门。秘计无人用,英声有史存。秋原悲泪落,桂酒与招魂。"岩肖每一读之,痛贯心膂。时为挽诗者数十人,唯公诗事核而言简也。[7]

毫无疑问,潘氏原诗正作"丑虏",康熙本始以避讳的缘故,删去"虏"字[8]。等到进入四库馆,文渊阁本缮录时,直接将"丑□"改为"强敌";文津阁本缮录时,则是先圈出底本上的"丑"字,旁写"勍"字,缺字处又补写"敌"字(图1)。而无论是"强敌"还是"勍敌",原先带有立中原王朝于一尊而蔑视少数民族意味的称呼变成了地位平等的对峙双方,"丑虏"背后的歧视性色彩随之荡然无存。及至《全宋诗》第32册卷一八二三以影印文渊阁《四库全书》本为底本编录潘良贵诗,《挽陈德固守御》出《默成文集》卷四,首句正作"强敌登城日"[9]。只可惜,这并不是潘诗的本来文字与意义了。

图1 清康熙三十六年黄珍刻本《潘默成公文集》卷六末页

(三)《续金华丛书》本和《丛书集成续编》本

《续金华丛书》本凡四卷。半页十四行,行二十六字;四周单边,细黑口,版心刻书名、卷次、页码及"梦选廛"。书前牌记"甲子春永康胡宗楙校锓","甲子"即1924年。各卷首行顶格题"默成文集卷×",底端刻"续金华丛书",次行题"宋潘良贵撰"。卷四末页尾行刻"永康胡宗楙据四库全书本校锓"。全书最后,有胡氏跋语一段:

> 《直斋书录解题》载"《默成居士集》十五卷",居士名良贵,金华人,以集

英修撰出知明州,满岁以徽猷待制再奉祠归。朱文公序有曰:"清明直谅,确然无欲,真可谓刚毅近仁者矣。"又曰:"《三戒文》《磨镜帖》,切中学者之病。"其推重如此。原书久佚,四库本止四卷,卷一札奏,卷二书启,卷三说论,卷四诗,不知何时删订。遍求足本不得,姑据四库本付梓。季樵胡宗楙。

既然是"遍求足本不得,姑据四库本付梓",则胡宗楙完全不知道原有康熙本八卷及其作为《四库全书》所据底本加以缮录之后才形成四卷本的具体情况。就文字内容而言,《续金华丛书》本多与康熙本、文津阁本同,但也有与文渊阁本相同(如《谢中书舍人表》"抚祥琴而增慕"),甚至与康熙本、文渊阁本、文津阁本皆不同的地方(如《君子有三戒说》"官当择优厚之地,禄当为蓄积之资"),殆或胡氏校刻之底本另为《四库全书》的其他阁本。

1988年,台北新文丰出版公司编辑出版《丛书集成续编》,其中的《默成文集》全据《续金华丛书》本翻印,不仅文字内容一仍底本,书前牌记、书后跋语也都一并保留。

三、清抄本

此本凡七卷,半页九行,行十九字。首为《潘默成公文集目录》,次《默成潘先生遗文序》、《宋史》本传、《宋名臣言行录》引录潘良贵传记及事迹。正文各卷首行顶格题"潘默成公文集卷之×",次行低一格题"胶西赵鹿友先生鉴定",三至五行低五格题"后学黄珍重梓、曹定远重辑/后学曹时震原阅/裔孙潘有后重订、重参",与康熙本的卷端题署完全相同。

在文字内容方面,清抄本与康熙本几乎全部一致,甚至连那些"皇帝""圣旨""圣慈"等语词前的避讳空格都依照旧式,所以清抄本实际就是根据康熙本抄成的,不过由于缺了卷八,才变成七卷本(书前的《潘默成公文集目录》中亦有卷八的篇目)。而清抄本的文献价值,正在于它忠实地反映了底本的面貌,可以为我们确定各本异文提供有益参考。如表2所示:

表2 清抄本《潘默成公文集》所见异文一览表

篇目	清抄本文字	说明
《论治体札子》	虽无□□之患	底本原缺,未做增改
《谢中书舍人告表》	怜臣去国之急难	与康熙本、文津阁本同
《谢中书舍人表》	抚禅琴而增慕	与康熙本、文津阁本同
《静胜斋》	属诚有意于功名	与康熙本、文津阁本同

(续表)

篇目	清抄本文字	说明
《宝林禅寺记》	盗起□定	
	犹如父母惜所爱子,子出远游,望望不至。彼为子者,漂流途路,虽未即归,寝食之间,尝怀忆念,闻说父母,涕泪自垂,感召之因,疾若桴鼓。此岂可以情量揣摩,笔舌形其万一哉?	与文渊阁本同
《君子有三戒说》	官当择优厚之地,禄当为蓄积之资	与康熙本补字及文渊阁本皆不同
	诚可哀也	与文渊阁本同
《和仲严弟暮春二绝》(其二)	乐然宁复叹春移	与康熙本、文津阁本同
《挽陈德固守御》	丑□登城日	底本原缺,未做增改

既然清代前期康熙、雍正年间的刻本已经避讳"胡虏夷狄"等字,而清抄本《论治体札子》《挽陈德固守御》等篇的缺字皆未做增补,加之全书整洁如新,不见任何涂抹校补的地方,可知它是根据底本原貌抄录,没有经过《四库全书》本的讳改"污染"。在此基础上,我们便能够进一步认定:一方面,《谢中书舍人告表》《谢中书舍人表》《静胜斋》与《和仲严弟暮春二绝》(其二)等篇涉及的文渊阁本异文("去国之苍黄""抚祥琴""向诚有意于功名""陶然"),当为四库馆臣在誊录文渊阁本《默成文集》时所改。另一方面,康熙本作为文津阁本的底本,其中那些明显的文字脱缺,四库馆臣虽然都逐一补写,但这也绝非潘氏别集的旧貌,不可据从。尤其《宝林禅寺记》一篇,清抄本与文渊阁本的内容应为潘良贵原文,文津阁本的诸多文字补写,看似使得文从字顺、语意完整,其实却更是差之千里。因此,在潘良贵现存别集数量十分有限、文渊阁本和文津阁本歧异较为显著的情况下,清抄本的文字校勘自有其重要意义。

清抄本首页、末页钤"南昌彭氏""知圣道斋藏书""遇者善读""结一庐藏书印""右任"及"希微藏书"(椭圆长印)诸印,可知初为彭元瑞(1731—1803)知圣道斋旧物。彭氏曾任四库馆副总裁,毕生抄书、校书不辍,康熙本又是《四库全书》本《默成文集》及这部清抄本的底本,因而此本归藏知圣道斋,顺理成章。彭元瑞身后,藏书多为朱学勤(1823—1875)结一庐所得,此本亦在其列。今检《知圣道斋书目》卷四"集部"著录《潘默成集》,潘良贵。一本"[10],《别本结一庐书目》之"钞本·集部"著录《默成文集》八卷,宋潘良贵撰,一册"[11],显然原为八卷足本,可与书前目录相互印证,只是在辗转流传的过程中脱落了末卷。朱氏结一庐藏书历经朱学勤、朱澂、朱潜父子的苦心经营,后来绝大多数售归张佩纶(1848—1903)。辛亥革命期间,张佩纶"金陵宅第为兵所据,其藏书辇致上海,被革命元勋宋教仁、于右任等人攫获不少",1916年于右任代表宋教仁将尚未散失的张氏藏书归还原主[12]。据此,则"右任"之印当钤盖于1912年至1915年间。1980年,清抄本《潘默成公文集》七卷与其他张氏旧藏一同由张佩纶之孙张子美捐赠上海图书馆,最终获得了更好的归宿[13]。

四、结语

综上所述,潘良贵别集在南宋时即编成十五卷本,至明仍有流传,后渐散亡。清康熙三十六年(1697),曹定远重辑《潘默成公文集》八卷,是为现存潘氏别集的最早刊本,也是后世传刻各本之祖。有清一朝,《四库全书》本《默成文集》最为通行,但不论文渊阁本还是文津阁本,都将潘良贵诗文作品以外的部分尽数删除,仅余四卷。民国以来,《续金华丛书》《丛书集成续编》先后收录《默成文集》四卷,皆为《四库全书》本系统。此外,上海图书馆另有清抄本《潘默成公文集》一部,所据底本亦为清康熙三十六年刻本,不过仅存前七卷的内容。这五种版本,源流关系如图2所示:

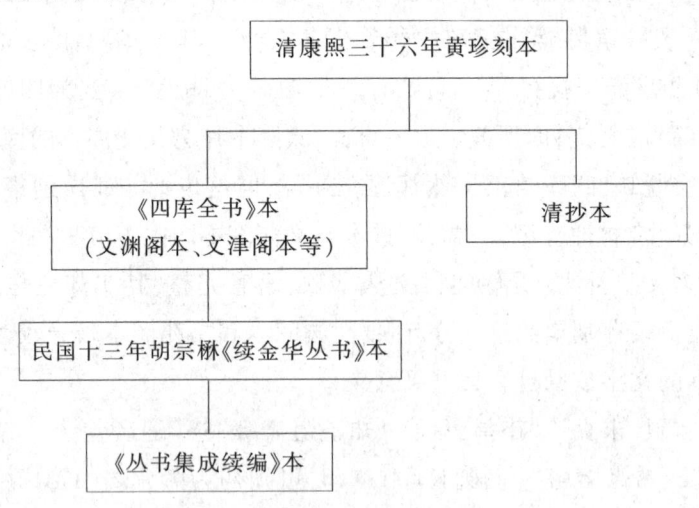

```
        清康熙三十六年黄珍刻本
           ↓           ↓
    《四库全书》本      清抄本
  (文渊阁本、文津阁本等)
           ↓
  民国十三年胡宗楙《续金华丛书》本
           ↓
       《丛书集成续编》本
```

图2 现存潘良贵别集版本源流图

今日《全宋诗》《全宋文》编录潘良贵诗文,均以影印文渊阁《四库全书》本为底本,然而文渊阁本文字并不尽同于康熙本、清抄本等,宜在广泛参校的基础上,于校记当中更充分反映异文信息、体现版本源流。

最后还需指出的是,曹定远以私人之力重辑《潘默成公文集》八卷,卷三、四、

五、六共计收录潘良贵"文二十首,诗二十七首,词一首"[5],远远不足宋本十五卷之数。对此,他在《潘公义荣遗集跋》中已称:"仅此遗编,宜憾其不尽传者多也。"而根据现存《永乐大典》残卷引录的"宋潘良贵《默成居士集》""《默成潘良贵先生集》",潘氏尚有《蜡梅三绝》《新梧》(以上康熙本集外诗)与《审斋铭》《故镇江府学教授陈公墓志铭》《王俊彦补承信郎阵亡恩泽制》《祭王待制文》《祭三二兄教授文》《祭季成弟文》《九江祭季成弟文》《祭亡弟仲严文》《谢王运使落致仕访及状》《祭社稷祝文》《祖秀实复朝散郎制》(以上康熙本集外文)等作品[14],为曹定远未见。那么从康熙本而出的《四库全书》本、《续金华丛书》本、《丛书集成初编》本及清抄本,自然也都没有收录这些集外诗文。由此可见,现存潘良贵别集诸本,确实都难称全备,对于潘氏其人其作的研究,仍需更广泛地搜罗材料,更全面综合地加以解读分析。

(赵昱,武汉大学文学院特聘副研究员)

参考文献:

[1]朱熹.金华潘公文集序[M]//朱杰人,严佐之,刘永翔.朱子全书:第24册 晦庵先生朱文公文集.上海:上海古籍出版社,2002:3667-3668.

[2]陈振孙.直斋书录解题[M].徐小蛮,顾美华,点校.上海:上海古籍出版社,1987:531.

[3]杨士奇,等.文渊阁书目[M]//冯惠民,李万健,等.明代书目题跋丛刊.北京:书目文献出版社,1994:89.

[4]孙能传,等.内阁藏书目录[M]//冯惠民,李万健,等.明代书目题跋丛刊.北京:书目文献出版社,1994:500.

[5]永瑢,等.四库全书总目[M].北京:中华书局,1965:1353.

[6]金开诚,葛兆光.古诗文要籍叙录[M].北京:中华书局,2005:271.

[7]陈岩肖.庚溪诗话[M]//丛书集成初编:第2552册.上海:商务印书馆,1939:15.

[8]陈垣.史讳举例[M].北京:中华书局,2004:28.

[9]北京大学古文献研究所.全宋诗:第32册[M].北京:北京大学出版社,1998:20297.

[10]彭元瑞.知圣道斋书目[M]//丛书集成续编:第68册.上海:上海书店,1994:997.

[11]朱学勤.别本结一庐书目[M]//丛书集成续编:第68册.上海:上海书店,1994:1087.

[12]郑伟章.文献家通考[M].北京:中华书局,1999:1168-1169.

[13]王世伟.朱氏结一庐藏书入藏上海图书馆记[G]//历史文献:第五辑.上海:上海科学技术文献出版社,2001:137.

[14]栾贵明.永乐大典索引[M].北京:作家出版社,1997:485.

新见抄本《虎口余生》考论

A Textual Research on the Newly Discovered Codex of *A Narrow Escape*

王 琼

摘 要：本文以广西师范大学图书馆藏抄本《虎口余生》为研究对象，考察其在《虎口余生》戏曲发展中的意义和价值。将此本《虎口余生》与《曲海总目提要》著录原本《铁冠图》、乾隆抄本《虎口余生》进行内容比较，此本与原本《铁冠图》内容较为相似，而与乾隆抄本《虎口余生》、曹寅本《表忠记》差异较大，但其在内容上互相吸收，共同构成《铁冠图》这一戏曲名篇。

关键词：传奇；《虎口余生》；版本

清代传奇《虎口余生》为描写明末甲申之变的剧作，现存较全的传本是清乾隆抄本《虎口余生》四十四出。广西师范大学图书馆藏抄本《虎口余生》，系抄写在明万历刻本《天中记》残卷背面。此藏本二十出，封面题"铁冠图"和"虎口余生"，内容与乾隆本有较大差异。此本的发现，有助于进一步考察清戏曲《虎口余生》的流传和变迁。

一、新见抄本《虎口余生》及背面文献概况

新见抄本《虎口余生》存三册，每册封面分别题"元""利""贞"，缺第二册（"亨"）。开本24.5厘米×13.3厘米。第一册封面题"虎口余生 元 铁冠图 大清成一统 代满汉话"（图1）。半页八行，行间夹小字，行字数不等。目录页

题"乐善堂装订"。此本共二十出,分头本、二本,目录有"虎口余生头本目录""紫气东来二本目录"。"虎口余生头本目录"为第一至十出(《起闯》《金殿》《春宴》《分宫》《大战》《雐(离)宫》《定计》《煤山》《搜宫》《清宫》),"紫气东来二本目录"为第十一至二十出(《刺伟》《劝降》《拿杜》《祭灵》《刑拷》《问探》《请兵》《发兵》《偏殿》《败寇》),正文存第一出至第七出(《定计》不全)、第十三出(《拿杜》不全)至第二十出。文中夹小字,注明角色、唱法等。如第二出首句"朱纯臣正色无私"下有小字"〔庚青韵〕〔弋腔〕〔末于周延儒上叹玉井莲〕"。

抄本版心书口全开,背面文献为明刻本类书《天中记》(图2)。半页十一行,行二十一字,白口,单鱼尾,版心上方镌"天中记",中镌卷数,下镌页数。版框高19.4厘米,版框宽度不可得。此本

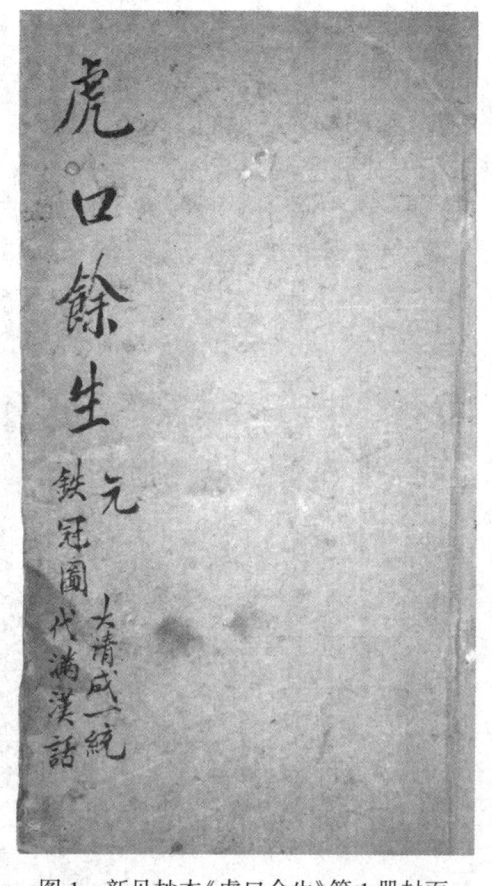

图1 新见抄本《虎口余生》第1册封面

有裁切,多裁书脊处,第一行装订至线内,不能见到内容。此本存卷十一、卷三十一。部分书页版心内容缺失,不能见到卷数及页数。卷数及页数可见部分如下:册一存卷三十一之页三十二、三十四、三十五、三十七至四十二;册二存卷三十一之页五十、五十九至六十一、六十二(半页),卷十一之页三十七至五十一;册三仅存卷十一页四十八。

《天中记》为明代类书,《四库全书总目》称:"《天中记》六十卷(直隶总督采进本),明陈耀文撰。耀文有《经典稽疑》,已著录。是编乃其类事之书。以所居近天中山,故题曰《天中记》。世所行本皆五十卷,卷端亦不题次第,草略殊甚,盖初刻未竟之本。惟此本作六十卷,与《明史·艺文志》合,乃耀文之完书也。明人类书,大都没其出处,至于凭臆增损,无可征信。此书援引繁富,而皆能一一著所由来,体裁较善。惟所标书名,或在条首,或在条末,为例殊不画一。"[1]据朱仙林《〈天中记〉版本源流考略》一文,《天中记》有五十卷本与六十卷本两个系统。明隆庆刻本为五十卷,现或已失传。现存本均为六十卷,版本有:明万历十七年

(1589)陈龙光校刻本,万历二十三年(1595)屠隆校刻本,万历三十七年(1609)翻刻屠隆校刻本,四库本(据屠隆校刻本抄写),清道光林则徐校刻本,据清道光本翻刻的光绪本[2]。

图2 抄本背面文献《天中记》(明刻本)

根据朱仙林文中的"诸本《天中记》文字异同对照表",将本馆藏本卷十一与其他诸本文字对照(见表1),我馆残本与屠隆刻本文字相同,且事目为方圆框白底黑字,故我馆藏本为明万历屠隆校刻本。究竟为明万历二十三年原刻本还是万历三十七年翻刻本,还需进一步考证。

表1 各本《天中记》文字对照表

《天中记》卷次及出处	我馆藏本	陈龙光刻本	屠隆刻本	四库本	道光本
卷十一《三皇》"尤行"	尤行	九行	尤行	九行	九行
卷十一《三皇》"任风力"	二古	二占	二古	二占	三古
卷十一《三皇》"舜祖幕"	空三字	空三字	空三字	乃至于	要铲字

二、《虎口余生》的产生及流传

此本《虎口余生》封面题"虎口余生"和"铁冠图"两个题名。《虎口余生》和《铁冠图》均是以明末李自成军和甲申之变为题材的戏曲,两者在传播过程中,因题材相似,逐步合流,以称《铁冠图》为多。《虎口余生》和《铁冠图》,除本馆藏本

外,目前可知的戏曲如表2所示:

表2 《虎口余生》《铁冠图》版本统计表

题名	作者	版本	备注
《铁冠图》	一说不知何人所作,一说为李渔作	未见	内容见董康辑《曲海总目提要》卷三十三,《传奇汇考》卷一
《表忠记》(一名《虎口余生》)	一说为曹寅作	未见	内容见董康辑《曲海总目提要》卷四十六,《传奇汇考》卷一
《虎口余生》	遗明外史著	清乾隆抄本	44出。云南大学图书馆藏巾箱本
《铁冠图》		昆曲选本《昆曲粹存》收录本	18出
《铁冠图》		昆曲选本《集成曲谱·玉集》收录本	5出:《探山》《别母》《乱箭》《守门》《刺虎》
《铁冠图》		昆曲选本《纳书楹曲谱》外集卷二收录本	3出:《询图》《夜岘》《刺虎》
《铁冠图》		昆曲选本《重订缀白裘新集合编》卷二收录本	2出:《守门》《杀监》
《铁冠图》		昆曲选本《审音鉴古录》收录本	4出:《借饷》《别母》《乱箭》《守宫》

《铁冠图》传奇出现于清顺治年间,是一部"攻击李自成农民义军,吹捧李国祯尽忠死节的剧作"[3]。一说不知何人所作[4]1559,一说为李渔所作。郑达《野史无文》卷四载:"巩永固无子,一女适李国祯子,后随李南下。子号公藩,挈重资,逃居江南和州城南门内居住。奈邨农夫于康熙戊午年二月,曾至其家访之,乃侯硕夫(原注:名雍,驸马之子)之书荐也。公藩以千金赂李渔笠翁,作《铁冠图记》,为父作尽忠死节戏文,掩饰奸状,以愚草野耳目,人皆信之,尽属乌有也。"[5]《铁冠图》全剧已亡佚。《曲海总目提要》卷三十三记载说:"《铁冠图》,不知何人所作。影掠明末崇祯事迹,真伪错杂,淆惑视听。如范景文之忠烈而痛加诋毁,李国祯甚平平而极口赞扬,非村夫妄谈,即邪党谬论,演唱相沿,几惑正史,亟当驳正者也。剧云:崇祯以流贼逼近,召见诸大臣魏藻德、范景文、朱纯臣、李国祯等,措置军饷。李自成攻宁武关,总兵周遇吉力战,关破自刎。自成遂由居庸关入,直犯各门。崇祯知城已破,遂有煤山之变。三桂出关迎清,讨逐自成。自成

大败，装载金银财宝，逃往陕西。末后以铁冠道人与诚意伯刘基说明画图三幅之故，以作收束云。"[4]1559-1560

《虎口余生》(一名《表忠记》)，曹寅作[6]，由边大绶《表忠记》改编而来，"盖作于康熙三十二年至三十八年之间。全剧五十余出，以边大绶自叙经历的《虎口余生记》为题材，以边大绶作为全剧情节的贯穿线索"[7]。刘廷玑《在园杂志》卷三云："商丘宋公记任丘边长白(引者按：边大绶号长白)为米脂令时，幕府檄掘闯贼李自成祖父坟，墓中有枯骨血润、白毛、黄毛、白蛇之异。与吾闻于边别驾者不同。长白自叙其事曰《虎口余生》，而曹银台子清(寅)演为填词五十余出，悉载明季北京之变及鼎革颠末，极其详备，一以壮本朝兵威之强盛，一以感明末文武之忠义，一以暴闯贼行事之酷虐，一以恨从伪诸臣之卑污。游戏处皆示劝惩，以长白为始终，仍名曰《虎口余生》，构词排场，清奇佳丽，亦大手笔也。"[8]

现仅存清乾隆抄本《虎口余生》四十四出，原本收藏于云南大学图书馆，影印本收入《古本戏曲丛刊五集》。遗民外史《虎口余生叙》中叙边大绶事，称："国朝定鼎以来，海宇奠安，迄有百岁。间尝过河洛，走幽燕，见夫荆棘荒榛，久无虎迹。暇日就旅邸中，取逸史所载边君事，证以父老传闻，填词四十四折。"[9]

清代中期以来的诸多戏曲选本，都收录有《铁冠图》。如《纳书楹曲谱》《缀白裘》《审音鉴古录》《六也曲谱》《昆曲粹存》《集成曲谱》等，以《昆曲粹存》所收为最多，计十八出：《询图》《探山》《营哄》《捉闯》《借饷》《观图》《对刀》《拜恳》《别母》《乱箭》《撞钟》《分宫》《守门》《归位》《杀监》《刺虎》《夜乐》《刑拷》[10]193。《昆曲粹存》基本上包含了其他戏曲选本所收录《铁冠图》的内容。

乾隆抄本《虎口余生》情节与《曲海总目提要》所著录《表忠记》基本相符，为乾隆中人取曹寅原书，删节而成，并加进《铁冠图》零种二折《烧宫》《观图》；而昆曲选本所选，以《昆曲粹存》为例，也多与《虎口余生》内容相同，亦加入《铁冠图》零种《询图》《撞钟》《观图》等[10]194。也就是说，《铁冠图》和《虎口余生》在流传过程中，逐步合流。

从乾隆抄本《虎口余生》和《曲海总目提要》著录的《表忠记》来看，两者属于同一系统，边大绶都是其中的重要人物，内容除描述明末李自成起义和宫廷变故之外，更多地描述了边大绶对抗李自成军，以及最后受到封赏的情况。两者有一脉相承的关系。

三、新见抄本《虎口余生》与他本比较

(一) 与原本《铁冠图》比较

《铁冠图》原本已不存,但可以从《曲海总目提要》中对戏曲内容与史实的考辨中,来窥见《铁冠图》的内容。对比可知,新见抄本与《曲海总目提要》所著录《铁冠图》有很大相似性,但又舍弃了画图等神话传说内容(见表3)。

表3　新见抄本《虎口余生》与原本《铁冠图》内容对比表

原本《铁冠图》[10]189	新见抄本《虎口余生》
有铁冠道人张净,留下画图三幅,由白猿传语库神现形引崇祯视库	无
崇祯召见诸大臣措置军饷	见第二出《金殿》
崇祯曾夜至周奎家内,周奎宴饮作乐,拒绝不纳。击钟召百官,无一人应,唯李国祯与杜秩亨来见	见第三出《春宴》
陕西巡抚蔡懋德遁往平阳(蔡本死节)	无
周遇吉守宁武关,贼诳入城,令遇吉妻上城招降,妻抗言被杀,遇吉战死	无
费宫人作韩宫人,所刺为李岩	见第七出《定计》
李国祯是全剧忠勇重要人物,似乎即以之贯串全书。范景文以丑扮。李建泰易名曹睿。孙传庭改为孙旷	第五出《大战》有李国祯出现。但李国祯已非贯串全书之人物
周后自刎先殉	见第四出《分宫》
崇祯自缢煤山,王承恩从缢	无。可能在第八出《煤山》
国祯请于自成,得杜勋、杜秩亨杀之,并殓帝后后自杀	见第十三出《拿杜》、第十四出《祭灵》
自成拷掠众官索饷	见第十五出《刑拷》
吴三桂入关	见第十九出《偏殿》
自成逃往陕西	见第二十出《败寇》
铁冠道人与刘基说明画图三幅之故	无

从以上对比可以看出,新见抄本《虎口余生》没有铁冠道人和三幅画图,且李国祯不是贯串全剧的重要人物,但在其他情节上与原本《铁冠图》有很大的相似性。如"韩宫人"一说,只存原本《铁冠图》和新见抄本《虎口余生》。乾隆抄本

《虎口余生》和其他戏曲选本《铁冠图》均作"费宫人"。新见抄本《虎口余生》在情节结构上,也与原本《铁冠图》所述"以崇祯召见诸大臣措置军饷起,吴三桂入关,自成逃往陕西"[10]189基本一致。

(二)与乾隆抄本比较

乾隆抄本《虎口余生》与《昆曲粹存》本有诸多相同之处:"和《虎口余生》对比起来,《探山》即第八出的《夜岘》,《捉闯》即第十出《大战》,《对刀》即二十二出《步战》,《乱箭》即第二十五出《自刎》,《杀监》原即第二十九出《守门》,《刺虎》即第三十一出《刺贼》,《夜乐》(第三十七出)则原在《刑拷》(第三十二出)之后。"[10]193-194故只将新见抄本与乾隆抄本《虎口余生》进行比较。

从目次来看,新见抄本与乾隆抄本仅有《大战》《清宫》《刑拷》三者名称完全相同(见表4)。其中,新见抄本《清宫》一出不存,故此不论。《大战》一出虽剧名相同,但内容却完全不同:新见抄本《大战》述李自成军里应外合攻下北京之事,背景宏大,篇幅短小,冲突集中;而乾隆抄本《大战》则述边大绥军与李自成军之间大战过程,且其语言文学性较强,多词牌名。

表4 各本目次对比表

题名	剧目数量	目录
新见抄本《虎口余生》	20出	《起闯》《金殿》《春宴》《分宫》《大战》《離(离)宫》《定计》《煤山》《搜宫》《清宫》《刺伟》《劝降》《拿杜》《祭灵》《刑拷》《问探》《请兵》《发兵》《偏殿》《败寇》
乾隆抄本《虎口余生》	44出	《家门》《询墓》《寇衅》《伐冢》《朝议》《嘱别》《去官》《夜岘》《营哄》《大战》《败回》《堕计》《挽留》《演阵》《赚城》《尽节》《烧宫》《借饷》《观图》《上朝》《出师》《步战》《拜恳》《别母》《自刎》《设计》《通寇》《献城》《守门》《清宫》《刺贼》《刑拷》《被逮》《魂游》《须诏》《起兵》《夜乐》《上路》《追剿》《脱逃》《灭寇》《复官》《录忠》《升天》
《昆曲粹存》本《铁冠图》	18出	《询图》《探山》《营哄》《捉闯》《借饷》《观图》《对刀》《拜恳》《别母》《乱箭》《撞钟》《分宫》《守门》《归位》《杀监》《刺虎》《夜乐》《刑拷》

新见抄本与乾隆抄本《刑拷》一出内容基本相同,只是个别字句有别,摘录部分内容进行对比如下(见表5):

表 5　新见抄本与乾隆抄本《刑拷》部分对比表

新见抄本	乾隆抄本
必定是分派衙门、**序定品爵**的意思**了**	必定是分派衙门、**署定品位**的意思
不可迟了，快**走罢**	不可迟了，快**些去**
谒新**朝**	谒新**僚**
朝廷龙虎庆，风云气象新	**一朝天子一朝臣**，**龙虎**风云气象新
奉**大王**登**基**	**翊奉新主**登**极**
那些官员忙忙若逐臭之蝇	**各处**官员忙忙若逐臭之蝇
急急**如逐**膻之蚁	急急**似觅**膻之蚁
已**收**五百余名	已**投到**五百余名
八骏八翼宝座高，乌**纱**绯袍	**八骏**八翼宝座高，乌**帽**绯袍
专候相爷**亲点**	专候相爷**发落**

从内容基本相同的《刑拷》一出，可以窥见戏曲发展变化的历程。从表 5 中所列两本文字不同处来看，乾隆抄本用"快些去""觅""投到""发落"等语，新见抄本则用"快走罢""逐""收""亲点"等较为通俗的语言。乾隆抄本"一朝天子一朝臣，龙虎风云气象新"，新见抄本则用"朝廷龙虎庆，风云气象新"。从这里可以看到《虎口余生》这一戏曲的发展趋势。

从版本、内容、表现形式上看，新见抄本《虎口余生》都有较为特殊的价值。就版本形式而言，此本正面为抄本《虎口余生》，背面为明万历刻本《天中记》，《天中记》虽为明刻本，但其为残本，仅存两卷，且在上海图书馆、南京图书馆等地藏有此书全本。而此《虎口余生》抄本较为罕见，此本目录有二十出（缺五出），内容结构完整，抄写字体工整美观，与他本在诸多内容细节上有较大差异，

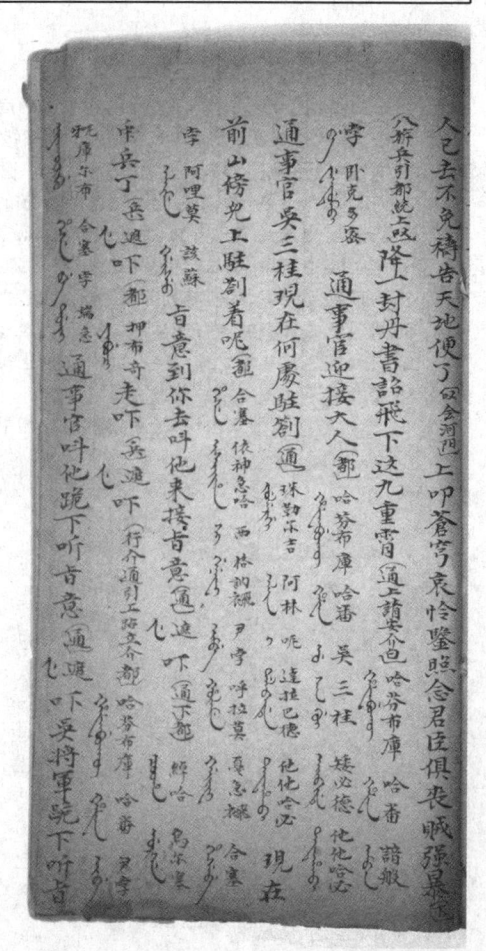

图 3　新见抄本《虎口余生》满汉文台词

具有重要的版本价值。从内容来看，新见抄本加剧了戏剧冲突，将故事重心转换到明末京城陷落、崇祯帝煤山之死，以及吴三桂降清等一系列重大事件上，舍弃了原有的以边大绶或是以李国祯为主的故事格局，站在明末变乱的大背景下，以明崇祯、李自成、吴三桂、清军等为主，在清王朝的视角下，整体描绘了明末变乱的曲折跌宕，在戏曲内容价值上而言，应该说是超越他本的。从剧本表现形式上看，第十七出《请兵》、第十八出《发兵》，清皇帝诏书、清军中的通事官等人用的是满文（图3），满文旁有汉文译音，每句满文之下又有汉文翻译。在清人台词部分有满文及满文汉字译音，当为比较早期的抄本。满文与汉文在戏曲中同时使用，与他本亦不同，对于研究戏曲文本演变等具有重要价值。新见抄本《虎口余生》的文献价值、版本价值还待后人继续挖掘。

（王琼，广西师范大学图书馆副研究馆员）

参考文献：
[1]永瑢,等.四库全书总目[M].北京:中华书局,1965:1155.
[2]朱仙林.《天中记》版本源流考略[J].图书馆杂志,2014(7):98-107.
[3]刘致中.《铁冠图》为李渔所作考[J].文学遗产,1989(2):86-91.
[4]人民文学出版社编辑部.曲海总目提要[M].北京:人民文学出版社,1959.
[5]郑达.野史无文[M].北京:中华书局,1960:29-30.
[6]王人恩.曹寅撰《虎口余生》传奇考辨[J].西北大学学报(哲学社会科学版),1997(1):75-78.
[7]冯其庸,李希凡.红楼梦大辞典[M].北京:文化艺术出版社,1990:862.
[8]刘廷玑.在园杂志:卷三[M].张守谦,点校.北京:中华书局,2005:123.
[9]遗民外史.虎口余生叙[M]//古本戏曲丛刊五集:第9函第6册　虎口余生.上海:上海古籍出版社,1986:叙1B.
[10]严敦易.元明清戏曲论集[M].郑州:中州书画社,1982.

陕西省图书馆藏丹徒赵艺博积微室藏书

The Collection of Zhao Yibo's Jiweishi of Dantu in Shaanxi Library

郎 菁

摘 要：丹徒赵氏积微室藏书是陕西省图书馆获赠数量最多的古籍私藏之一，由赵启騄于1959年4月捐赠，计两万余册。书中钤有赵艺博藏书印。其中诸多谜团，终因"中华古籍保护计划"的实施而得以解开。赵艺博生前累积60大箱藏书，去世后留在如皋任上的48箱为同乡赵启騄所得，运回丹徒家中的12箱藏书在"文革"中被毁。编入馆藏的1556部古籍中，有451部归入善本，明代天顺年间所刻《襄阳郡志》等7部善本入选《国家珍贵古籍名录》。

关键词：赵艺博；积微室；陕西省图书馆

丹徒赵氏积微室藏书是陕西省图书馆获赠数量最多的古籍私藏之一，计两万余册，由赵启騄于1959年4月捐赠。其中多见赵艺博藏书印。

一、丹徒赵氏积微室藏书入藏陕西省图书馆始末

《陕西省图书馆馆史(1909—1988)》第110页记载："1959年5月，奉国务院推荐，接受国民党要员丹徒赵启騄氏在西安私藏古籍23379册，陕西省拨专款1万余元，以资奖励。"[1] 可知丹徒赵氏藏书是由赵启騄于1959年捐赠给我馆的。

赵启騄(1894—1964)，又名启陆，字次骅，江苏丹徒(今江苏镇江)人。国民党中将。16岁考入南京陆师学堂，是年参加同盟会，继入武汉第二陆军预备学

校,保定军官学校第 6 期步科深造毕业。1925 年 9 月任国民革命军第 1 军 3 师少将参谋长,1927 年 9 月任第 9 军参谋长,1929 年 3 月任第 1 军 2 师参谋长,1931 年 5 月任警卫军少将参谋长,12 月任江苏省政府委员兼民政厅长,1933 年 10 月离职经商,1936 年 3 月任陆军少将。西安事变后,顾祝同任西北行营主任,聘赵启騄任西安行营中将参谋长。1937 年 8 月任陆军中将,1938 年 1 月任陇海铁路局顾问。在此期间,与中共驻西安机构接触较多,因与刘伯承有旧,对中共方面多有协助,为蒋介石发觉,革其职而终未再用。抗战初闲居西安,抗战胜利后回上海,以读书自遣。1948 年冬,借口去西安为母安葬未回。1949 年 5 月在西安迎接解放。历任全国政协第二、第三届委员。1964 年 6 月在北京病逝,安葬于八宝山革命公墓。刘伯承为其治丧委员会成员。

这批藏书中多次出现赵艺博的藏书印、跋。印有"赵艺博印""臣赵艺博""渊甫""渊父""曾在赵渊父处""赵艺博字渊父审藏善本""丹徒赵氏""丹徒赵氏积微室藏书印""丹徒赵氏积微室""积微室主""艺博嗣守""赵艺博四十后读书记""渊父手校"等,据印文知赵艺博为江苏丹徒人,字渊甫(父),号积微室主。据书中题跋时间,为清末民初人。

这批藏书中,仅在个别书中发现有赵启騄的钤印或相关题记。如清抄本《衍极》有章士钊题"壬午(引者按:1942 年)冬过西安,从赵次骅兄借得覃溪批校钞本,粗阅一过",及柳诒徵(史学家,亦为丹徒人)1951 年题识记"次骅仁兄持示读识"句。见于馆藏的赵启騄印章 1 枚:"润东赵启騄审藏之印"。"润东"即今江苏镇江。钤有赵艺博印的藏书中,多在封底左下角同时钤有一枚"视民如伤"印,也有不同时出现的少数情况。

那么赵艺博生平如何?其藏书何时归赵启騄?两人又是什么关系?从藏书印章仅知二人为同乡。查赵启騄所撰《赵声革命事迹》一文,知赵启騄与著名革命党人赵声也为同乡至交,曾在赵声之父、当地硕儒赵蓉曾先生所办私塾读书。赵艺博与这个当地有名的私塾会有关吗?多年来我们再查不到更进一步的信息。

直到"中华古籍保护计划"实施后,藏在深闺的古籍逐渐为人所知。一部《襄阳郡志》连接了丹徒赵氏藏书之谜的两端,一端是赵艺博的藏书,一端是赵艺博的后人,这个谜团才终于真相大白。

据 2013 年 9 月 11 日中国江苏网记者沙艳秋的一篇采访报道《海内孤本〈襄阳郡志〉现身陕西》[2],以及后来陆续查到的赵怀德 2015 年《赵渊甫和积微室藏书》[3]、2018 年《一副对联,一段家史》[4]等文章,赵艺博之孙赵怀德先生提供了关于赵艺博身世及藏书的几个重要信息。

(一)赵艺博之生平大略

赵艺博出生于清光绪年间,卒于民国时期,终年40岁。家中保存有他的两张相片。其中一张个人半身像,上面有沙元炳(时任如皋县民政长)所题《金缕曲》,末题:"壬子(引者按:1912年)冬渊甫来长如皋警务,于是始识渊甫……"

说明赵艺博1912年始担任如皋县警务工作。沙元炳的这首词中,还涉及赵艺博弃笔从戎投身辛亥革命,到过淮南、鄂州等地的经历。

近又查到《政府公报》1917年3月18日第425号有"如皋县警察所警佐赵艺博"一句,可证赵艺博至1917年仍在世,并从1912年至1917年一直任如皋警佐。赵氏藏书中有一枚印章为"赵艺博四十后读书记",馆藏只见到几部书钤有此印。与赵怀德文中祖父四十病逝之说相合。

赵怀德回忆祖父的文章中说"我的祖父赵渊甫,字艺博",有误。据上文所述藏章"赵艺博字渊父审藏善本",赵艺博字渊甫(父),艺博为名。赵艺博的"艺",繁体字为"藝",在印章中省略头尾与"執"相似,曾被我们误读为赵执博。笔者早些年的一些整理文章如《陕西省图书馆馆藏古籍中的名家藏本》(载《天一阁文丛》第8辑,2010年9月)、《罗振常未刊藏书题跋二则》(载《文献》2012年第1期)、《陕西省图书馆藏清抄本〈衍极〉题跋录考》(载《天一阁文丛》第11辑,2013年12月)等文中赵艺博名章有误,在此一并更正。

(二)赵艺博与赵声之关系

赵艺博年幼时,曾在丹徒大港镇同赵声一起读私塾,师从赵声之父赵蓉曾。赵艺博和赵声交往甚密,据赵怀德文中提到家人口口相传的往事,二人言谈亲热。

据此推断赵艺博与赵声(1881—1911,字伯先)大致同龄,生卒年约在1880—1920年前后。赵声之父赵蓉曾(1852—1924,字镜芙)在家中老楼创建私塾天香阁,镇江东乡一带的读书人都是他的学生,计有五百余人。赵启騄是赵蓉曾本家弟弟,家贫无力读书,13岁时被收入私塾,吃住在赵蓉曾家中,直到16岁考入南京陆师学堂。之前查到的赵启騄《赵声革命事迹》一文回忆:"余年十三,从之读,执弟子礼。入镜芙先生门者多毕九经之大学生,以余年为最稚。伯先长余十四岁,呼之为大师兄,伯先仍称余为老叔。"[5]可证赵启騄与赵艺博、赵声为同门师兄弟,小两人十多岁。1937年赵启騄为纪念恩师,出资利用赵氏宗祠西首配殿为校舍,在大港镇建小学并兼任校长,命名为"崇曾学校"(取崇敬赵蓉曾之意)。

(三)赵艺博藏书之去向

赵怀德说祖父和父亲都是40岁逝世。父亲去世时(1944年),赵怀德大哥才

16岁,他对祖父藏书的事略知一二:书箱共有60只,是祖父一生的心血。祖父平生嗜书如命,节衣缩食,收藏图书,每到一处都要四处寻觅珍稀版本。祖父很少顾及家用,可以说是"举家食粥,助其藏书"。祖父在如皋为官多年,大港的房屋是用买来的磨坊改建的。太祖母也一直过着清贫的生活。

其中12只书箱在祖父病重回故里后,托人运回,赵怀德幼时曾在家中书房见过:书房在老屋第二进天井的南侧。北面靠墙一排书箱,上下三层,共12只。长宽高均在一米左右,正面刻绿色篆字"积微室藏书"。

另外48只书箱仍留在如皋。"祖父有三房太太,三太太一直留在如皋看护藏书。大哥说,父亲在世时,有一次,赵启騄在乔木山子褫公墓对面的一个小庙里,摆了一桌酒宴请父亲。两人喝得正酣时,他向父亲提出了一个要求:把祖父在如皋的藏书全部转让给他。父亲婉言回绝了。时隔不久,如皋的祖母派人来报信说,赵启騄带着军队把48只书箱抢走了。父亲焦急万分,可当时赵启騄是个有权势的大人物,父亲也奈何不得他。三祖母急得生了场大病,不久就离世了。"1931年至1933年赵启騄曾任江苏省政府委员兼民政厅长,推测此事可能发生在这期间。

而藏于镇江家中的12箱书均已在"文革"中被付之一炬。

赵怀德也是偶然从网上查到一部收入《国家珍贵古籍名录》的《襄阳郡志》钤有祖父的积微室藏章,现为陕西省图书馆所藏,才得知祖父藏书的下落。七十多高龄的赵怀德老人说:"我和哥哥姐姐们其实还挺感谢赵启騄的,因为他给祖父的藏书找了个极好的归宿。"

1959年赵启騄生前将这批藏书捐赠给陕西省图书馆,总计23379册,其中也包含赵启騄自己的部分藏书。1963年,也就是赵启騄去世前一年,他又将其在镇江的房地产(原为英国领事馆)、碑帖、图书全部捐赠给镇江市博物馆。

二、丹徒赵氏积微室藏书来源

赵氏藏书有7部入选《国家珍贵古籍名录》。具体如下:

①01672 [天顺]重刊襄阳郡志四卷 (明)张恒纂修 明天顺李人仪刻本,有罗振常题识;

②03291 周礼全经释原十二卷周礼通论一卷周礼传叙论一卷 (明)柯尚迁撰 明隆庆四年(1570)张大忠刻本;

③03406 埤雅二十卷 (宋)陆佃撰 明成化十五年(1479)刘廷吉刻本;

④03900　南宫奏议三十卷　（明）严嵩撰　明嘉靖二十六年（1547）严氏钤山堂刻本；

⑤04670　衍极二卷　（元）郑构撰　（元）刘有定释　清抄本，有翁方纲朱批，叶昌炽、潘志万、罗振常、章士钊、寇遐、柳诒徵等题识；

⑥05584　苏长公合作八卷补二卷　（宋）苏轼撰　（明）郑圭辑　附录一卷　明万历四十八年（1620）凌启康刻四色套印本；

⑦06573　新修杨忠愍蚺蛇胆表忠记二卷　（清）丁耀亢撰　清顺治刻本，有罗振常跋。

以上 7 部中，3 部有罗振常题识、藏章。

罗振常（1875—1943），近代学者、藏书家。字子经，晚号邈园。浙江上虞人，侨寓江苏淮安。1915 年至 1943 年在上海开设书肆"蟫隐庐"并藏书、刻书。从以下罗振常题跋可见他与赵艺博多购书往来。

《[天顺]重刊襄阳郡志》四卷：为陆时化旧藏。罗振常跋题于 1918 年，陕图藏本的跋语末题"时戊午正月二十五日上虞罗振常观并记"，罗振常《善本书所见录》中题为"时戊午正月二十五日上虞罗振常观于雉皋客邸并志"[6]，多出题跋地点，说明这是罗振常戊午（1918）正月二十五日在雉皋（如皋的别称）为赵艺博所题鉴赏跋。这也将赵艺博任如皋警佐的时间下限又推至 1918 年。

《衍极》二卷：馆藏罗振常跋题"乙巳九月十二日上虞罗振常观并识"，《善本书所见录》第 91 页题为"乙巳九月十二日上虞罗振常观于蟫隐庐并识"，也是多出题跋地点。乙巳为 1905 年。该抄本录自四库本，为清翁方纲朱墨评校本，苏州藏书家江标旧藏，先后归刘世珩、罗振常。有江标同乡叶昌炽题跋（1885 年）、潘志万题跋（1888 年），以及罗振常题跋（1905 年）、章士钊题跋（1942 年）、蒲城寇遐题诗、丹徒柳诒徵题跋（1951 年）。根据题跋内容和印主生卒时间等推断，也是赵艺博从罗振常处购得，归赵启骙后才又有章士钊、寇遐、柳诒徵等鉴跋。最后赵启骙送示柳诒徵题跋已是 1951 年。

《新修杨忠愍蚺蛇胆表忠记》二卷：罗振常跋有"丁巳仲秋得之海上，时中秋后二日"语，是罗振常收于上海，后归赵艺博。

另有两部赵氏藏书，也有罗振常跋。

清康熙平湖陆氏刻《晞发集》十卷：末有 1918 年罗振常跋，记"去年余来雉皋，渊甫先生得陆刻，见示予"，是赵氏在如皋请罗振常鉴定题跋。

明万历刻《赐余堂集》十四卷：虽未钤赵氏印，封底左下角却有一枚"视民如伤"印，也为赵氏藏书。跋也题于 1918 年，末题"戊午正月十八日上虞罗振常志"。

从跋语看,《新修杨忠愍蚺蛇胆表忠记》跋题于丁巳(1917)八月十七日,《晞发集》跋题于戊午(1918)正月十五日。跋语中有"去年余来雉皋"句,联系上面《[天顺]重刊襄阳郡志》戊午正月二十五日跋知,罗振常1918年正月十五日尚在上海,正月二十五日已在如皋,而且1917年也曾到过如皋,应该都是与丹徒赵艺博藏书及购书有关。赵氏藏书还有多部钤罗振常蟫隐庐印,应也是1917年、1918年前后几年间购自罗振常的蟫隐庐书肆。

赵氏藏书多购自书肆,据书中藏印,除罗振常处,所购还有很多来自清代藏书家吴铨、弘晓、卢址、龚文照、葛祚增、莫友芝、薛寿、范志熙、王锡元、冯可镛、刘汉臣,及近代藏书家祝寿慈、方义路、徐乃昌、于右任等的旧藏。如明万历世经堂刻本《弇州山人四部稿》一百七十四卷、清雍正刻本《高阳挽集》二卷、明万历刻本《弇山堂别集》等,来自四明卢址抱经楼旧藏,钤有"四明卢氏抱经楼藏书印""抱经楼"等印。1916年,抱经楼旧藏5万余卷被其后人以5万元之价售于上海书肆"古书流通处",旋散入江浙各藏书家。赵氏收抱经楼藏书应于此际。

馆藏中见有几则赵艺博题跋,亦可见赵艺博痴书之一斑。

清康熙刻《二程全书》五十一卷跋曰:"余于丁未年(引者按:1907年)在金陵市上得之,中缺四十五卷,后同邑戴觐质夫子处借得长沙刻本,按其目次手自抄录,越十四日始行告竣,交书贾照式装订,俾成全帙。此书贾所谓祠堂本也,坊间恒不多见,即有时获睹,而论值甚巨。此册中有残缺,故卖书者不甚居奇,购置较易为力,然向人借抄勘订讹误,目力精神耗费凡几何矣,我子孙其识之。渊父题。"后钤"渊父"印。

清康熙刻《春秋指掌》三十卷也有赵艺博跋,记该书"系友竹叔祖之子求售于市,余以铜币数百得之者也。卷十七阙末半叶,卷十八阙末半叶,余都完好无损。癸卯秋渊父识"。又另起一行,记"庚戌在金陵钞补完足。渊父",钤印"赵艺博印""渊甫"(图1)。从1903年(癸卯)购书,至1910年(庚戌)被告足,

图1　清康熙刻本《春秋指掌》赵艺博跋

用了整整七年。

赵艺博对于非常珍视的善本,往往手书题签。如明嘉靖刻本《肖云稿》十四卷函套题签为赵艺博手书,书名下题"渊甫珍藏",钤"赵艺博印""渊甫"印;明万历刻本《瓶花斋集》十卷,函套书签下题"渊甫题签",钤印相同。

本文目前只是记录了善本书中的印章题跋信息,普通库书暂未及。

三、丹徒赵氏积微室藏书编目整理状况

据《陕西省图书馆馆史(1949—2009)》(以下简称《馆史》)记载,1959年9月,我馆历史文献阅览室成立,随之成立历史文献组。这之前已开始整理线装书,赵氏书就是其中较大的一批。1962年4月20日至1964年3月15日,开始整编善本书,编就《陕西省图书馆藏善本书目》(1964年王孔武、侯伯年、李悦农编),"共计983种10331册"[7],佛经及《古今图书集成》等大部头书当时另有专库,未编在内。1964年上半年,善本库设立。

(一)1959年5月赵氏书入馆后统计为1556部22332册

《馆史》第346页记,"(1959年)4月购回赵启騄藏书,5月中旬进行整理,到6月上旬清理完毕,计整理线装书148箱,连未装箱的共计23032册,平装347册,线装的复本占全书39%";《馆史》第348页记,1960年分编"赵氏书1556部22332册",整理"赵氏复本101部1015册"。按分编数和复本数两项相加,计23347册,与总数23032册有些出入,多出315册,复本也没有占到39%,而是4%多点,暂且存疑。

目前又查到普通库中卡片目录底本有"赵起(13337)—14072止""赵起(14101)—14920止"的字样,加起来是1556部,与《馆史》所记1556部完全符合。经核原书,果然部分书中有赵艺博印章及"视民如伤"印,"视民如伤"从印色推断,应也是赵艺博之印。

部分书中还留有铅印竖排藏书签,一式两份,首行"镇江赵氏知止山房图书登记表",依次为书名、类属、著作人、版本、册函数、箱橱号、备考。用墨笔登记,看到的一些仅填写了书名、分类、册数及箱号。很多书也还留有竖长条硬纸签,最下角以墨笔或钢笔题写书名、册数,夹在书中使字露于书外,方便检索。查丹徒于1928年改称镇江,此时赵艺博已去世,推测是赵启騄的藏书签,"知止山房"为赵启騄室名。后果查得馆藏唯一有赵启騄印的清乾隆刻本《读书录》十一卷(图2),卷端还钤有"知止山房珍藏"印。据赵家连回忆赵二呆(赵启騄次子,顾祝同婿)的文章《赵二呆和他的〈艺海回顾〉》[8],赵启騄在镇江任江苏民政厅厅

长时，从英国人手中买下"镇江英国领事馆"大楼作为住宅，取名"知止山房"，并在此聘请同乡举人赵宗抃为家庭教师，为两个儿子讲授古诗文与书法篆刻。

历史文献部保存的《陕西省图书馆线装图书清册》上，也标有"赵124箱"（14468号处）、"赵启骡捐"（14859号处），但未写明起止。

从以上这些信息，并核查书库，可以明确，赵氏书捐赠到馆后，最开始是没有区分善本的，而是集中登记入账，起止号为13337—14072、14101—14920。之后经过两次提善。

（二）1964年3月赵氏书入编善本书目105部，暂未入善本库

1964年所编《陕西省图书馆藏善本书目》，是为陕西省图书馆首次编写的善本书目。其中凡例中记"赵氏积微精舍及婴闇阁等专藏书中的善本仍编入本书目，但不另编新号"。经一一核对书号，计106部（经15部、史18部、子36部、集34部、丛3部）。这次编入没有改动原来入账时的财产登记号，并且没有将书提出来放到善本库，仍在原处与普通线装书放在一起。

图1 清乾隆刻本《读书录》（钤有"润东赵启骡审藏之印"）

（三）1965年10月赵氏书第一次提善，改号入善本库147部

《馆史》第352页记，1965年10月，"美国侵占越南，为了防止发生意外损失，省文化局和馆领导特指示历史文献部将善本、特藏装箱疏散。经过26天的努力，工作人员始将原先尚未整理的方志善本、赵氏善本、婴闇阁善本，计4871册，重新按善本书次序分类、编号、盖章"。《馆史》所记未能明确这次赵氏藏书有多少部编号入善本，只记录其与方志善本、秦更年婴闇阁善本合计4871册。

这次从普通线装书中提取的善本书，改变了原来的书号（财产登记号），经一一核对原号，其中839—935号全部为赵氏书，中间没有空号，再加上《襄阳郡志》（835号），计98部；另外1130—1176号，除其中的1150、1167、1168号之外，也是赵氏书，另外加上1099、1100、1310、1314、1315号等5部，计49部。

这批改号入库的赵氏善本共计147部。不知何因，此次提善并未完全依照

1964年善本书目所列的106部,经核对有7部未提善。

(四)1991年赵氏书第二次提善304部,未改原书号

20世纪80年代我国整理编纂《中国古籍善本总目》时,提出善本书标准"三性九条",其中第三条包括了"清代乾隆及乾隆以前流传的较少的刻本、抄本"。1991年至1993年间,历史文献部据此开展了一次大范围的提善工作,先后四次从普通古籍中挑选出乾隆六十年(1795)以前的善本"共计1741部,近3万册"[9]。为避免重新多次打号伤及古书,这次提善在接续之前善本库的连续编号系统,改了部分号后,决定统一不改号,仍以原有之财产号入善本库,而以甲善、乙善进行区分检索。本次提善之前的善本书为甲善,属于馆里中华人民共和国成立前至20世纪60年代最初确定的一批善本书,计1321部1.9万余册,收录范围大致为宋、元、明及清乾隆以前的精刻本、名家稿抄本等;乙善主要为清康雍乾刻本,也有少量之前或之后的精刻本、稿抄本等。

在这次提善中,经统计赵氏书共有304部提入善本库,未改原书号,属于善本库中的乙善。已收入1964年《陕西省图书馆藏善本书目》,但在1965年未提善的7部中,仍有2部(均为抄本)未提善。

综上统计,两次提善入库甲善147部,乙善304部,赵氏书归入我馆善本藏书的共计451部,约占赵氏全部线装书的三分之一,可见其质量之高。结构上经、史、子、集、丛五部俱全,颇具私家藏书规模。其中大部分应是赵艺博的藏书,有赵艺博钤印的达200余部,有赵启騄钤印的仅见1部(无赵艺博印)。普通古籍未统计。普通库赵氏书中见有部分民国后期的版本,此时赵艺博已过世,应为后来赵启騄的藏书。因部分赵氏书并无钤印,已很难区分了,但赵启騄的藏书当占一小部分。捐书的时候总计分装了148箱,书籍尺寸不详,原赵艺博48大箱(一米见方)书也无数量统计。

四、小结

满面英灵气。有平生、撑肠拄腹,五千文字。读破诗书兼读律,打叠通何再世。奈举目、河山都异。《论语》为薪《玄》覆瓿,莽乾坤、那有经生事。拚笔砚,永焚弃。　　无端插脚淮南市。尽销磨、关符野析,堠官亭吏。鄂渚风烟回首处,梦里惊魂尚悸。只剩得、须眉如此。汉上题襟襟上酒,这斑斑、认是铜仙泪。还一笑,买新醉。

这首沙元炳为赵艺博半身照所题《金缕曲》,可视为赵艺博投笔从戎精神的写照。乱世藏书,殊为不易,有幸保存在陕西省图书馆的这两万多册古籍,见证

了作为一个藏书家的赵艺博,对藏书的珍爱和痴迷,值得后人景仰铭记。我馆感谢并致敬藏书家赵艺博先生、赵启骏先生,也将永远铭记这些藏书家对我馆馆藏以及中华文化传承的贡献!

(郎菁,陕西省图书馆研究馆员)

参考文献:

[1]陕西省图书馆《馆史》组.陕西省图书馆馆史(1909—1988)[M].西安:陕西人民教育出版社,1989:110.

[2]沙艳秋.海内孤本《襄阳郡志》现身陕西[N/OL].中国江苏网.(2013-09-11)[2018-08-20].http://js-news2.jschina.com.cn/system/2013/09/11/018558104.shtml.

[3]赵怀德.赵渊甫和积微室藏书[N/OL].中国民主同盟镇江市委员会网站.(2015-08-06)[2018-08-20].http://www.zjmm.gov.cn/a/mengyuanfengcai/meng_shi_ren_wu/2013/0606/1298.html.

[4]赵怀德.一副对联,一段家史[N].京江晚报,2018-03-05(13).

[5]赵启骏.赵声革命事迹[G]//中国人民政治协商会议全国委员会文史资料研究委员会.辛亥革命回忆录:第四集.北京:中华书局,1963:297.

[6]罗振常.善本书所见录[M].汪柏江,方俞明,整理.上海:上海古籍出版社,2014:61.

[7]谢林.陕西省图书馆馆史(1949-2009)[M].西安:三秦出版社,2009:351.

[8]中国人民政治协商会议镇江市委员会文史资料委员会.镇江文史资料:第三十九辑[M].镇江:镇江市政协文史资料研究委员会,2005:105.

[9]谢林.陕图记忆[M].西安:三秦出版社,2009:191.

凤凰县图书馆藏致田兴恕信札

The Letters to Tian Xingshu Collected in Fenghuang County Library

寻 霖

摘 要：凤凰县图书馆所藏清咸丰、同治、光绪间人物致贵州提督田兴恕信札，为全国古籍普查工作中一项重大发现。本文通过介绍收信人田兴恕及写信诸人的生平小传，以揭示这批手札的珍贵文献价值。

关键词：田兴恕；教案；民族文献

2016年，在全国古籍普查登记过程中，湖南省古籍保护中心于凤凰县图书馆发现四册清咸丰、同治、光绪间人物致贵州提督田兴恕的书信，内容涉及田兴恕参与镇压太平天国运动及贵州苗民起义、发配西北等时期的主要活动。时间跨度为田兴恕一生中的各个时期：青年从军，浴血沙场；率军援黔，平定苗疆；处置失措，酿成教案；发配西北，再立新功；返回原籍，抑郁而终。

一、田兴恕其人

田兴恕（1836—1877），字忠普，湖南凤凰人。十六岁即参加湘军，前往长沙镇压太平军。在历次战役中，因其英勇，由普通兵丁升为保蓝翎把总，拔补实缺外委。咸丰四年（1854），湖南巡抚骆秉章令其募虎威勇助防湖南郴、桂。旋派随刘长佑、萧启江力援江西，克复袁州、临江、吉安各府县城，论功荐保参将。咸丰六年（1856）升为总兵。先后在广西贺州、湖南宝庆等地围剿石达开太平军。

湘西黔东为苗族的主要聚居地，中国历史上每次苗民起义，都是湘、黔二省同时发动。石达开太平军受挫于湖南后，西入贵州，贵州苗民乘间而起。咸丰九年（1859），湖南巡抚骆秉章命田兴恕等率军入黔，追剿石达开并镇压贵州苗民起义。因贵州巡抚刘源灏保举,咸丰十年(1860),田兴恕由安义镇总兵提升为贵州提督,并诏授钦差大臣,咸丰十一年(1861)七月至十二月间一度接替何冠英兼任贵州巡抚,掌握了贵州军政大权,成为统辖一方的封疆大吏。然而,"年甫二十有四,骤膺疆寄,恃功而骄,又不谙文法,左右用事,屡被论劾,乃罢兼职,以韩超代之。同治元年,罢钦差大臣"[1]。

田兴恕在中国近代史上颇具传奇色彩与争议性,他是湘军中少有的少数民族(苗族)将领,却也是镇压咸丰、同治间贵州苗民起义最为凶悍的人物。他少年从军,以命相搏;青年得意,官至一品;昙花一现,褫落发配;虽戴罪立功,但终无法东山再起,仅落得开释回籍;最终郁郁家居,壮年即逝。他对西方文化入侵,特别是传教活动深恶痛绝,对教、民冲突采取一种简单甚至粗暴的处理方式。誉之者称其"忠贞",贬之者称其"愚昧"。

咸丰十一年(1861)初,时任贵州提督的田兴恕与当时贵州巡抚何冠英联衔向全省官员发出"公函",称:"径启者,异端邪说,最为害民。省中天主教,前因溷迹市廛,并无骇人听闻之事,是姑予宽容。近乃肆行无忌,心实叵测,诚恐遗人口实,任意煽惑。尚祈台端,无论城乡,一体留心稽查。如查有外方之人,谬称教主等项名目,欲图传教,淆惑人心,务望随时驱逐,不必直说系天主教,竟以外来匪人目之,不得容留。倘若借故处之以法,尤为妥善。世道之坏,已至于此,如欲力挽颓风,是在太守明府之尽心力耳,必无差谬,幸勿畏葸。"[2]这实际上对教、民冲突起到了一种推波助澜的作用。咸丰十一年农历五月,贵阳青岩镇发生教案,四名教众被杀,引起法国传教机构及公使馆的抗议。田兴恕不能妥善处理,反而压制推脱,结果数月后,同治元年(1862)正月,贵州开州(今开阳)再次发生教、民冲突,田兴恕竟令开州知州戴鹿芝将法籍传教士文乃尔和教徒张天申等逮捕,极刑处死。开州教案发生后,法国公使馆向清政府"强硬抗议",提出惩办与两起教案有关的贵州官员、让亲王大臣到法国谢罪、赔偿损失等十二条要求,甚至提出要田兴恕偿命。迫于法国政府压力,同治二年(1863)五月,清政府罢免田兴恕贵州提督职,派两广总督劳崇光和湖广总督张基亮在四川秀山会同审讯田兴恕。直至同治四年(1865)二月,经与法国公使反复谈判协商,最终判决田兴恕发配新疆,永不赦免。田兴恕所居贵阳私第改建为天主堂。两教案共赔偿白银一万二千两。两案中办理不力的官员多受牵连[3]。同治五年(1866)四月,田兴恕由四川剑州起程赴配,后因道梗停留于甘肃秦州(今天水)。同治六年(1867)陕甘少数民族起义,左宗棠又重新起用田兴恕,为避免外国干预,乃改其名为"田更生"(田兴恕诗集《更生诗草》即得名于此),又屡建战功。同治十一年(1872),左宗棠向清廷启奏,请求赦免,清廷准奏。同治十二年(1873),田兴恕回到凤凰,仍交地方官严加管束。光绪三年(1877)病逝,年仅四十一岁。

二、信札作者小传

书信共有81通,其中与田兴恕直接书信往来者50人的书信计79通,包括:韩超10通,杨梦岩5通,江忠义、何冠英、朱廷桂、□狄藻各3通,周达武、翟诰、文煜、文格、林士班、莫超宗、黄图南、程履丰、袁鸣盛、邵绥名、戴瀛洲各2通,袁甲三、刘源灏、刘蓉、蒋益澧、刘典、谭廷襄、曾璧光、陈宝箴、王葆生、恽光宸、梁开国、谢复云、瑛綮、刘元勋、田宗熙、林肇元、黎培敬、吴德溥(以上三人合1通)、容恬、陈永芳(以上二人合1通)、曾德麟、王勋、沈荣昌、戴调元、曾寅光、王加敏、李培元、朱凌云、孙均、李桓、兆琛、王之藩、□思均各1通。另有王廷高1通致济翁老夫子,周召猷1通致禹翁观察大人。其中不乏提督、巡抚、总督、大学士之类人物。本文对信札作者加以考订,生平事迹及生卒年不详者,阙如待补。

韩超(1800—1878),号南溪。河北昌黎人。清道光二年(1822)副贡。历任贵州独山知州、清江通判、石阡知府、贵州粮储道、贵东兵备道、按察使加布政使衔。清咸丰十一年(1861)十二月接替田兴恕任贵州巡抚。贵州教案发生后,韩超多为田兴恕辩护,阻挠查办。同治元年(1862)十一月,被撤贵州巡抚职。

杨梦岩(?—1862),湖南凤凰人。县学生员。为田兴恕司奏记。清咸丰六年(1856)从田兴恕率虎威军援江西。田兴恕军骁果名天下,实杨梦岩佐其调度,论功擢知县。九年,从田兴恕援黔,进军古州,改擢同知。回援宝庆,加运同衔。是年冬,又从田兴恕复援黔,屡保记名道,率师守思南。同治元年(1862)三月,在贵州石阡与苗军交战败死。赠布政使衔。

江忠义(1835—1864),字光策,号味根。湖南新宁人。清咸丰二年(1852)随从兄江忠源镇压太平军。后累官至知府加道员衔,于湖南、贵州等地围剿石达开太平军。十一年加按察使衔,署贵州巡抚。

何冠英(?—1861),字杰夫。福建闽县(今福州)人。清道光十六年(1836)进士。由御史简任贵州铜仁府。咸丰四年(1854)调贵阳府知府。七年升贵东道。十年六月署粮道兼总理粮台事务,十一月赏加按察使衔。十一年正月署贵州巡抚,七月卒于任。田兴恕年少负气,视他人蔑如也,独与何冠英善。何冠英遗疏推荐田兴恕能力出众,可以大用。

朱廷桂,湘军将领,随田兴恕征,府经历、二品顶戴候选道。

□狄藻,生平不详。

周达武(1828—1894),字梦雄,号渭臣。湖南宁乡人。清同治初以总兵随四川总督骆秉章入川。署四川提督。同治三年(1864)授贵州提督,仍留四川筹办川省防剿事宜。九年十月赴贵州本任。十一年擒获苗军首领张秀眉。光绪元年(1875)开缺回籍。后又出任甘肃提督。二十年(1894)卒于任。

翟诰,安徽泾县人。清咸丰六年(1856)十一月左宗棠奏:"运司衔辰沅永靖兵备道翟诰,久任苗疆,熟谙地势苗情,洞中机宜,无分畛域,应请赏加按察使衔。"七年十一月,由湖南辰沅永靖道道员升任广西按察使。八年正月,命开缺为候补按察使,仍留湖南辰沅永靖道本任。十年任湖南按察使,八月署理湖南巡抚,在任半年,于次年二月调离。

文煜(1820—1884),费莫氏,字星岩。满洲正蓝旗人。历任四川按察使、江宁布政使、江苏布政使、直隶布政使、山东巡抚、直隶总督等要职,后曾一度被免职,同治三年(1864)重新起用,历任福州将军、刑部尚书、总管内务府大臣。光绪七年(1881)授协办大学士,十年复拜武英殿大学士。

文格,字思庵,又字式岩、式言。盛京锦州(今属辽宁)人,隶满洲正黄旗。清道光二十四年(1844)进士。清咸丰四年(1854)由衡永郴桂道迁广西按察使,五年改任湖南按察使,同年又升任湖南布政使至同治元年(1862)。继调广东布政使。三年奉命赴陕西都兴阿军营,镇压回民起义。

林士班,字竹溪。安徽怀远人。清同治四年(1865)至六年入曾国藩幕,盐运使衔道员、陕西汉中府知府,左宗棠称其"官声甚好,素性鲠直""性情伉爽,强毅有为"。

莫超宗(1811—1878),字逸云。广东高州人。清咸丰九年(1859),由同知职报捐知府,选授贵州石阡府任职。"以黔中不可多得之员"升道员使用。同治三年(1864)四月,代理遵义府事。为贵州巡抚曾璧光所赏,晋加按察使布政使衔,任贵西道署。

黄图南,号沧秋。福建永泰人。清咸丰三年(1853)进士,任翰林院侍读、左春坊左庶子、日讲起居注官。八年任贵州学政。

程履丰,字宅西,号苕田。安徽婺源人。清同治八年(1869)委署秦安,兼西征粮台。后官甘肃静宁州、泾州知州,庆阳知府。

袁鸣盛,湖南宁乡人。湘军将领,楚军克勇前路中营湖南补用游击,以参将仍留湖南尽先补用。后任福建福宁游击。

邵绶名,河北大兴(今北京大兴区)人。曾任祁阳、东安、邵阳知县,署宝庆知府。左宗棠称其"在邵阳县知县任数年,以严为治,锄治匪痞最多,士民畏服。才具明决,强毅有为,事无不举,堪胜知府之任"。咸丰九年(1859)石达开围宝庆,邵绥名固守,石达开不能克。

戴瀛洲,湖南凤凰人。田兴恕亲家。随田兴恕征,获花翎知府衔。

袁甲三(1806—1863),字午桥。河南项城人。清道光十五年(1835)进士。咸丰三年(1853)赴安徽帮办团练,镇压捻军起义。九年授漕运总督未到任,署钦差大臣,督办安徽军务。

刘源灏(1794—1865),字鉴泉,号晓瀛。直隶永清(今属河北)人。清道光三年(1823)进士。咸丰七年(1857)任湖南按察使,升云南布政使。十年正月任贵州巡抚。保举田兴恕为贵州提督。十月升任云贵总督。

刘蓉(1816—1873),字孟容,号霞仙。湖南湘乡人。清咸丰十一年(1861)署四川布政使,同治元年(1862)实授,败石达开于大渡河。二年擢陕西巡抚。四年降调革任,仍署巡抚。五年因病开缺,仍留陕办理军务,因与新任巡抚乔松年不和,又值灞桥兵败,革职回籍。

蒋益澧(1833—1875),字芗泉。湖南湘乡人。湘军将领。曾率部赴广西镇压太平军。清咸丰十一年(1861)授广西按察使,迁浙江布政使。同治五年(1866)二月授广东巡抚。六年为总督瑞麟所劾,降二级,奉命赴左宗棠军营效力,又授广西布政使。

刘典(1819—1879),字伯敬,号克庵。湖南宁乡人。清咸丰末为左宗棠司营务,因功擢直隶州知州。同治元年(1862)初擢升为浙江按察使。六年左宗棠为钦差大臣,督办陕甘军务,刘典以三品衔帮办军务。七年署陕西巡抚。八年开缺回籍养亲。光绪元年(1875)左宗棠督办新疆军务,又命刘典帮办陕甘军务。四年十二月卒于兰州军营。谥果敏。

谭廷襄(?—1870),字竹厓。浙江山阴(今绍兴)人。清道光十三年(1833)进士。咸丰八年(1858)任直隶总督,因大沽炮台失陷,革职遣戍。次年署陕西巡抚。十一年任山东巡抚。同治元年(1862)暂署河东河道总督。五年署湖广总督。次年任刑部尚书。

曾璧光(?—1875),字枢垣。四川洪雅人。清道光三十年(1850)进士,咸丰九年(1859)授贵州镇远府知府。同治元年(1862)署贵东道。三年署粮储道。四年署按察使。六年署布政使,八月署巡抚,次年实授。光绪元年(1875)八月卒于任。

陈宝箴(1831—1900),字右铭。江西义宁(今修水)人。清光绪元年(1875)署湖南辰沅永靖兵备道。六年改官河北道。九年升任浙江按察使。十六年授湖北按察使，改授布政使。二十年任直隶布政使。二十一年授湖南巡抚。因推行新法，二十四年被革职。

王葆生，字初田。安徽凤阳人。附贡生。清咸丰元年（1851）官善化知县，后任浏阳知县。五年任岳州知府。后任湖南督粮道。田兴恕充哨官时，曾随王葆生防守湘南。

恽光宸（？—1860），字潜生，又字薇叔。江苏阳湖（今常州）人。清道光十八年（1838）进士。二十四年授湖南岳州府知府。二十七年署衡永郴桂兵备道、长沙府知府。二十九年升广东督粮道，署两广盐运使，升江西按察使。三十年署理布政使，咸丰五年（1855）解职。七年复授江西按察使。八年改江西布政使。九年升江西巡抚。十年三月病假去职，寻卒。

梁开国，与田兴恕同隶刘长佑部，官守备。

谢复云，湘军将领。清同治二年（1863）七月左宗棠奏："署温州镇标游击谢复云，应请加参将衔，以昭激劝。"十年奏："留闽补用副将谢复云，请以总兵记名，请旨简放。"

瑛棨，本姓郑，字兰坡。汉军正白旗人。清咸丰九年（1859）擢任河南巡抚，后升陕西巡抚。同治二年（1863）革职，由刘蓉接任。九年任科布多参赞大臣，寻以病免。

刘元勋，号佐臣。《贵州通志·宦迹志》作"楚溪州人"[4]。清同治二年（1863）署贵州永安协副将。

田宗熙，湖南凤凰人。田兴恕幕僚。

林肇元，字贞伯。广西贺县（今贺州）人。以廪生从军，清同治初历战陕西、湖北、四川等省，由知县保至知府。同治四年（1865）入黔截剿石达开，以道员用，加按察使衔。六年三月授贵州粮储道。九年实授贵州按察使。光绪元年（1875）擢布政使。五年正月署贵州巡抚。七年四月复护理巡抚，八月实授。

黎培敬（1826—1882），字开周，号简堂。湖南湘潭人。清咸丰十年（1860）进士。同治三年（1864）提督贵州学政，署贵州布政使。光绪元年（1875）九月擢贵州巡抚。四年六月因事下部议降三级调用。五年授四川按察使。擢漕运总督，调补江苏巡抚。谥文肃。

吴德溥（？—1881），四川达县（今达州市达川区）人。清咸丰二年（1852）以同知分发贵州。九年委署遵义府知府，保升道员。同治七年（1868）贵州巡抚曾璧光以其在黔年久，熟悉戎机，奏调来黔，总办营务。十一年授粮储道，升授按察使。光绪六年（1880）升授云南布政使，七年抵任，旋卒。

容恬，陕西宝鸡人。贡生。清咸丰、同治间任通渭、礼县、皋兰知县。因索贿侵饷革职，发黑龙江。

陈永芳，生平不详。

曾德麟，田兴恕旧属。

王勋，字人树。湖南湘乡人。湘军将领王鑫兄。曾率军转战赣、粤、桂等地，又随曾国藩支援浙江。以病假归。

沈荣昌，生平不详。疑湖南凤凰人。田兴恕旧属。

戴调元（1836—?），字羹堂，号鼎臣，又号秉衡。江苏丹徒（今镇江）人。

曾寅光，字旸谷。湖南黔阳人。增生。清咸丰六年（1856）授靖州训导。九年录援黔边防功，奏保知县。十年代理湖南靖州学正。十一年兼理通道县教谕。同治二年（1863）选授四川昭化县知县。九年署盐源县事，后卒于任。

王加敏，字若农。浙江人。监生。为左宗棠办理粮台局务，按察使衔湖南补用道，后任江苏淮扬道。

李培元，田兴恕幕僚。生平不详。

朱凌云，蓝翎同知衔留黔补用知县。

孙均，湘军人物，蓝翎把总。

李桓（1827—1892），字叔虎，号黻堂。湖南湘阴人。李星沅子。清咸丰五年（1855）以道员拣发江西，署广饶九南兵备道。同治元年（1862）任江西布政使兼署巡抚。因筹措粮饷事忤曾国藩，愤而辞官。二年调任陕西布政使，因病未赴。

兆琛，湘军将领，补用同知直隶州知州。清咸丰七年（1857）、八年间，与田兴恕先后率兵入黔。同治四年（1865）任湖南按察使。五年四月任贵州布政使，再次援黔，总办贵州下游（黔东一带）军务。十月调湖南布政使。六年十月革职。

王之藩，字雨孙，号小初。安徽凤阳人。清道光间诸生。以军功官江西瑞州、南康、广信、南昌、虔州等地知县，补临江知府，以道员备用，加盐运使衔。同治七年（1868）任南康知府。

□思均，生平不详。

王廷高，生平不详。

周召猷，生平不详。

三、文献价值

诸人书信中，事涉围堵石达开者有戴瀛洲、王勋、江忠义、蒋益澧、翟诰、袁甲三、李桓、王加敏、袁鸣盛、刘蓉、邵绶名等诸札，事涉镇压贵州苗民起义者有周达武、曾璧光、李培元、何冠英、韩超、杨梦岩、戴瀛洲、戴调元、曾寅光等诸札,事涉平定西北者有谢复云、□思均、刘元勋、刘典、林士班等诸札,也有一些同僚、下属之间应酬、劝慰、请托或日常汇报之类的书信。

所有书信皆具有极高的文献价值,如田兴恕本由湖南巡抚骆秉章管辖并受其派遣率军援黔,其军费也由湖南供给。入黔后,田兴恕骤任钦差大臣并署贵州巡抚,俨然一方诸侯,与后任湘抚毛鸿宾不睦,毛鸿宾断其供给,使得田兴恕左支右绌,军心浮动,也直接影响了他剿"匪"的效果与成绩。这些都在某些书信中得到反映,如杨梦岩称道:"职道所部各勇自招募以来,已及三月尚未奉发大饷,每日按名仅给盐菜钱三四十文,殊不足以励军心。各勇屡向职道催索,婉言开导,不啻舌敝唇焦。当兹贼匪麇集、逐日鏖战、士卒用命之际,全借口粮赏号以固其心志。若令枵腹荷戈,势必至于溃散。前蒙批饬军需局拨给银壹千两,陆续支取发给各勇盐菜,早已告罄,现在嗷嗷待哺,盼饷孔殷,用敢沥情上告,仰祈大人俯鉴下忱,即赐筹解大饷。"

书信之中既有作者亲笔手书,又有幕僚代笔,如陈宝箴二札,其感谢田兴恕吊其父丧者由幕僚楷书书写,陈宝箴悼田兴恕丧子者则由陈氏亲笔书写。奇怪的是,田兴恕因教案而落职,而诸人书信中竟无一人提及此事,或许诸人有意回避这个敏感话题,或许田兴恕不愿牵连他人而有意毁去。

由于各种原因,书信出现了严重的虫蛀、鼠啮、断裂、霉蚀、糟朽、晕色、污渍等现象,如蒋益澧、江忠义诸札,皆有关太平天国史料,虫蛀严重,损及文字,无法卒读。

(寻霖,湖南图书馆研究馆员)

参考文献:
[1]赵尔巽.清史稿:第40册[M].北京:中华书局,1977:12143.
[2]宝鋆.筹办夷务始末(同治朝):一[M].李书源,整理.北京:中华书局,2008:262.
[3]宝鋆.筹办夷务始末(同治朝):三[M].李书源,整理.北京:中华书局,2008:1240.
[4]《贵州通志》编委会.贵州通志·宦迹志[M].贵州省文史研究馆,点校.贵阳:贵州人民出版社,2004:440.

记古籍修复大家肖顺华先生

In Memory of Xiao Shunhua, Master of Restoration of Rare Books

吴晓云

摘 要：肖顺华先生是国家图书馆(原北京图书馆)古籍修复专家,技艺精湛,曾担任修整组组长近三十年,为我国古籍修复工作及古籍修复人才培养做出了重要贡献。薪火相传,正是以他为代表的前辈的默默奉献,成就了今日国家图书馆古籍修复工作引领行业发展的基础。

关键词：古籍修复；国家图书馆；肖顺华

国家级非物质文化遗产项目古籍修复技艺传承人、国家图书馆古籍修复专家杜伟生曾经回忆说,20世纪70年代他进入北京图书馆(国家图书馆前身)图书修整组时,"组里最有名的老师傅莫过于'三肖'——肖顺华、肖振棠、肖振邦与'国手'张士达"[1]。其中,肖顺华在国家图书馆从事古籍修复工作三十八年,长期担任修整组组长,为我国古籍修复工作及古籍修复人才培养做出了突出贡献。

一、坎坷学艺

肖顺华(1918—1996)的家乡是河北衡水。民国年间北京的古玩铺、旧书店、书画店经营者,多来自河北的冀县(今冀州市)、衡水、大兴(今北京市大兴区)、宛平(今属北京市)、南宫等地区,特别是琉璃厂的古书铺老板以衡水人居多,琉璃厂甚至有"衡水街"之称,老板和伙计大多有亲戚或同乡关系。肖顺华也和许多家乡的孩子一样,早早踏入了古旧书业。他十四岁来到北京,开始在琉璃厂三友书社师从老板丁冬长当学徒[2],之后在西四建古堂书店、琉璃厂敬业堂书店做店员。旧书店中修书是基本功,学徒在修书中逐渐认识纸、认识书,领悟版本鉴定的技巧,然后学习收书。如果收错了,版本看走眼了,不仅不给饭吃,还要受皮肉之苦,压力很大。靠着认真细致和勤奋好学,到1937年肖顺华在北京隆福寺街宝绘斋书店做店员时,已能独挑大梁,从事古书交易。

1940年,肖顺华跟随亲戚到了广州,结识了意大利人朱塞普·罗斯(Giuseppe Ros,1883—1948),开始为其私人修书,直至1946年。罗斯毕业于意大利那不勒斯大学东方学系,1905年进入意大利外交部,先后派驻上海、汉口、北平等地工作,1936年底改派意大利驻广州领事,1942年升任总领事,1946年自外交部退休。罗斯是一位活跃的汉学家,其"罗斯文库"藏书闻名于世[3]。为罗斯修书的六七年间,肖顺华除修复中文古籍外,还有机会接触西装书,学习修复西装古籍。几十年后,他向徒弟演示的将一张报纸分为两张的技巧,也是在这期间学到的。

抗战胜利后至中华人民共和国成立前,肖顺华的生活颇为动荡。他曾在北平图书馆(国家图书馆前身)坐落于太庙的日文书库线装书部工作,修整日版线装书。又曾在天安门摆书摊,在琉璃厂冀县人郭纪森的开通书社帮忙。1949年6月,肖顺华进入北京图书馆,开始了他为国家图书馆服务的三十八年(图1)。

图1 肖顺华先生在修复古籍

二、服务国家图书馆

1949年4月30日,北平图书馆从北京市军事管制委员会文化接管委员会接收了4330卷《赵城金藏》(国家图书馆档案室053号)。这套珍贵的金刻大藏经,是抗战中八路军从日占区抢救出来的,由于长期在恶劣环境中存放,不少经卷受潮发霉,有些经卷的纸页层层粘连在一起,形似一根木炭,完全无法展开。北平图书馆于5月14日举办了《赵城金藏》专场展览,并召开专家座谈会,讨论《赵城金藏》的修复问题。之后的三个月,馆方为此连续招聘了四名修复人员,其中就包括6月16日到馆的肖顺华[4]。

推荐肖顺华到北平图书馆工作的,正是"三肖"中的另外两位——肖振棠、肖振邦。"三肖"是同族的亲戚,原姓"萧",后简化为"肖"。肖振棠、肖振邦比肖顺华年长十几岁,不过按照族里的辈分,他们比肖顺华大两辈。

《赵城金藏》的修复工作量大、难度高,从1949年7月开始,到1965年修复工作全部结束,一共用了十六年的时间(图2)。肖顺华在开始阶段参加了这项工作,参与决定具体的修复工序和操作步骤。对于因霉变粘在一起的经卷,他们包上毛巾,裹上纸,放在蒸屉里蒸,蒸过之后可以揭开外层润松的部分。然后再蒸、再揭,直到经卷全部揭开为止。之后再使用托、裁方、接纸、上褙、砑光、裁齐、装天地杆这些常规的修复方法。

图2 肖顺华(左二)、韩魁占(国图书画修复专家。左三)向抢救《赵城金藏》的八路军战士介绍修复后的经卷

肖顺华从1957年起担任修整组组长，多方面能力逐步展现。他不仅能高质量修复各种装帧形式（如金镶玉、蝴蝶装、蝴蝶装金镶玉、蝴蝶装订线装、包背装、包背硬接背装、包背软接背装等）的中式古籍，还能修整精装书、平装书、报纸等，善于解决技术难点。比如他运用综合技术，修复焦脆、糟朽、因水湿坨成砖的古书，突显了技术全面的优势。加上早年当学徒练就的版本鉴定经验，他在工作中游刃有余。1983年国家图书馆新入藏一册《永乐大典》，肖顺华亲自修复，当时《北京晚报》做了报道[5]，配图就是肖顺华的工作照。他还曾仿照故宫的存世孤本，制作过一部旋风装的样书。由于技术精湛，肖顺华在国内外同行中很有影响，日本纸博物馆1984年12月出版的《百万塔》杂志第60号就曾报道他的古籍修复技艺。1984年在印度国际书展中，他曾发言介绍中国古籍修复技艺，并做修复技艺演示（图3），获得国际同行的称赞。

图3 1984年肖顺华先生在印度做修复演示

作为修整组的管理者，肖顺华组织制订了工序定额操作办法[6]，将修复工作标准化、规范化、制度化，同时开创了西装书、报纸的装订工作。1961年7月至1963年7月[7]，1964年1月至1965年12月[8]，以及1989年4月至9月，国家图书馆为培养古籍修复人才，举办了三期培训班，采取传统的师傅带徒弟的方式，肖顺华均作为师傅传授修复技艺和基础理论知识。培训班效果非常好，不少学员成为各馆古籍修复的业务骨干。20世纪七八十年代，国家图书馆修整组新进人员以及北京大学图书馆、中央音乐学院图书馆等单位的代培人员，前后有十余人跟随肖顺华学习，打下了扎实的古籍修复基本功。

肖顺华性格和善，乐于助人。中华人民共和国成立初期有一段时间，工资以小米折算，每月发工资他都利用午休时间去给大家称小米。他业务能力强，工作认真踏实，善于团结人。肖顺华担任修整组组长将近三十年，获得全馆上下一致的肯定和尊重，被评为高级工程师。数十年来国家图书馆古籍修复工作获得长足的进步，今日能引领行业发展，离不开"三肖"等古籍修复前辈的默默奉献。

三、师徒情谊

1983年9月，我进入国家图书馆古籍修整组工作。短期观摩了修书、裱画的工作内容之后，肖顺华师傅对我说："你就跟我学吧。"从此，我天天坐在师傅对面，开始跟师傅学习古籍修复技艺和理论，到1986年底师傅退休，整整三年。古籍修复行业注重技艺传承，传统的师傅带徒弟的方式是最好的传授模式，日积月累、潜移默化练就的基本功很扎实。三十多年过去了，师傅的示范和讲解，还清晰地留在我的记忆中。

80年代初，还在工作的老师傅不多了，肖顺华师傅技术好，修复古籍追求尽善尽美，精益求精。当时在我们年轻人的心里，师傅的修复技艺达到了不可企及的高度。师傅一开始就告诫我，做古书修复这个工作，心要静，要耐得住寂寞，虽然是很枯燥的工作，但是非常有意义。他对基本功要求很高，每一道工序都亲自示范，要求我反复练习。师傅告诫我不能急于求成，不要急于追求会修多少种装帧形式的古籍，要打好基础，牢固掌握基本功。基本功好了，掌握各种装帧形式古籍的修复技能是水到渠成的事情。

师傅有丰富的修复经验，不同的材料手法不同，不同的工序有不同的窍门，他都毫无保留地传授给我们。例如，装订复印纸与手工纸不同，复印纸纸面光滑，纸质硬，并且每册很厚，订纸捻打眼时容易跑偏。师傅传授的窍门是：书页蹾齐后用铅砣压在材料上并用手腕配合用力按住，锥子上擦一些蜡起到润滑作用，这样锥子容易扎入和拔出。如果这种纸能装订整齐，再装订古书的手工纸就基本没问题了。师傅强调，修书前配纸是关键，补纸的颜色、薄厚、纹理对修复质量至关重要。最好了解书的版本，用同时代的旧纸修复。师傅每次配纸都很慎重，花很多时间选择、比对。师傅古书版本鉴定的本领是在书铺当伙计的时候锻炼出来的，能很快从字体、版框、纸张等特征综合判断年代，善本部的同事遇到版本鉴定方面的问题，也经常请师傅去共同探讨。

师傅人品好，谦逊、低调，话不多，工作勤勤恳恳，以身作则，有很高的威望。修复古书是个很枯燥的事，年轻同事难免坐不住，有时候聊会天儿，只要师傅抬起头,从眼镜后面看一眼,大家就很快恢复安静的工作了。年轻人对新鲜事兴趣大,想亲眼看看传说中的一张报纸揭成两张,师傅就做给我们看。为了方便我学习参考,师傅临退休前,还特意把金镶玉、蝴蝶装、包背装、金镶玉蝴蝶装等几种重要装帧形式都做了一套样书。现在我从事古籍修复工作也有三十多年了,从国家图书馆修到北京大学图书馆,也带了不少徒弟,我也按照师傅教授我的办法,把自己的经验和技术毫无保留地教给徒弟。薪火相传,希望自己没有辜负师傅的教导,也希望我国的古籍修复事业越来越兴旺。

感谢师傅肖顺华之女肖建萍女士提供有关材料和图片。

(吴晓云,北京大学图书馆古籍修复师,馆员)

参考文献:
[1]艾江涛.古籍修书匠的修行人生[J].新城乡,2016(12):48-49.
[2]孙殿起.琉璃厂小志[M].北京:北京古籍出版社,1982:235.
[3]胡素萍.不应遗忘的意大利汉学家:朱塞普·罗斯[J].海南师范大学学报(社会科学版),2010,23(6):111-115.
[4]杜伟生.《赵城金藏》修复工作始末[J].国家图书馆学刊,2003(2):54-59.
[5]沙青.国宝复出记:《永乐大典》(卷三五一八至三五一九)自山东掖县归来[N].北京晚报,1983-03-07(1).
[6]北京图书馆馆史资料汇编(二)编辑委员会.修整组工序定额操作办法[M]//北京图书馆馆史资料汇编(二)(1949-1966).北京:北京图书馆出版社,1997:1353-1354.
[7]北京图书馆馆史资料汇编(二)编辑委员会.关于举办第二期装修古旧线装图书技术人员培训班的通知[M]//北京图书馆馆史资料汇编(二)(1949-1966).北京:北京图书馆出版社,1997:403.
[8]李致忠.中国国家图书馆馆史资料长编(1909-2008)[M].北京:国家图书馆出版社,2009:560-561.

科学、技术与文化遗产

——手工纸张的理化性质*

Science, Technology and Cultural Heritage—The Physical and Chemical Properties of Handmade Paper

杨玉良讲述　凌一鸣整理

摘　要：现有文献资料和考古发现证明，中国传统造纸术的产生距今已有两千余年，并在漫长的发展过程中对世界产生了影响。还原与复兴传统造纸技艺对于今天的书画爱好者、藏书机构工作人员乃至社会大众有着重要的意义。传统造纸需要通过搜集原材料、沤纸浆、捶打、漂白、洗浆、悬浮、烘干等流程展开。通过实验验证，对纸张纤维物理化学原理进行了解与使用可以影响造纸过程中一些关键环节的效率与效果。纸张的寿命是判断纸张质量的重要因素，针对纸张理化性质进行处理与保存，可以延长纸张寿命，提升纸张质量。

关键词：传统造纸；理化性质；文化遗产

一、中国传统造纸术简史

放马滩纸目前被认为是世界上最早的手工纸之一，它大约产于公元前202年到公元8年，于1986年出土于甘肃天水放马滩墓葬群。纸张内容是一幅手绘地图，出土于西汉的一座将军墓中，覆于墓主尸身之上。

一度被认为是造纸术发明者的蔡伦晚于放马滩纸近300年，他实际上是改

---

* 本文据杨玉良在2018年10月9日"古籍保护研究与新技术应用国家级高级研修班"上的报告整理而成。

进了造纸术,降低了成本,推动了相关技术的快速发展。但当其时,纸张的使用在中国并未普及。直至公元800年,纸张才成为主流的书写载体。换言之,从纸张产生到流行全国,历时近1000年。

大约公元600年,造纸术扩散至韩国、日本。公元751年,中国西域发生了著名的怛罗斯之战。据一些文献记载和传说,战争中阿拉伯帝国俘虏了唐军中的造纸工匠,造纸由是在阿拉伯地区传播。当然,由于国内外考古与历史学者发现了更多的文献与实物证据,目前更多人认为在怛罗斯之战前,阿拉伯国家已经有了造纸作坊的存在。

随着造纸术的西传,中亚、西亚地区形成了以撒马尔罕、巴格达为代表的造纸中心。公元1200年以后,造纸术传播至欧洲,欧洲人给予其充分的重视,他们认为造纸术和印刷术对文化思想传播具有重要意义。至此,经历了1400年的时间,中国的造纸术终于传播到了欧洲,并影响了世界。

据美国学者考察,技术保密导致了造纸术传播速度如此之慢,因为掌握造纸术的人不希望其他人成为生意上的竞争者,从而阻碍了造纸术的传播尤其是国际化传播。即使在中国,不同的地方、不同的人造纸,相互之间也是保密的。这严重影响了纸张的普及速度,因此战争等特殊因素对造纸术的传播具有跃进式的推动效果。

《纸影寻踪》[1]的作者英国学者亚历山大·门罗(Alexander Monro)对中国造纸业的产生与发展特征有很大的兴趣。他有几个主要观点:

第一,中国的造纸是"人的故事",主要侧重"个人"这一元素在造纸文化传播中的位置。第二,门罗认为造纸的工序非常复杂,非一人可为,因此以家族为单位的人群间保持团结与相互依靠,对于造纸工作的完成非常重要。这种集体的、社会化的生产方式影响了造纸产业的主流生产方式,对社会的发展起着很大的作用。第三,他认为中国的造纸是可持续发展的,原材料是可持续、可更新的。第四,中国对造纸技术的掌握,同样强化了国际交往间的国家身份认同。第五,纸是保持与传递知识的介质。最后,门罗认为,中国的造纸体现了一种心理学效应。换言之,造纸的成品特征可以很大程度呈现出所谓的个性化。每个家族、每个家庭做出来的纸都不一样,这不仅仅体现在质量上,纸的特点反映了制作者自己心理上的个性化特征,这也导致了手工纸的品种极其复杂。现在,西方的一些大图书馆都设有专门实验室来有针对性地制作修书用纸,可见传统手工造纸的个人化与手工性。总之,这本著作详细介绍了造纸术的发明、发展以及传播过程,更多地强调了纸张对人类文化的影响。

纸张出现以前,信息无法进行远距离传播,这在很大程度上妨碍了人类社会文明发展的速度。从对世界造成的影响上看,纸张的发明甚至大于网络(Internet)的产生。因为网络出现之前,社会上已经有电话、电报,能够把信息传到千里万里之远,网络只是提升了其效率与速度。故而网络的发明是建立在长期、大量的知识积累上的。

但纸张的发明,对当时人类社会的影响则是一个巨大的突破,这种跃进几乎是从无到有、从零到一的过程。它可以让思想、让各种信息都能够在整个很大的空间范围之内进行传播,极大地促进了知识和思想的扩散,进而改变了人类社会文明的进程。与此相比,网络技术的发明更接近于从一到二的过程。很难想象,如果没有纸张,欧洲还能否发生现在仍主导着人类文明发展进程的文艺复兴,英国的工业革命、法国的大革命又何以发生,法国的启蒙思想家如狄德罗等的思想又怎么传播。

传统造纸术的发明与传播曾经深刻地影响了世界,但是当传统与现代碰撞时,又会产生怎样的问题呢?

据意大利传教士南怀谦(Leone Nani)于1905年观察到的情况,中国中部造纸作坊还保存着纯然传统的生产方式,而当时的西方已经有了机械化造纸。

19世纪末20世纪初,西方机械化的造纸技术传到了中国。这直接导致中国手工为主导的造纸工业,特别是浙江、江苏、安徽这一带的造纸手工业,基本上被全线打败。只有一些交通不便的地方还在生产传统纸,这些地方还保留着自给自足的生产方式,西方的产品很难进入,因此传统造纸术才会保留下来。但也不乏一些例外,比如至今仍驰名中外的宣州造纸,就是由于战争时期特殊的政治、军事因素,而得以比较完整地保留下来。即使在其他地方,传统造纸方法在某些领域也仍然沿用,比如民间祭祀活动用纸和南方店铺使用的食品包装纸等。

二、复兴传统手工造纸的意义

如前所述,随着历史的发展,中国传统造纸业被先进的西方造纸工业取代。那么,今天依然要复原并复兴传统造纸工艺的意义何在呢?

首先,历史已经证明,传统纸的寿命远长于现代纸的寿命。就实验数据来说,在机器纸当中,现在质量最好的A4复印纸,其寿命大概是六七十年,最长不过一百年。印报用纸也即所谓新闻纸的质量是最差的,其寿命一般为三五十年。而民国的印刷用纸就是新闻纸,导致在图书馆的实际工作中民国文献是最难修复、最难保存的。我国自古就有"纸寿千年绢八百"的说法。举例来说,近年考古活动中,从古墓中发现了一部北宋时期的科举用参考工具书《礼部韵略》,只有薄薄的五册,修复以后于2013年拍卖会上的成交价格高达人民币2990万元。

其次,中国的传统纸主要用于书法、绘画以及图书印刷,这是传统纸回归的另外一个因素。西方的印刷是用油墨,中国的印刷是用水墨,书法、绘画等艺术的发展也主要是基于传统纸。

再次,现在我国很多图书馆有大量的古书需要修复或重印,例如善本再造。如果将其内容数字化扫描以后直接存到光盘上,光盘的寿命并不长。如果使用现代纸印刷,面临的问题就是现代纸的寿命也不长。而图书馆最担心的就是其修复效率低,修复过的古书没过几年就需要重修。现在世界上一些著名的博物馆,例如大英博物馆或者法国的卢浮宫,它们在收藏作品之前,首先要确定的就是作品纸张的寿命,以避免反复维修的情况出现,节省成本和保护文物。

最后,今天对纸张个性化的追求也越来越普遍。一些以文化、艺术为兴趣的人士,会选择自己在家里手工造纸,用于在婚礼或庆祝活动等场合制作邀请信,以彰显品位。

三、手工纸的基本制造流程

适合造纸的材料来源主有构树皮、青檀、荛花、竹子、狼毒草等。手工造纸的第一步就是搜集并甄选这些原材料。

第二步是沤纸浆,实际上是把原料中的纤维分离出来。沤纸浆通常要放碱。古代用碱,其中一种是石灰,另一种是碳酸。与现代的烧碱即氢氧化钠相比,石灰的碱性要弱一些。中国的传统造纸工艺中,沤纸浆是使用草木灰,属于碳酸钠,碱性要弱一点。因为氢氧化钠沤纸浆的速度快,与追求效率的现代工业更相契合,所以在造纸工厂中更为常见,这也是现在有些宣纸寿命很短的原因。

接着,需要对纸浆进行捶打。捶打的目的就是将纸浆中的纤维分开。因为纤维本来是互相黏着的,呈捆状结构,沤泡软化以后需要捶打才能分开。当然分开之后还是纤维,不能分开成一根分子链,一般的木槌捶打是做不到这一点的。如果不将纤维进行分离,做出来的纸就会比较粗。比如说麻纤维是很好的,但是麻纤维很难被捶开,所以麻纤维做的纸一般都比较粗糙,可以用来做书的外封。贵州丹寨的构皮纸也比较粗,因为构树皮分子量很大、聚合度很高,其纤维也是很难捶开的。狼毒草也有这个问题。当然,纸张粗糙不意味着质量不佳,反而可以适用于一些特殊用途。

接下来的程序是通过晾晒对纸浆进行漂白。这一工序的原理是,利用阳光中的紫外线把纸浆中的木脂素快速分解掉,使原本颜色很深的木脂素由于其光学活性在紫外线作用下逐渐被消除,纸张因而变白。但是,紫外线对纤维同样有破坏作用,所以晾晒也不能过度。

晾晒之后还要用碱来沤,放碱以后在锅里蒸。蒸完以后,还要再次捶打,捶打完毕后,进行洗浆。洗浆之后,就只剩下纤维了。然后把洗干净的纤维放在水槽里,并通过竹竿搅拌等方式保持其悬浮而不沉底,以便进行抄纸。在悬浮状态下,把纤维抄在纸帘上。于是,一张湿的纸就形成了。

湿纸里面的水分太多,需要叠成一摞以后再压榨,把大部分的水分挤掉,再把纸一张张掀出贴到烘墙上,烘干以后揭下来,就是可以拿到市场上直接销售的成品手工纸。

我们在实验室中已经复原了手工造纸的全过程,证实了其可行性和可重复性,并建立了体验坊以宣传推广。同时,实验与体验也还原了手工造纸的个人性,体验者可以使用废纸、破旧衣物混合纸药造纸,甚至可以把植物花叶做入纸中。方法也并不复杂,主要是在抄第一层纸浆后撒入花叶,再抄第二层纸浆。

四、造纸过程中的关键步骤

现在的手工纸造纸过程中,有几个需要注意的关键因素:

第一,是获取纤维的时候,要控制好碱沤的时间,用碱的碱性不要太强,不要用烧碱即氢氧化钠,用纯碱即可。

第二,前已提及,紫外线漂白很可能破坏纤维素,造成一定的副作用,这就需要使用消化酶。经实验证明与数据分析,晾晒半个月后,纤维素的分子链被紫外线"斩断",分子聚合度及黏度会大幅下降。古人为解决这一问题,常将纸置于树荫下,并在其上浇灌人的粪便,利用其中的酶和细菌分解纸浆中的木脂素和果糖。这种方法可以保证纤维不受破坏,取代太阳光曝晒法。我们通过实验发现,使用漆酶反应进行漂白,既可以保护纤维素,维持聚合度,又可以大幅度快速地提高纸张白度。

第三,纤维能在水中稳定地悬浮对于捞出纸纤维格外重要,也就是说要提升纤维的悬浮性能。由于经过碱沤等工序,纤维表面附着了羧基、羟基等大量化学基团。这些基团亲水,碱处理时间越长,基团越多,纤维越容易悬浮。但是时间过长,又会影响纸张寿命。中国的传统造纸一般是通过向纸浆槽里放纸药来解决纤维的沉淀问题。正是因为纸药的原料、比例和制作方法有特殊的重要性,它也成为传统手工造纸作坊尤其家庭作坊的不传之秘。如今经考察研究,秘密已经揭开,纸药的主要原料就是猕猴桃藤汁。现在已经完全可以用化学制剂代替纸药了,效果还要好得多。另外,不同季节的水中,纤维的悬浮效果也不同。其原理有二:其一,水中的矿物质会影响水的比重,当水的比重与纤维比重相同,纤维就会保持悬浮;其二,矿物质实际上是离子,纤维上的羧基、羟基等带有负电荷,而水里的氯化钙会使正电荷包裹在纤维周围,使其不易沉淀,而氯化钙的含量也是随着季节变化的。我们现在可以用水处理器强化悬浮效果。我们通过实验,测试加入氯化钙的量与悬浮时间的关系,证明两者是成正比的。其原因有二:氯化钙比重比较大,可以提升水的比重,使其大于纤维比重;钙是阳离子,可以起到隔离纤维的作用。

第四,造纸的最后步骤是将纸脱水压榨并贴在烘墙上。在实际工作中,常常碰到的问题是,贴上的纸却无法揭下。这时候我们需要了解一种物理现象"Velcro Effect",即所谓"尼龙搭扣效应"。如果两张纸过湿,它们的纤维就会互相勾连,呈现出一种类似尼龙搭扣的形态,难以分开。要解决这一问题,只需抄起纸后,将水分沥干,避免纸张过湿即可。

第五,中国传统的纸帘主要使用丝线串联的竹帘,一般为1厘米10~12条竹丝。因此纸上就会出现帘纹,它可以增加纸的美感,甚至有人刻意绘制帘纹的图案。帘纹的原理在于,纸的纤维覆盖在竹丝上,随着其凹凸形成起伏。我们可以根据这一原理制造或者避免帘纹的产生,乃至塑造其形状。

第六,纸张的方向性是会受到影响的。帘纹是其中一个影响因素,它不会导致过多的问题。但是,如果是纤维自身方向的影响,就会导致纸张难以从烘墙上揭下来。抄纸过程中,纤维在水里会沿着水的方向排列。所以有种说法:知名的连史纸实际上是连四纸,指的是抄纸时必须做到前、后、左、右各一次,以保证纸张纤维方向保持一致,而非随着水流呈现两个相反方向。如果纤维方向不一致,就会出现"毛细管效应"(Capillary Effect),即两根亲水的纤维同时入水,只要按照一定的比例,水会自动沿着两根纤维的方向流动,不会改变它们的方向。如果纸张纤维方向不一致,会影响纸的湿润度,在中国传统墨水书写或绘画中就会造成麻烦。如果纸的湿润度很好,墨水就会迅速在纸张上铺展开来。在书写绘画过程中,需要根据创作要求的不同选择不同湿润度的纸张。此外,墨的性能也会影响墨汁在纸张上的呈现。如果墨里有不同大小的墨颗粒,它们扩散的程度就会出现差异,导致笔迹周围出现一圈晕,即中间浓,周围淡。而如果潮湿天气里制造出了墨块,墨颗粒上的基团会跟纸上的基团反应,墨颗粒向周边扩散,形成所谓的"咖啡环效应"(Coffee-ring Effect),即中间淡,周围浓。纸张的亲水性会影响"咖啡环效应",合理地使用也会成为书法或绘画中的一种特殊技法。

五、纸张的寿命问题

纸张的寿命对古籍修复来说是最为重要的因素。纸怕酸、怕碱,在中性条件下保存也并不容易,会与空气中的氧发生反应。因此,除了防酸、防碱、脱碱等途径,无氧保存是一种比较常用的保存方法,例如大英博物馆即把馆藏古书放到一个充满氮气的山洞中,以避免氧化反应,延长纸张寿命。

韩国学者通过对纸张进行快速老化实验发现,韩纸快速老化以后,聚合度就会下降。以前一般认为打过封蜡的纸保存时间更长,现在实验表明,其实这些纸老化的速度更快。

就现存文物进行考察,唐代流传至今的书法作品,纸色偏向金黄色,字迹较为清晰。但是工笔画则不同,一是很多工笔画绘制在绢上,绢的寿命短于纸,如前所述,"纸寿千年绢八百"。二是在纸上绘制的工笔画,纸色几如酱油,作品颜色难以辨认。这是因为工笔画主要用熟宣绘制,熟宣抄制过程中会施加明矾,明矾遇水会释放酸,导致纸张容易老化。解决这一问题,可以找另一种无机化合物取代明矾,避免酸的释放。

一张纸快速老化以后,聚合度就会下降。现在可以用实验的方法对纸进行人工老化,从而测试出纸张的寿命。通过实验可以发现,在保持纸张弱碱性的前提下,相对湿度50%~60%是最佳的保存环境。

做完老化实验以后的丹寨皮纸,其聚合度为9469,预期寿命6000~7000多年;开化荛花纸的聚合度是3000+,期望寿命为2850年;而小岭宣纸的聚合度只有1618,相当于200年的寿命。聚合度与寿命成正比,但非完全线性正比。所以,在手工纸的整个生产过程中,一定不能让聚合度的数值下降。这就要求我们在对纸张进行漂白或者碱处理时,要控制好相对湿度与氧的含量。

对于合格的修复用纸而言,我们不仅要求它寿命要长,还要求它足够薄,达到1平方米2克左右。此外,修复用纸的湿强度也要够强,这可以通过添加纸药解决。

总之,要保证手工纸的寿命,首先要注意碱处理。碱处理不当甚至可能降低纸张的一般寿命。其次要妥善使用漂白剂,过度漂白可能降低纸张三分之一的寿命。从竹子中取出纤维用于造纸,难度相当大,极易导致碱处理时间过长,因此竹纸的寿命要远小于丹寨皮纸等。而对于宣纸来说,要想延长寿命,就须加入60%的青檀树皮纤维,这在今天又是难以实现的。其实,如果能够保证完全按照传统的工艺去做,宣纸的寿命可以达到 1100~1200 年。但是,很多因素导致现在生产的宣纸,其预测寿命一般也就在 200~300 年。可以说,我们的一个最重要的经验与教训就是:千万不能在造纸的过程中把纤维破坏掉,这样纸张会变酸,变酸就会加速老化,纸的寿命就不长。如果这种纸用于再造善本,根本不可能奢望保存千年,可能放置短短 20 年就出现问题了。

(杨玉良,中国科学院院士,复旦大学中华古籍保护研究院院长)

参考文献:
[1]门罗.纸影寻踪:旷世发明的传奇之旅[M].史先涛,译.北京:生活·读书·新知三联书店,2018.

浅谈古籍修复之衬纸使用

A Remark on the Lining Paper for the Restoration of Rare Books

徐晓静

摘　要：古籍由于各种原因会受损，轻中度破损情况下，需修补，不用衬纸；倘若破损较严重，如虫蛀面积较大、虫蛀呈整册贯穿状、纸张韧性下降、纸张较薄等，修补后应考虑衬纸加以保护。本文从何时需要衬纸、衬纸选料、衬纸方式方法等方面阐述古籍修复之衬纸使用。

关键词：古籍文献资料；保护传统文化；古籍修复；衬纸

　　纸张是古籍最主要的载体，多数古籍所用纸张是以植物纤维为原料，加以挑选、蒸煮、晾晒等，再用石灰或碱处理制造而成的。由于纸张的原料为植物纤维，在加工过程中又用了弱碱，所以韧性强，耐久性好，能长久保存。我们经常能看到明清时期的书籍保存得完好无损，甚至更早的书籍仍能完好流传下来，也因此有"纸寿千年"的说法。但是，由于以纸张组成的古籍材质的特殊性，在传世过程中也极易受到损害，比如因保存不当、战争、自然灾害、周围环境不适等，造成外界因素和纸张本身相互影响，会使"娇气"的纸质古籍出现破损。常见破损有受潮发霉、虫蛀鼠啮、水渍污渍、火烧缺损、焦脆掉渣、絮化起毛、墨迹淡化等。正如明代周嘉胄关于装裱的专著《装潢志》一书所言："前代书画，传历至今，未有不残脱者。"

　　所以，必须将"受伤"的珍贵古籍文献修补完好，才能更好地保护、利用古籍，并使其长久地流传下去。作为和平年代且重视传统文化传承的当下,有正统的传统技艺、与时俱进的修复理念和修复工具,还有新时代的新设备,大好环境下我们要尽心尽力修复"受伤"的古籍。

在古籍修复中,如果破损程度为轻中度,如虫蛀较少、纸张韧性拉力无明显降低、修补面积较小等,多采用修补措施,不用衬纸;倘若破损较严重,如虫蛀面积较大、虫蛀呈整册贯穿状、纸张韧性下降、纸张较薄等,修复方案通常就是修补破损后进行衬纸保护。

下面以本人的修复经验,浅谈古籍修复中衬纸的使用,供大家参考。

一、何时需要衬纸

在古籍修复过程中,衬纸步骤不是所有书都适用,而要根据待修复书籍的具体情况随机应变。以下情况就需要衬纸:

(一)破损严重,修复后不够平整

一些待修复的古籍纸张破损比较严重,经修补、锤、压等步骤之后,平整效果不理想,手摸有明显的凸凹感觉,需要衬纸加以处理。衬纸后古籍会加厚一倍,此时再重点锤平凸起的位置,就会平整很多。例如,虫蛀面积较大、虫蛀呈整册贯穿状的古籍,修补部位会明显凸起,衬纸之后会显得相对平整。另外,书口大部分断裂甚至全部断裂的古籍,修补位置会比书页其他部位高出很多,需要衬纸来处理书口过高的问题。又如,当书籍四周出现酸化焦脆现象,局部加固修补后,因修补部位比较集中,还会使得书籍四周高、中间低。这些情况也都需要衬纸处理。

(二)纸张太薄,不便阅读

一些待修复的古籍纸张比较薄,从一面的纸张可以透出另一面的字迹、图像等,对读者造成视觉干扰。读书人翻阅时,手感过于绵软无力,稍用力便会对纸张造成损坏。纸张太薄,还容易相互吸附在一起,给翻页造成干扰。这几种情况均可以加衬纸处理。

(三)书籍过薄,需适当增加厚度

当一册古籍只有几页、十几页或二十几页,显得太薄,可以考虑通过衬纸适当增加厚度。有一定厚度的书籍也便于制造函匣。

二、衬纸选料

古籍修复中选择作为衬纸的纸张,首先应该考虑选用以传统植物纤维为原料的手工纸,一定要避免选用机制纸。机制纸酸性强,易焦脆,具有腐蚀性,寿命短,因此不能作为衬纸使用。选配衬纸需要根据书籍的具体情况,要从全局考虑,有的放矢,从书籍的纸张性能、质地、颜色、薄厚等方面综合考虑。

(一)颜色

最好选配与书页颜色一致的纸张作为衬纸,但如今要找到这样的纸张谈何容易,所以退而求其次,选配颜色相近或较书页颜色浅的纸张即可。需要注意的是:黄色的书页可以用白色或黄色纸张作为衬纸;但是白色书页只能用白色纸张作为衬纸,不能用黄色纸张作为衬纸。

(二)帘纹(纸纹)

帘纹,是指抄造纸张时所用的纸帘留下的纹路痕迹。纸张上面留下的纹路有横向和纵向两种,相对比较密集且窄的是帘子纹,相对稀疏且宽的是连接竹丝的绳子的纹路,所以,一般情况下我们指的纸纹是密集且较窄的纹路。从视觉和长久保存来看,衬纸和书页帘纹(纸纹)相一致较好。

(三)质地

纸张的质地,按我的理解,是指纸张的原材料结构、性质、软硬等,比如纸张手感粗糙或细腻等。要找到和书页一模一样的纸张作为衬纸很不容易,所以一般而言,应该根据书页纸张的质地情况选配使用衬纸。常用作衬纸的是质地柔软、纤维细密的纸张,如新宣纸的单宣、棉料、扎花宣等,或者是竹料纸的毛边纸、毛太纸、连四纸等。

(四)薄厚程度

薄厚程度也是相对而言的,一般选配比书页稍薄的纸张作为衬纸。

在实际古籍修复应用中,用和书页颜色、纹路、质地、薄厚等相近的纸张作为修复的衬纸来源,主要有三种情况:一是前人留下来的老旧纸,用一张少一张,不可再生;二是从其他古籍修复中替换下来的纸,数量有限,而且从古籍的文物性、资料性、艺术性来看,此非长久之计;三是按照原材料的配比、传统工艺等定做,但成本非常高,一般不容易接受。除了上述三点,大都会用单宣、棉连等纸质相对柔软、细腻、轻薄的纸张作为衬纸。

三、衬纸方式方法

在古籍修复中,用到的衬纸方式方法是灵活变通的。根据衬纸本身的形制,衬纸法可分为双页衬和单页衬;根据书根是否有文字,可分为有书根文字书籍衬纸法和无书根文字书籍衬纸法,后者又可分为先裁后衬和先衬后裁。

（一）双页衬

双页衬，就是衬纸和古籍书页一样，是对折的一个筒子页，逐页衬进书页里面。

第一步，下料。

选好纸，计算好尺寸和数量，裁切纸张。为了使纸张平整，易于操作，裁好的纸张要用喷壶均匀喷水，使之保持适度潮湿，然后闷压在压书板里，待平整后取出，对折成筒子页，撞齐后压在压书板里备用。

第二步，按顺序摆好书页和衬纸。

把顺好页码的书页整齐地摞在一起，摆在面前桌面方便拿取的位置，天头朝上，地脚朝下，书口朝左手边，书背朝右手边。衬纸一摞放在书籍的右边，中间留适度的空隙，折口朝左手边。

第三步，衬入。

左手轻轻翻开第一页书页，右手在筒子页的书口处从上到下轻捋一遍，便于书口彻底打开；右手取一页衬纸，衬入书页中，衬纸折口紧挨书口，天头、地脚对齐。此时，若衬纸比书页大，天头、地脚可以均分大出的尺寸，也可以以下脚为齐；若衬纸比书页略小，天头、地脚均分小出的尺寸即可。一般衬纸天头、地脚小于书页毫发之际为佳，若太小，衬纸后的古籍天头、地脚后背易起波浪纹。然后，合上书页，检查书页四周是否合适，随时调整。

第四步，撞齐。

待书页全部衬完后，拿起书页撞齐书口，齐栏或齐下脚，然后从侧面检查是否全部衬入合适位置、有无遗漏等问题。

第五步，锤平。

这里所说的锤平，主要是锤平书口和凸出的位置，把修补过的地方用平面铁锤锤薄、锤平，使其与原书的厚度相同或者接近。锤平前，检查平面锤子和锤书石是否干净，确保无污物、灰尘、沙粒等。一般一小摞一小摞地锤，把书籍的下脚和书口蹾齐，书口朝着自己的方向摆放在平面锤书石上，一手摁压书页，一手持平面锤子，在书页补过即凸出的位置和书口位置锤打。锤打时平面锤子要端平，力度要适中，若锤子端不平，锤子落到书上也不平，会伤害书页。力度要适度和均匀，力度大，容易把书页锤得粘连、发亮，甚至会锤破、锤裂，力度小则起不到锤平的作用，因此要随时检查锤平效果，随时调整。锤平的步骤看似简单，实际需要积累一定经验才能掌控好手势与力度。

第六步，再次撞页、齐栏、压实。

锤完后,再次整理书页,齐栏,检查锤平效果。若锤平效果理想,齐栏后压到压书板里,放进压力器压实,以便进行下一步的装订程序。

第七步,检查。

放进压力器的书籍,要隔一段时间进行检查和整理,随时调整。压实后检查合格,进行书籍装订即可。

（二）单页衬

选好纸,计算好尺寸和数量,裁切纸张,将纸张裁成单页,按照上述双页衬的方法摆放在桌面上,左右掀开书页展平,右手轻轻拿起一张单页衬纸,衬入书页里面,衬纸的边要紧贴书口处,合上书页,一页单页衬纸结束。如此逐页衬纸,待全部衬完后,整理书页,锤平,放入压力器压实,检查无误后进行装订即可。

（三）有书根文字书籍衬纸法

古籍修复中,经常会遇到书籍有书根文字的情况。此种情况,在需要做衬纸的时候,首先下料裁切要把衬纸的纸张裁切为比原书页长和宽略微小1~2毫米的尺寸,然后衬入书页内。如此一来,衬纸的天头、地脚和后背都会略小于书页,逐页衬完后,整理书页,蹾齐书口和天头部位,使书根文字不被干扰且完整露出来。然后进行下一道工序即可。

（四）先裁后衬

先裁后衬,这里的"裁"指的是裁切衬纸,而不是裁切书页。类似于第一种衬纸方法,在下料裁切的时候,衬纸要裁成比书页四周略微小1~2毫米。待衬入书页后,衬纸就会比书页天头、地脚和后背略小一丝。整册衬完后,从外观来看,没有衬纸暴露在书页之外,遵循了"修旧如旧"的原则,保持了原书的外观。

（五）先衬后裁

先衬后裁,这里的"裁"依然指的是裁切衬纸,而非书页。即在下料裁切的时候,不必裁切得和书页一样大小或者小于书页,而是裁切得比书页大,方便衬入书页里面。待衬纸全部衬入书页后,整理书页,蹾齐书口,再齐栏或齐下脚,使书页整齐划一,而衬纸大出书页的部分需要裁切,裁切时需沿着书页的边缘或者稍微大出书页一丝,不能伤及书页。然后再进行下一道工序即可。

四、结语

古籍是珍贵的历史文化的积累,是古人智慧的结晶,是不可再生的历史载体。古籍修复是中华民族重要的传统技艺,保护和利用好这门技艺,才能更好地保护不可再生的传统文化。所以每次修复都是跟古人的一次"交流",都值得用心去对待,要珍惜每次与古籍"接触和交流"的机会。在我们的修复生涯中,每一次与不同的古籍文献"接触交流",都有可能是仅有的一次机会,要倍加虔敬和珍惜,就如同医生给病人看病,从接待病人的那一刻起,无论是研究它的"病情",做出"诊断","开出药方",还是到"复诊"阶段,都要认真负责地对待,不能有丝毫马虎。古籍修复也一样,要根据不同的破损情况、保存环境、客户需求等,制定适合的修复方案并给予实施操作修复,遵循修复原则。

(徐晓静,北京市西城区级非物质文化遗产项目古籍修复技艺代表性传承人,中国书店古籍修复中心主任)

明崇祯刻本《圣迹图》修复初探

A Preliminary Study on the Restoration of the Woodblock Engraving *Portraits of Confucius* During Chongzhen's Reign(1628—1644) of the Ming Dynasty

罗涵亓　袁东珏

摘　要：四川省图书馆藏明崇祯刻本《圣迹图》为李一氓先生捐赠书，是书正文采用左图右文的刊印形式，记述了孔子一生之重要事迹。卷前有李一氓先生题跋。此书为中国古籍文献中早期连环图画类典籍，流传极其罕见。本文将从该书的概况、修复历史、破损情况及修复配纸检测等方面进行分析，以期为下一步修复工作正式展开提供科学有效的依据。

关键词：明崇祯刻本；《圣迹图》；古籍修复；四川省图书馆

明崇祯刻本《圣迹图》一卷，一册全。框高18.2厘米，宽29.2厘米，行十九字，白口，四周单边。李一氓题跋。此书绘事者不详，据本书韩爌崇祯二年(1629)《圣迹图序》云，笺注者应为孔胤植(号对寰)和吕兆祥①。书于20世纪80年代由李一氓先生捐赠，现藏四川省图书馆。

一、藏书概况

自汉以来，为孔子作画、塑像是后人怀念和歌颂孔子的主要形式之一[1]。历

---

① 孔胤植(1592—1647)，字懋甲，号对寰，孔子六十五代孙。明天启元年(1621)袭封衍圣公。天启七年(1627)加太子太保，崇祯三年(1630)晋太子太傅。吕兆祥，海盐(今属浙江)人。生卒年及事迹不详。明末时在世，著有《宗圣志》《陋巷志》《东野志》等。

代画家皆创作过以孔子为内容的作品,唐人吴道子的《孔子行教图》便是不可多得的传世珍品。现存最早关于孔子版刻图谱的记载见于《山东通志》卷一百三十二,为孔子五十三代孙孔泽于元大德年间所刻《孔圣图谱》三卷。明代则出现了按编年顺序记录孔子毕生言行事迹的连环画册,这些画册被称为"圣迹图"。现传世最早刻本为明正统九年(1444)张楷序《圣迹图》,此后嘉靖、隆庆、万历、崇祯年间皆有刊绘。

四川省图书馆藏明崇祯刻本《圣迹图》前有韩爌崇祯二年(1629)序(序文第一页及第四页为李一氓先生借郑振铎先生藏本抄补①),正文则以左图右文的形式,记述孔子一生之重要事迹。本书韩氏序云:"俄,对寰出其高流能绘,不失圣贤气韵,《圣迹图》一卷,凡三十六图,每图之下对寰与吕生兆祥各采摭《年谱》事迹,备为笺注,……此夫子毕生之景光,始终之境界,莫不此焉攸寄。"笺注者以孔子年谱中的相关文字为其作注,共配图36幅,分别为《至圣先师赞》《祷尼山图》《麟吐玉书图》《二龙五老图》《空中奏乐图》《为儿戏图》《为委吏图》《昭公赐鲤图》《为乘田吏图》《学琴师襄图》《问礼老聃图》《在齐闻韶图》《晏婴阻封图》《退修诗书图》《为中都宰图》《诛少正卯图》《齐鲁会夹谷图》《归田谢过图》《堕三都图》《齐人归女乐图》《孔子去鲁图》《围匡图》《击磬图》《同车次乘图》《习礼树下图》《临河而返图》《灵公问陈图》《子路问津图》《在陈绝粮图》《子西阻封图》《西狩获麟图》《删述六经图》《天降赤虹图》《梦奠两楹图》《子贡庐墓图》《汉高帝祀大牢图》,每图事迹之外附以注释。此本存图 34 幅,所缺《子贡庐墓图》《汉高帝祀大牢图》,由李一氓先生分别抄配注释并附后。

中国古代在书籍中以重要故事情节绘以插图,借以强调和突出书籍内容的宣传形式起源较早,但大多出现在宗教类典籍中,而这种以连环图作为典籍出版形式的文献出现相对较晚,其阅读对象可能为蒙童和文化水平相对较低之人。此书为中国古籍文献中早期连环图画类典籍,流传极其稀少。

二、藏书修复历史分析

关于本书修复历史的文字记载,仅在卷前李一氓跋文中提及"重装后因识。李一氓/一九六五年夏日于东城寓所"。李先生跋文中虽提到重装过此书,但并未说明重装的具体情况,根据书上的修复痕迹分析,笔者有以下推测:

---

① 四川省图书馆藏明崇祯刻本《圣迹图》序末李一氓记:"序缺两页,假西谛藏本补录。一氓记。"

（一）本书最初的装帧形式为线装

查看原书书页，几乎每页书脑上都有相对应的10处装订孔，按照孔洞之间的距离比例分析，其中8处疑为订线眼，2处为纸捻的孔。如此之多的装订孔，说明该书至少经历过两次四眼线装打孔及装订。

（二）装后为"蝴蝶镶"

根据李一氓先生题跋所言，20世纪60年代先生为此书进行了重装，使该书的装帧形制彻底颠覆。本次重装是将修补好的书页版心向内折叠，前后两张书页的书脑背面粘于同一张镶纸的书口处，如此两两相连，书页翻开后与蝴蝶装类似。但中间折缝处不粘于书脊，而是每张书页版心背面粘于镶纸接书脑处，左右两个半页版框外利用镶衬手段使书页四周按规格进行加长镶衬。装订成册后整书厚薄均匀，又与古籍"金镶玉"做法相似。这种装帧形式极为少见，与故宫博物院翁连溪先生《清代内府刻书研究》中关于"蝴蝶镶"的描述十分相似[2]，故此笔者将本书的装帧列为"蝴蝶镶"。

关于"蝴蝶镶"这种装帧形制，据翁连溪先生介绍，他曾向修书师傅请教，师傅告之曰"蝴蝶镶"。"蝴蝶镶"不见于文献记载，清以前图籍也未见使用，清内府档案也无记载。但这种装帧对于处理插画、图集来说却较为科学，既避免了整版图画被分隔于左右两个筒子页而带来的查阅不便，同时"金镶玉"装帧的方式又对原书页的保护非常有利。这是修复先辈在充分考虑待修文献实际情况后，对书籍装帧形式的创新。

（三）关于改装原因

本书由最初的线装改装为"蝴蝶镶"，在装帧形式上做了极大的改变，这虽与古籍修复"整旧如旧""最少干预"的原则相违背，但就本书的具体情况而言，此次改装却又最为合理。

一是左右版框离书脊太近，书脑过于狭窄，非常不便于装订，此前的订线眼甚至打在版框上，给读者查阅带来诸多不便。前人的多次装订，造成书脑锥眼太多，"眼多伤脑"，十分不利于书页的保护。

二是本书为连环图画类古籍文献，整本书几乎由图画构成，如按照原本的线装形制，整版图画都会被分隔为筒子页的左右两面，不仅不利于翻阅，折口处还十分容易损坏。通过对修复痕迹的分析发现，几乎每张书页的书口处都进行过溜口及补缀，说明此前的装帧确实有一定弊端。

三是采用"蝴蝶镶"的方式重装此书，应是修复师在充分考量本书的实际情况下而做出的决定。"蝴蝶镶"不仅显示了蝴蝶装版心向内，可以展示整版图画的特点,同时还借鉴了"金镶玉"的装帧形式,可增加书册开本,保护原书页的优势。这样既从外观上保留了原书线装的特色,又不必完全参照蝴蝶装的制作方法对书页进行浆背,减少了因浆糊使用过多而易造成虫蛀的困扰,同时线装方式又增加了书本的牢固性,实为一举多得。

三、藏书破损情况分析

四川地处亚热带季风区,大部分地区终年温暖湿润,这样的温湿度条件非常适合各种微生物繁衍,极易造成古籍的潮湿、发霉及虫蛀等问题,为古籍文献的保护带来了极大的困难。明崇祯刻本《圣迹图》于20世纪80年代到馆,是书虽于20世纪60年代经过重装,但因文献年代久远,自然磨损较为严重,加之四川特殊的自然气候环境影响,目前出现了新的病害情况。在正式的修复工作开展前,对待修文献的病害情况进行详细分析,将为制定科学的修复方案奠定基础。笔者对馆藏明崇祯刻本《圣迹图》病害情况进行了统计,详见下表:

馆藏明崇祯刻本《圣迹图》病害情况统计表

病害类型			
纸张病害		写印色料病害	
虫蛀	□无 ☑轻微 □严重	晕色	☑无 □轻微 □严重
水渍	□无 ☑轻微 □严重	褪色	□无 ☑轻微 □严重
污渍	□无 ☑轻微 □严重	墨迹扩散	☑无 □轻微 □严重
粘连	☑无 □轻微 □严重	字迹缺损	□无 ☑轻微 □严重
老化	□无 □轻微 ☑严重		
酸化	□无 □轻微 ☑严重		
絮化	☑无 □轻微 □严重		
皱褶	□无 ☑轻微 □严重		
变形	□无 ☑轻微 □严重		
折痕	□无 ☑轻微 □严重		
断裂	□无 ☑轻微 □严重		
撕裂	☑无 □轻微 □严重		
残缺	□无 ☑轻微 □严重		
胶渍	☑无 □轻微 □严重		
炭化	☑无 □轻微 □严重		
变色	□无 ☑轻微 □严重		

(续表)

病害类型		
纸张病害		写印色料病害
霉蚀	□无 ☑轻微 □严重	
褐斑	□无 ☑轻微 □严重	
断线	☑无 □轻微 □严重	
油渍	☑无 □轻微 □严重	
磨损	□无 ☑轻微 □严重	
边角卷翘	☑无 □轻微 □严重	
昆虫排泄物	☑无 □轻微 □严重	
脱落剥离	□无 ☑轻微 □严重	

据统计，馆藏明崇祯刻本《圣迹图》的纸张病害类型主要为老化、酸化、虫蛀、水渍、污渍、霉蚀等。

四、本次修复配纸检测

传统的古籍修复配纸，主要是修复师通过目测、手摸等经验来选择与原书材质、厚度、颜色等较为接近的修复用纸，这样在一定程度上可能因为判断不准确导致补纸材质、厚度与待修书页存在差距，从而影响修复效果。如果经过专业检测进行配纸，就能选择各方面性能参数与待修书页最为适宜的纸张作为修复用纸。

馆藏明崇祯刻本《圣迹图》由于书页纸面已经出现老化、酸化和虫蛀等现象，整体纸张轻薄、绵软无力。因此在修复工作开始之前，笔者对原书页及备选补纸进行了检测。

（一）原书页纸张检测

将脱落的原书残渣纸样在纸张纤维测量仪下进行观察，书页纸面纤维成分为竹纤维。检测过程中纤维一碰就散，着色速度较快。纤维结构呈破碎状，纤维表面附着黑霉并出现大量裂纹，老化十分严重，已基本失去物理强度（图1、图2）。

（二）备选补纸检测

关于备选补纸，我们对福建竹纸和夹江竹纸进行了筛选，发现夹江竹纸无论是纸张质地还是厚度，都与原书页纸有一定的差异。经测，购置于20世纪80年代的福建竹纸纤维较长，表面光洁且完整，韧性和强度良好，适宜用于此书修复（图3、图4）。

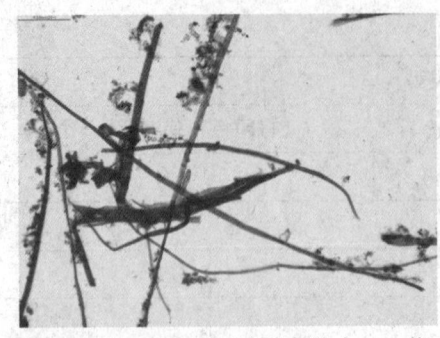

图1　原书页纸面纤维形态放大200倍 　　图2　原书页纸面纤维形态放大400倍

图3　备选补纸纸面纤维形态放大200倍 　　图4　备选补纸纸面纤维形态放大400倍

五、结语

通过对馆藏明崇祯刻本《圣迹图》的修复初探，笔者深感在修复工作正式开始前，只有对待修文献的内容概况、修复历史、破损状况及书页纸张情况等进行全面科学的分析，才能为建立修复档案、配纸染纸、制定修复方案及准备修复材料提供切实可考的依据，而且每一部文献都应根据其具体情况进行具体分析，切勿生搬硬套。同时，修复者应以保护文献、延长文献寿命为目的，在修复方案的制定上加以适当变通，不要因盲目坚持"整旧如旧"原则，而置文献本身的特殊情况于不顾。随着科学技术的不断发展、修复经验的不断积累、修复理念与修复技术的不断创新，古籍修复工作必将向更加规范化、科学化迈进。

（罗涵元，四川省图书馆馆员；袁东珏，四川省图书馆副研究馆员）

参考文献：
[1]沈津.《圣迹图》版本初探[J].孔子研究,2003(1):100-109.
[2]翁连溪.清代内府刻书研究[M].北京:故宫出版社,2013:119-120.

枞阳县图书馆藏珍贵古籍修复项目概述

An Introduction of the Restoration Project of Valuable Ancient Books Preserved in Zongyang County Library

臧春华 蒋 云 张文文 金 鑫 耿 宁

摘 要：枞阳县图书馆藏珍贵古籍修复项目由枞阳县图书馆与安徽省古籍保护中心合作开展，历时一年修复完成。此项目由明正德刻本《黄氏日抄》等3部14册残破严重的珍贵古籍组成。在修复过程中，使用了揭、溜、补、托、衬、合册等多种古籍修复技法。在项目实施过程中，开展了修复前文献调研、修复方案论证、修复中期检查及修复后质量验收等管理措施。此项目对修复霉蚀粘连、缺损老化古籍及推进基层古籍公藏单位古籍修复事业发展具有借鉴意义。

关键词：枞阳县图书馆；古籍修复；修复项目；修复案例

2017年3月，安徽省古籍保护中心在开展基层图书馆古籍普查督导时，发现枞阳县图书馆藏有明正德刻本《黄氏日抄》、明末汲古阁刻本《周礼注疏》及《仪礼注疏》等3部14册珍贵古籍。然而，这批珍贵古籍破损严重，亟待抢救性修复。6月16日，枞阳县图书馆与安徽省古籍保护中心达成修复协议，决定开展"枞阳县图书馆藏珍贵古籍修复项目"。6月21日，安徽省古籍保护中心派员赴安徽师范大学图书馆调研该馆所藏明正德刻本《黄氏日抄》全本。7月11日，安徽省古籍保护中心召开修复方案专家论证会，杜伟生、潘美娣、李文洁、洪琰应邀参会并形成一致意见。随后，在国家级古籍修复技艺传习中心安徽传习所导师潘美娣指导下，项目古籍修复工作正式展开。10月，项目古籍修补、修剪、衬纸等前期修复工作结束。12月18日,枞阳县图书馆马丽琴参加修复项目中期检查。2018年8月底,项目古籍装订、夹板制作等后续修复工作全部完成。9月3日,安徽省古籍保护中心召开项目验收会,与会专家杜伟生、潘美娣、朱振彬、李文洁对项目古籍修复质量予以肯定,项目顺利通过验收。

一、明正德刻本《黄氏日抄》的修复

《慈溪黄氏日抄分类》九十七卷《古今纪要》十九卷①,明正德十四年(1519)书林龚氏刻本,宋黄震撰。黄震(1213—1280),字东发,号文洁,人称於越先生,慈溪(今浙江宁波市江北区慈溪镇)人。宋宝祐四年(1256)进士,历任史馆校阅、广德军通判、江西提点刑狱等。此书乃黄震研究经、史、子、集之随笔札记,是程朱理学思想体系中一部比较有特色的著作,学术价值较高。

(一)原件信息

此书现存11册,线装,书高24.5厘米,宽15.3厘米,书页345.5张。书页与衬纸皆为浅黄竹纸。参照中华人民共和国文化行业标准《古籍特藏破损定级标准》(WH/T 22—2006),明正德刻本《黄氏日抄》属二级破损(图1),具体则为二级霉蚀、粘连、缺损、老化,三级酸化,四级鼠啮、口开、撕裂。有关此书文献现状详见表1。

图1 《黄氏日抄》第8册修复前

---

① 此书残存十六卷,存《黄氏日抄》卷六、十五、二十五、三十七、三十八、五十六、六十一、六十五至六十七、七十八、七十九、八十二至八十四,存《古今纪要》卷十一。

表 1 明正德刻本《黄氏日抄》文献现状

文献部位	文献现状
书页	全书受潮,局部霉蚀、粘连、脏污。其中第 8 册后半部霉蚀、粘连、糟朽严重。第 9 册后半部有大块深褐色斑块,局部脆化、开裂严重。全书多册首尾残缺,少数书页经撕毁或存书脑,少数书页存半页;部分书册页数不全。全书书口开裂,部分书册有轻微鼠啮。书背有册次墨迹。第 2、3 册同为卷十五且首尾相连。第 3 册夹有第 7 册 3 个半张残页。第 2 册末有明末汲古阁刻本《仪礼注疏》卷十一前 4 页
衬纸	全书双页衬纸,亦脏污残破,局部书口开裂
护页	部分书册存有护页,且脏污残破
书皮	原书皮缺失。现存双层土灰色皮纸书皮乃枞阳县图书馆马丽琴于 20 世纪 90 年代初重装所加

(二)修复方案

以"枞阳县图书馆藏珍贵古籍修复项目"修复方案专家论证会所形成的修复意见为指导,有关此书的修复方案详见表 2。

表 2 明正德刻本《黄氏日抄》修复方案

修复项目	修复方案
书页	揭开粘连书页,溜口,修补破损书页,局部加固或全托霉蚀、糟朽、脆裂严重书页。拼接归位第 3 册所夹第 7 册残页,复位第 2 册所夹明末汲古阁刻本《仪礼注疏》书页
衬纸	撤除原书双页衬纸,改加单页衬纸
书背墨迹	尽量保留书背墨迹
护页、书皮等	撤除原书护页,增加新护页。撤除现存书皮,增加新书皮
成册装订	将第 2、3 册合册,全书 11 册重订为 10 册
装具	制作夹板

(三)修复操作

1.修复前调研

此书残破严重,装帧不明,部分书册粘连、有碎片。为科学修复,修复人员专程前往安徽师范大学图书馆调研该馆所藏明正德刻本《黄氏日抄》全本,详细记录书页纸质与厚度,以及护页、书皮、书签、装订线、装具等相关信息,并翻拍大量书影。

2.选配修复用纸

此书书页纸张为厚约0.053毫米的浅黄色小帘纹纯竹纸,补纸选择厚约0.040毫米的白色小帘纹纯竹纸——"修复连四纸"为底纸,并稍加染色。染色时,先用植物染料橡碗子熬煮染汁,再用小块底纸做试纸浸染吹干,与书页颜色进行对比,调制最为合适的浓度。同时检测试纸pH值,确定适合后,再将过滤的染汁倒入水槽,每次5张,分批拉染。此外,全书衬纸和护页选用20世纪80年代购置的明黄竹纸,该纸颜色古朴,厚度适宜,韧性较强。

3.揭书页

此书第7、8册粘连较多,第8册书口附近粘连尤为严重:多层衬纸与书页前后板结,字迹模糊不清,纸张拉力极弱,稍不注意即呈块状掉落。揭书页时要小心谨慎,需注意以下几点:一是要先粗分书页,再反复多次细分揭取。二是要先分离相邻书页,再分离书页与衬纸。三是借助轻薄细软的小竹启,先从纸张拉力较强处入手,直至粘连处四周揭开,再慢慢揭开粘连处。四是要保存好分离书页时产生的残片,以便书页修补后能及时准确拼补归位。

4.书页加固

此书书页加固可分为三种情形:一是第8册绝大多数书页缺损较多且霉蚀、粘连、糟朽严重,需整托补纸并隐补缺损处,部分书页还需从正面加以检修。二是第9册大多数书页缺损较少但老化脆裂、霉蚀糟朽严重,需先修补缺损处,再整页托以马尼拉麻纸。三是全书部分书页局部老化脆裂、霉蚀糟朽,需局部托以马尼拉麻纸或薄皮纸。

5.拼接归位

参照安徽师范大学图书馆所藏《黄氏日抄》全本信息,全力拼接第7、8、9册霉蚀、粘连、糟朽、老化脆裂严重书页残破文字和各类残片。同时,将第2册卷十五第十八页右半页和第3册卷十五第十八页左半页合页修补,并将第2、3册合册;将第3册所夹第7册卷六十第乙页右半页、卷六十一第廿六页左半页、第廿七页右半页拼接归位。此外,还将第2册末所夹明末汲古阁刻本《仪礼注疏》卷十一4张书页复位。

6.加衬装订

由于全书残破严重,修复后书册平整度欠佳,以及此书原为双页衬且衬纸较厚等实际情况,采用单页衬,部分修补较多的书页则局部加衬,已全托过的书页不再加衬。装订时,全书选用深黄色筒子皮,并依照原眼装订成册(图2)。此外,鉴于第2、3册合册装订,原11册实装为10册。

图 2 《黄氏日抄》第 8 册修复后

7.制作夹板

制作纸质夹板需先准备 4 块比书册略大、厚度为 2.5 毫米的灰纸板,两两粘好后压平晾干,再依照首尾书册大小裁好上下纸板。随后,根据纸板大小确定四眼位置及孔眼大小,挖出四眼及背面凹槽。接着在纸板正面糊上环滕莲花纹仿宋锦,压平晾干后于背面糊以宣纸,并用棕刷压出凹槽。再次压平晾干后,穿系好白棉绳,纸质夹板即制作完成。

二、明末汲古阁刻本《周礼注疏》《仪礼注疏》的修复

《周礼注疏》四十二卷(存卷二十五至三十),明崇祯元年(1628)汲古阁刻本;《仪礼注疏》十七卷(存卷十一),明崇祯九年(1636)汲古阁刻本。明末清初,汲古阁曾刊刻《十三经注疏》,影响很大,此二书即为其中的一部分。

(一)原件信息

《周礼注疏》现存 2 册,线装,书高 24.5 厘米,宽 15.7 厘米,书页 184 张;《仪礼注疏》现存 1 册,线装,书高 24.5 厘米,宽 15.5 厘米,书页 117 张。书页皆为浅黄竹纸。参照《古籍特藏破损定级标准》,二书皆属二级破损(图 3、图 4):《周礼注疏》二级霉蚀,三级粘连、缺损、鼠啮、老化、酸化,四级口开、撕裂;《仪礼注疏》二级老化、酸化、霉蚀、缺损,四级口开、撕裂。有关二书文献现状详见表 3。

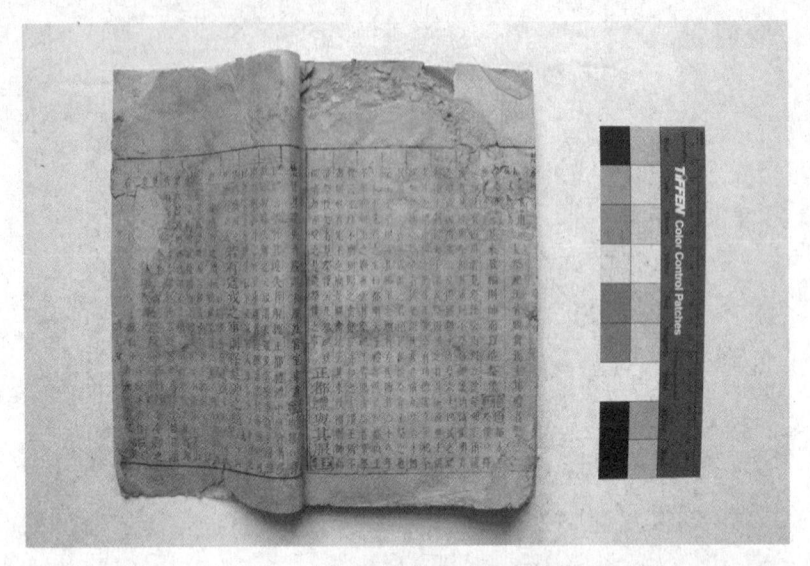

图3 《周礼注疏》第1册修复前

图4 《仪礼注疏》修复前

表3 明末汲古阁刻本《周礼注疏》《仪礼注疏》文献现状

文献部位	文献现状	
	《周礼注疏》	《仪礼注疏》
书页	全书受潮,天头地脚老化,霉蚀、粘连、糟朽、脏污、缺损较为严重。第1册天头地脚、书口破损严重,残缺较多。第2册下书口书角处有鼠啮,书角有较大皱褶。全书书根有字。部分卷末书页为半页	全书受潮、霉蚀、糟朽、脏污,其中地脚糟朽、缺损、老化严重。全书书口部分开裂。天头老化变色。后几页残缺较多
护页	仅存第2册后护页1页	无
书皮	同表1	

(二)修复方案

以修复方案专家论证会所形成的修复意见为指导,有关二书的修复方案详见表4。

表4 明末汲古阁刻本《周礼注疏》《仪礼注疏》修复方案

修复项目	修复方案	
	《周礼注疏》	《仪礼注疏》
书页	第1册:揭开粘连书页,老化、糟朽严重的书页先用补纸整托后修补,较为严重的先修补再用马尼拉麻纸整托加固。第2册:溜口,修补破损书页,霉蚀、老化、糟朽严重处用马尼拉麻纸局部加固,后几页老化、糟朽严重的书页先用补纸整托再修补。此外,全书部分卷末半页接全为一整页	溜口,修补破损书页,地脚老化、糟朽严重处先修补再用马尼拉麻纸局部加固。将明正德刻本《黄氏日抄》第2册末所夹此书卷十一前4页复位,因其糟朽严重,先用补纸整托再修补
书根墨迹	尽量保留书根墨迹	无
护页、书皮	增加缺失护页;撤除后加书皮,增加新书皮。修补《周礼注疏》残破护页	
成册装订	重新订线	
装具	制作夹板	

(三)修复操作

1.拆分书页

首先将二书放入通风橱中进行干清洁,用软毛刷轻轻刷去书页表面浮灰,然后拆书。鉴于《周礼注疏》第1册粘连、糟朽严重,书页纸张强度近乎丧失,因此在不伤及文字的原则下揭分书页成为修复的重点和难点。用软薄的小竹启轻轻从书页内部向外揭,同时用针锥和镊子小心地将书页分离,在揭页过程中及时保存好脱落的书页碎片,待修补书页时还原归位。

2.修补书页

首先用干毛笔和针锥轻轻梳理纸张破损卷曲处,再用喷壶均匀喷少许水雾,使书页舒展平整,便于修补。对于老化、糟朽严重的书页,用补纸整托后再局部修补;局部霉蚀、糟朽较为严重的书页,用补纸修补后再托马尼拉麻纸进行加固;书页老化斑处,直接用马尼拉麻纸加固;对于部分卷末为半页的书页接全为一整页。揭页时脱落的碎片在当页修补完成后,粘回原来的位置,复位时既要注意对齐接口,也要保证字迹笔画衔接自然。

3.修整书页

压平老化、糟朽书页不同于喷平普通书页,不能错位码放,否则会产生二次粘连,需在两张修补完成的书页间用撤潮纸隔开压平。由于修补后的书页厚薄不均,尤其是《仪礼注疏》集中在地脚处修补,补过的地方凹凸不平,捶书时从中间到边角以及补纸搭缝处都要仔细敲打,使其平整(图5、图6)。

图5 《周礼注疏》第1册修复后

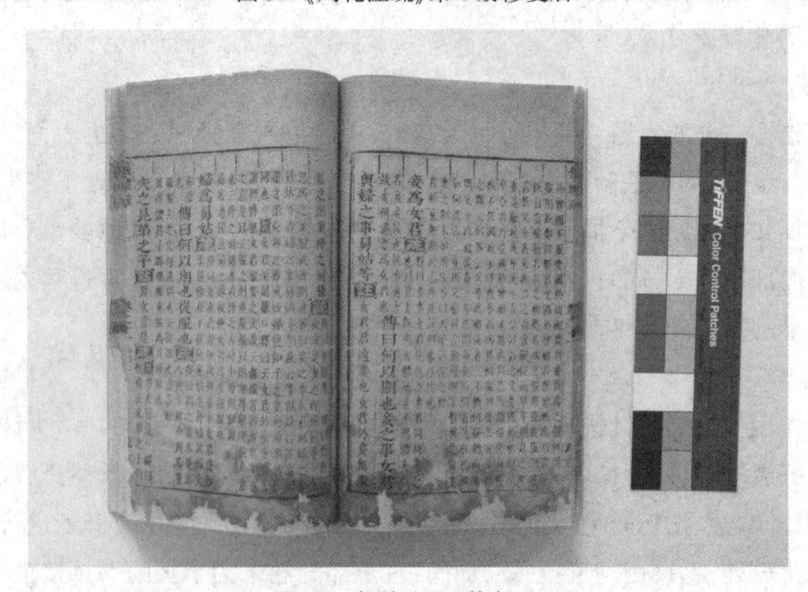

图6 《仪礼注疏》修复后

此外,此二书修复用纸选配、成册装订、夹板制作皆与上述明正德刻本《黄氏日抄》相同或类似,不再赘述。

三、修复项目启示

（一）修复技法对修复此类破损古籍具有借鉴意义

"枞阳县图书馆藏珍贵古籍修复项目"古籍残破，所用修复技法颇多。在项目开展前，进行了同版本调研比对。在修复过程中，成功揭开粘连严重书页；有区别地加固霉蚀、粘连、糟朽、老化书页；通过比对，准确拼接、归位各类残片残页；根据书页修补情况，采用单页衬、局部加衬或免衬的方法；依照古籍实际情况，果断合页合册、还原他书书页，并制作纸质夹板。科学使用上述修复技法是"枞阳县图书馆藏珍贵古籍修复项目"取得成功的关键。同时，这些修复技法亦可为修复霉蚀、粘连、糟朽、老化、缺损严重古籍提供借鉴。

（二）项目的成功开展对推进基层古籍公藏单位古籍修复事业发展具有示范意义

近年来，虽然全国古籍修复事业取得了巨大进步，但由于多方面原因，基层古籍公藏单位古籍修复事业发展仍较为缓慢，众多珍贵古籍依然得不到及时抢救和修复。枞阳县图书馆与安徽省古籍保护中心合作开展修复项目不失为解决这一难题的积极探索。在项目开展过程中，枞阳县图书馆统一古籍保护意识，解决古籍修复经费难题；安徽省古籍保护中心聘请项目指导专家，精心开展项目修复，召开修复方案论证会和修复质量验收会。经枞阳县图书馆与安徽省古籍保护中心通力合作，该馆所藏明正德刻本《黄氏日抄》等3部残破严重的珍贵古籍得到及时修复和有效保护。因此，此项目对深入推进全国基层古籍公藏单位古籍修复事业发展具有一定示范意义。

说明：臧春华撰写此文引言、第三部分并统稿，蒋云、张文文撰写第一部分，耿宁、金鑫撰写第二部分。安徽传习所导师潘美娣对此文撰写给予指导，并提出修改建议，在此表示感谢。

（臧春华、耿宁，安徽省图书馆馆员；蒋云、张文文、金鑫，安徽省图书馆助理馆员）

海外汉籍数字化加工现状与实践研究*

A Study on Digitization of Chinese Rare Books Collected Overseas

朱本军

摘　要：文章对所经眼海外汉籍数字化的基本现状，以及数字化加工环节中一些值得国内注意的经验进行综述，并针对古籍数字化加工中的细节问题如色彩平衡、数字标尺、采集粒度、存储参数与格式，以及古籍碎片、无字页、夹抄、附属物件的处理等，提出了建设性意见。

关键词：古籍；古籍数字化；海外汉籍

近十年我国古籍数字化加工的基本情况，张文亮、敦楚男两位先生在《近十年我国古籍数字化研究综述》[1]中已备述。总体来讲，取得了相当大的进步和成绩。其不足，张、敦两位先生所指亦非常明确：其一，侧重于基础理论，缺乏一定的实践研究，较少涉及古籍数字化实际应用中的可行性系统分析，容易造成理论与实践的脱节；其二，主要局限于图书馆事业、档案学及文献学领域，缺少与计算机等相关学科的融合性研究；其三，以国内图书馆、档案馆的古籍数字化为主，缺乏国外古籍数字化的研究；其四，缺乏统一的数字化标准，阻碍了对古籍的开发与利用。文献是人文研究的基础，笔者因长期关注"数字人文"大背景下古代中国文献数字化加工、文本化与多维标引相关实践的动态与前沿，经眼了大量海外汉籍数字化成

---

* 本文系2019年国家社会科学基金重大项目"古籍保护学科建设与基础理论研究"（项目编号：19ZDA343）阶段性研究成果。

果及计算机与数字古籍结合的数字项目,下面仅就所了解的海外中文古籍数字化的基本现状及一些值得国内注意的经验进行综述,以期与学界交流。

一、海外汉籍的分布与数字化加工现状

(一)海外汉籍分布与收藏

我国历代典籍浩繁,殆由于国运昌衰或对外交流之故,有相当一部分典籍被海外收藏,或在海外重以汉文翻刻、抄写、刊印,或在此基础上由海外人士以本国语或汉文注、释、演绎。这些年代断限在1911年之前(少部分在1911—1949年间以古装形式刻写装订)的书籍、舆图、绘画、拓片等文献,均属本文"汉籍"的范畴。

北美汉籍的存藏,主要在美国和加拿大。关于美国汉籍的存藏与分布,沈津先生2017年3月所撰之《有多少中国古籍存藏在美国东亚图书馆》一文做过初步统计综述[2],笔者在沈先生统计的基础上进行了跟进,其分布情况大致为①:哈佛大学哈佛燕京图书馆藏约2.2万部,其中普通古籍1.8万部、善本4652部(宋元明刻本1500部、清代善本2427部、善本方志725部);美国国会图书馆总量尚不详,其中善本约3000部;普林斯顿大学葛思德东方图书馆约2800部,其中善本1114部[3];加州大学伯克利分校东亚图书馆5182部,其中善本约800部②;华盛顿大学东亚图书馆总量尚不详,其中善本138部;耶鲁大学总量尚不详,其中善本65部;纽约市公共图书馆总量尚不详,其中善本约100部;印第安纳大学内亚研究所250部,全为藏文刻印本和手稿;犹他州家谱学会图书馆1200部,全部为中国家谱和族谱;斯坦福大学东亚图书馆总量8500余种(未详多少部)③,其中善本154部;芝加哥大学远东图书馆4000余种(未详多少部)④,其中善本394部;哥伦比亚大学东亚图书馆17527种(未详多少部)⑤,其中善本约250部;康奈尔

---

① 美国哈佛大学哈佛燕京图书馆(含善本量)、国会图书馆、普林斯顿大学、加州大学伯克利分校、华盛顿大学、耶鲁大学、纽约市公共图书馆、印第安纳大学内亚研究所、犹他州家谱学会图书馆存藏数据,综合来自沈津先生《有多少中国古籍存藏在美国东亚图书馆》、孙越生和陈书梅《美国中国学手册(增订本)》(北京:中国社会科学出版社,1993年)"美国收藏中文资料的图书馆"。
② 承蒙加州大学伯克利分校东亚图书馆林海青先生提供(提供时间:2019年8月7日)。此统计数据仅为刊刻抄写于1911年之前的文献。
③ 承蒙斯坦福大学东亚图书馆杨继东馆长提供(提供时间:2019年8月10日)。斯坦福大学东亚图书馆出版于1912年以前的中文书籍总共大概是8500余种,13000余册,此统计数据暂未经过详细复查。
④ 总量承蒙芝加哥大学远东图书馆周原馆长和吴嘉勋先生提供(提供时间:2019年7月31日)。此数据为1911年之前刊刻抄写的中文古籍,以丛书一套按一种计算。如以丛书一套按子目计算,数量为近9000种。
⑤ 总量承蒙哥伦比亚大学东亚图书馆王成志先生提供(提供时间:2019年7月31日)。此数据仅为哥大存储中国本土刊刻抄写之中文古籍,未含域外刊刻抄写之中文古籍。

大学东亚图书馆1600余部①,其中善本160余部;俄亥俄州立大学图书馆258种271部[4];匹兹堡大学东亚图书馆162部[5]。加拿大汉籍的存藏与分布大致为:多伦多大学郑裕彤东亚图书馆约4500部②,其中善本700部;不列颠哥伦比亚大学东亚图书馆约6000种(未详多少部)③。

亚洲(除中国大陆及港澳台地区)汉籍的存藏,主要集中在东亚的日本、韩国、朝鲜,以及东南亚的马来西亚、新加坡等国。日本国汉籍的存藏与分布,高田时雄《近代日本之汉籍收藏与编目》④提供了一些线索。最近十年,日本各文献存藏机构加大对汉籍的清点和数字化,使得汉籍总量有了相对准确的数字。笔者在此线索基础上,综合文献及近些年各存藏机构提供的数据进行了跟进,大致情况如下:早稻田大学图书馆9489部,其中汉籍8257部(90820册)、准汉籍820部(3679册)、朝鲜本汉籍412部(2376册)[6]⑤;日本国立国会图书馆总量尚不详,但善本量达788部[7];日本国立公文馆内阁文库15224部⑥;东京大学东洋文化研究所约4.7万部[8];静嘉堂文库9000余部[9];尊经阁文库约1.7万部[10];日本东北大学附属图书馆金谷文库约366部(含和刻汉籍)[11];庆应义塾大学附属研究所斯道文库5350余部[12];广岛大学斯波文库1387部[13];阳明文库550部[14];岛根县立图书馆2953部;日本国立民族学博物馆1408部[15];新潟大学附属图

---

① 总量和善本数量,承蒙康奈尔大学东亚图书馆(Charles W.Wason Collection on East Asia)郑力人馆长提供(提供时间:2019年7月31日)。
② 总量和善本数量,承蒙多伦多大学郑裕彤东亚图书馆乔晓勤先生提供(提供时间:2019年7月31日)。
③ 此数据承蒙不列颠哥伦比亚大学东亚图书馆刘静女士提供(提供时间:2019年7月31日)。
④ 日本国之统计线索,主要参考高田时雄《近代日本之汉籍收藏与编目》(https://wenku.baidu.com/view/7981841fb7360b4c2e3f6471.html)。
⑤ 早稻田大学汉籍在各文库分布为:清水文库65部(1182册),中村进午文库209部(1702册),逍遥文库35部(273册),宁斋文库508部(4971册),教林文库119部(331册),下村文库87部(2681册),洋学文库79部(173册),花房文库87部(678册),柳田文库274部(1831册),宝玦室文库64部(1222册),入江文库34部(426册),小仓文库241部(1297册),土岐文库125部(911册),服部文库418部(2858册),津田文库88部(3242册),会津文库265部(2921册)。
⑥ 内阁文库汉籍之统计数据,依据日本国立公文馆检索系统空检后按"和书""汉书""洋书"之分类,其中"汉书"又分为经部(1886部)、史部(3765部)、子部(5268部)、集部(3785部)、丛书部(279部)、新书部(241部)。检索地址(访问日期:2019年7月30日):https://www.digital.archives.go.jp/DAS/meta/MetSearch.cgi?DEF_XSL=default&IS_KIND=summary_normal&IS_SCH=META&IS_STYLE=default&IS_TYPE=meta&DB_ID=G9100001EXTERNAL&GRP_ID=G9100001&IS_SORT_FLD=&IS_SORT_KND=&IS_START=1&IS_TAG_S1=fpid&IS_CND_S1=ALL&IS_KEY_S1=F2008112110364221711&IS_NUMBER=100&ON_LYD=on&IS_EXTSCH=F99999999999999900000%2BF20091210170256004006%2BF2005031812174403109%2BF2008112110364221711&IS_DATA_TYPE=&IS_LYD_DIV=&LIST_TYPE=default&IS_ORG_ID=F2008112110364221711&CAT_XML_FLG=on。关于内阁文库之详细目录,亦可参见:(1)国立公文书馆内阁文库《内阁文库汉籍分类目录(改订版)》(东京:内阁文库,1971年);(2)内阁书记官室记录课《内阁文库图书第二部汉书目录》(东京:帝国地方行政学会,1914年)。

馆 16176 部[16]①；日本宫内厅书陵部总量未详，但其中宋明及日本庆长前刊本写本即达 1300 余部[17]；熊本大学附属图书馆落合文库 3501 部[18]；日本高知大学小岛文库 1415 部[19]②；名古屋市蓬左文库 716 部（21907 卷 7815 册）[20]③；日本东亚文化研究所约 4000 种（未详多少部）[21]。韩国汉籍的存藏情况，根据傅德华、李春博两位先生的统计[22]，约 1.25 万种（未详多少部），其中高丽大学中央图书馆藏 5873 种（3.9 万余册），其余分藏在庆尚大学中央图书馆、韩国国史馆编纂委员会、檀国大学栗谷纪念图书馆、大韩民国国会图书馆、东国大学中央图书馆、首尔大学图书馆、成均馆大学中央图书馆、延世大学中央图书馆、韩国国立中央图书馆、中韩翻译文献研究所等机构。东南亚国家汉籍的存藏情况，没有更详细的内容，根据 1965 年的一份书目，仅马来西亚大学的收藏量即超过 13 万册（总收藏部数不详）[23]。

欧洲汉籍的存藏总量和分布详情，近些年随着开放获取（OpenAccess）运动的兴起，像大英博物馆、德国具有国家图书馆功能的巴伐利亚州立图书馆和国立柏林图书馆等将无版权约束文献大规模清点和数字化，有了相对确切的数据。英国汉籍的存藏和分布大致为④：大英博物馆近 4500 部；曼彻斯特大学约翰·瑞兰德图书馆（John Rylands Library）约 600 部[24]，其中 464 部（约 8000 卷）购于英国克劳福德图书馆[25]；牛津大学博德利图书馆 1243 部；剑桥大学图书馆 983 部；伦敦大学亚非学院图书馆 1001 部；惠康医学史研究所图书馆（Welcome Institute for the history of Medicine Library）210 部；皇家亚洲文会图书馆 760 余种（未详多少部，目前存藏于英国利兹大学）；印度事务部图书馆（Library of India Office）170 部。德国汉籍的存藏及分布，大致为：德国巴伐利亚州立图书馆（Bayerische Staatsbibliothek）约 27630 册（未详多少部）[26]⑤，国立柏林图书馆

---

① 其中经部 1490 部，史部 1423 部，子部 3393 部，集部 1115 部，丛书部 8755 部。
② 其中经部 397 部，史部 421 部，子部 377 部，集部 110 部，丛部 110 部。
③ 其中骏河文库 290 部，日本元和至永宽年间（明天启至崇祯间）之买本 391 部（16534 卷 5752 册）、献本 35 部（1516 卷 358 册）。
④ 英国大英博物馆、牛津大学博德利图书馆、剑桥大学图书馆、伦敦大学亚非学院图书馆、惠康医学史研究所图书馆、皇家亚洲文会图书馆和印度事务部图书馆，以及奥地利国家图书馆、梵蒂冈图书馆和瑞典存藏汉籍的统计数据，主要参考谢辉《英国图书馆所编汉籍目录初探》(《新世纪图书馆》2015 年第 2 期)。
⑤ 关于巴伐利亚州立图书馆馆藏的总量，其官网（https://ostasien.digitale-sammlungen.de/digitisation，访问日期：2019 年 8 月 1 日）称德意志研究联合会（DFG）资助两期项目共数字化约 12000 函座古籍，630 件经折、卷轴、绘图等，2013 年与谷歌数字化合作，又数字化加工了 17—19 世纪中文古籍 15000 册，二者之和与张西平先生《德国巴伐利亚公立图书馆中国古籍善本述录》一文中预估的约 30000 册相差无几。笔者致信该馆东亚部门托马斯·塔贝里（Thomas Tabery）博士，询问大致为多少"种"或"部"，答曰（答复日期：2019 年 7 月 31 日）该馆"只按'册'计算，而非'种'或'部'，具体多少'种'或'部'，短时间内不会有答案。

3625部[①]。欧洲其他国家或地区汉籍的存藏与分布情况为：法国国家图书馆11860余部[②]；奥地利国家图书馆125部；梵蒂冈图书馆1300余部；瑞典4046种（未详多少部），分藏于瑞典哥德堡图书馆、斯德哥尔摩远东古物博物馆、皇家图书馆、乌普萨拉大学图书馆、哥德堡罗思卡博物馆及高本汉（Klas Bernhard Johannes Karlgren）的私藏[25]；西班牙232部，存储分布为西班牙巴厘阿多里德市博物馆1部，巴厘阿多里德市东方博物馆4部，巴厘阿多里德市菲律宾奥斯定会图书馆58部，博尔哈图书馆1部，弗兰西斯卡诺·伊比利亚东方档案馆5部，国家人类学博物馆档案馆74部，皇家历史学院图书馆54部，皇家图书馆18部，埃斯科里亚尔修道院皇家图书馆17部[27]。

从以上的梳理来看，北美各机构存藏的汉籍总量超过7万部，亚洲（除中国大陆及港澳台地区）存藏量超过13万部，欧洲收藏量超过3万部。

（二）海外汉籍数字化加工现状

"数字化"是一个边界可大可小的语词，大致包括数字化加工环节、文本识别环节、文本处理环节（包括结构化标引等）和文本呈现环节（如可视化、关联等）等。为便于与读者在同一话语体系下开展交流，本文仅谈及"数字化加工"这一议题。本文所指"数字化加工"，仅指将实体的古籍页扫描或拍摄成数字图片，并将数字图片按原典顺序合并为文本文件（一般为PDF、DjVu等格式）这一过程。

得益于文献存藏机构的重视、人员往来和文化交流的便利性，海外不少机构（或通过机构联合方式）立项，在对古文献进行摸底清查的同时，启动汉籍数字化工作。海外汉籍的数字化加工情况大抵如下：

1."谷歌图书计划"对汉籍的数字化

"谷歌图书计划（Google Books Search Library Project）"是谷歌公司为数众多的项目中一个与图书相关且愿景宏大的项目。根据2010年8月谷歌发布的博客文章，它声称要把已知的全球1.298亿本图书全部扫描到其图书平台[28]。由于

---

① Digital Collections[EB/OL].[2019-07-30].https://digital.staatsbibliothek-berlin.de/.按检索分类，"东亚（Ostasiatica）"大类下有"汉文（Sinica）"1502部、"日本（Japonica）"639部、"满文（Mandschurica）"385部、"藏文（Tibetica）"1099部。"日本（Japonica）"639部中的大部分为日本本土刻写刊印的与中文典籍相关的汉文典籍，故纳入汉籍统计范畴。不过，此数据似仅为已经数字化加工的，而非印本总量，姑录之。

② 统计数字来源于谢辉《欧洲图书馆所编早期汉籍目录初探》（《图书馆理论与实践》2016年第2期），总数为1739年拉丁文编《皇家图书馆写本目录》（Catalogus codicum manuscriptorum Bibliothecae regiae）300余部、1742年拉丁文《皇家图书馆藏中文图书目录》（Catalogus librorum Bibliothecae regiae sinicorum）300余部、1902—1912年《中韩日文目录》（Cataogue des libres Chinois, Coreén, Japonais, etc）9080部、伯希和1913年发表于《通报》的目录计2079部、1886年《中文书籍与手稿目录》（Catalogue des livres et manuscrits chinois collection é s par A.Lesouef）100部之和。

其先进的扫描技术,北美和欧洲的加州大学、哈佛大学、密歇根大学、纽约公共图书馆、牛津大学、斯坦福大学、威斯康辛麦迪逊大学、弗吉尼亚大学、普林斯顿大学、德国巴伐利亚州立图书馆等都与"谷歌图书计划"项目开展合作[29]。关于谷歌对汉籍数字化加工,目前笔者所经眼的有两个:一是德国巴伐利亚州立图书馆,通过与谷歌合作,从2013年开始对其馆17—19世纪出版的中、日古籍进行数字化,其中中文古籍约15000册、日文古籍2000余册。目前已经数字化的古籍,都可以在其官网通过检索进行阅读[30]。二是哈佛大学哈佛燕京图书馆。哈佛燕京图书馆有一小部分1923年之前的汉籍于2010年由谷歌进行数字化加工①。此外,斯坦福大学和加州大学伯克利分校各有部分汉籍参与"谷歌图书计划"的数字化加工,但主导方并非图书馆②。

谷歌对印本图书的数字化是以"书"为单位的,古今中外的图书都同等对待:由程序设定加工流程后,翻页、拍照、存储等加工环节全部由计算机自动完成。从上面两个数字化项目已加工的数字古籍表现来看,有相当大的问题:一是全部以黑白扫描,对古籍版本鉴定极为重要的色彩信息未拾取;二是数字采集的图片歪斜扭曲严重,大部分汉籍的版框不正,更有甚者,拍摄的中心移到正文之外;三是PDF封装全部是反向的,卷首在PDF文件的最后,而卷尾在PDF文件的起始页,殆没有认识到汉籍的装订与现代图书的区别。

2.不同国家与地区对汉籍的数字化

日本由于为中国的近邻之故,古往今来交流甚多,其对汉籍的存藏规模之大,从前文已见一斑。全日本汉籍的规模,至今还没有准确的数字,但早在1999年,即由京都大学人文科学研究所附属东洋学文献中心等机构着手建立覆盖全日本的"全国汉籍数据库"(全国漢籍データベース——日本所藏中文古籍数据库)[31],对全日本的汉籍目录进行联合汇总。截至2019年7月,全日本共有79个机构参与其中[32]。全日本对汉籍的数字化,规模已经相当可观,像日本早稻田大学[33]、日本国立国会图书馆、日本宫内厅书陵部[34]、日本国立公文馆内阁文库、东京大学东洋文化研究所、静嘉堂文库等机构,对汉籍的数字化比较彻底,部

---

① 如《爱日山房稿》(https://hollis.harvard.edu/primo-explore/search? query=any,contains,%E7%88%B1%E6%97%A5%E5%B1%B1%E6%88%BF%E8%AF%97%E7%A8%BF&tab=everything&search_scope=everything&vid=HVD2&lang=en_US&offset=0,访问日期:2019年8月1日),其中"Reproduction"字段显示"Electronic reproduction.Mountain View,Calif.:Google Book Search Library Project,2010",当是在2010年完成数字化加工。

② 斯坦福大学的情况承蒙斯坦福大学东亚图书馆馆长杨继东先生提供(提供时间:2019年8月10日),加州大学伯克利分校的情况承蒙东亚图书馆林海青先生提供(提供时间:2019年8月7日)。

分数字汉籍以数据库形式封装后能够在一定范围内在线访问。

北美汉籍的存藏数量仅次于日本,但在汉籍数字化方面却有相当大的差距。从调查的反馈来看,大多数东亚图书馆由于资金短缺的缘故,还没有开始大规模进行数字化加工,仅在一些东亚图书馆有一些数字化加工的试验,规模从数部到百部不等。如:加拿大多伦多大学郑裕彤东亚图书馆,数字化规模约220部[①];康奈尔大学东亚图书馆,数字化规模约200部[②];加州大学伯克利分校东亚图书馆,数字化规模约250部[③]。北美汉籍数字化加工最全面的当数哈佛大学的哈佛燕京图书馆。从哈佛燕京图书馆的数字化项目清单[35]上可以看到,其同时开展多项数字化合作,除了前述与谷歌的合作计划,还有:中国旧方志数字化项目(正在进行中),与中国国家图书馆等机构合作的"中文善本特藏数字化项目"(已于2017年8月完成4200部[约53000卷]中文善本特藏的数字化)[36],与中国台湾傅斯年图书馆合作的"中文善本特藏稿钞孤本"数字化项目(哈佛燕京图书馆有275部手写稿抄本被数字化)[37],等等。

欧洲的德国巴伐利亚州立图书馆除与谷歌合作的数字化部分外,还通过德意志研究联合会(DFG)的资助对总量约1.2万函册古籍,630件手写经折、卷轴、绘图等中文善本及手抄本进行了数字化加工,其加工成果可以在一定范围内在线阅览。德国国立柏林图书馆众多的数字化项目中,有一个"东亚和东南亚特藏"的数字化项目(SSG)[38],对汉籍中的藏文、满文、日本汉籍与中国古籍进行了数字化,并提供在线访问的渠道[39]。欧洲的大英博物馆、牛津大学博德利图书馆、伦敦大学亚非学院图书馆对存藏的汉籍都有不同规模的数字化,其中令人印象深刻的是对《永乐大典》及中国古代绘画的数字化。

以上各海外机构对汉籍的数字化,为海内外收藏机构如何数字化加工中国古籍提供了一些可资参考的样例。

二、海外汉籍的数字化加工的若干关键问题

(一)以超越印本古籍的视角正确认识"数字古籍"

目前我国图书馆界大多数人潜意识里仅将数字化的古籍视为印本古籍的一个数字复本,认为其作用只是方便通过网络获取和阅读正文内容,数字版本上反

---

① 此数量承蒙加拿大多伦多大学郑裕彤东亚图书馆中文部主任乔晓勤先生提供(提供时间:2019年7月31日)。
② 此数量承蒙康奈尔大学东亚图书馆馆长郑力人先生提供(提供时间:2019年7月31日)。
③ 此数量承蒙加州大学伯克利分校东亚图书馆林海青先生提供(提供时间:2019年8月7日)。

映不出来的信息可在有需要时再去调取原本勘验。这种想法似与"通过数字化保护古籍"的初衷相左,亦会导致在数字化加工过程中有意或无意轻视数字化加工的细节,丢失不少与版本、品相鉴别相关的信息。

事实上,已经数字化的古籍(西方称之为"数字对象[digital object]")和原印本古籍,无论形态还是物理属性,都已完全不同。这意味着所要揭示的内容也不尽相同,用户检索古籍、阅读的习惯也完全不同。如果仍从印本古籍的视角来看待数字古籍,既容易产生一些不必要的信息冗余,又会导致关键信息的疏漏。比如,在揭示印本古籍物理属性时,常常要著录外观尺寸(如40厘米×28厘米),以方便学者做版本研究。但是,事实上,学者在做版本研究时,常常会怀疑古籍元数据著录人员对尺寸的测量是否准确,是否差了3~5毫米。数字古籍,"外观尺寸"这一项著录则不是必需的,而"可视化"成为必需,以在书影旁设置标尺为佳(如图1所示)。

因此,在古籍数字化之前应秉持两个前提理念:一是数字化之后,尽量达到无须再看印本古籍的目的;二是印本古籍因保管不善损毁后,能够尽可能原色再造古籍原本。只有这样,才能在数字化上尽量考虑周全完备。

(二)关于古籍数字化加工中的细节问题及处理

由于国内不同机构古籍数字化加工按照"印本文献出库→预处理→扫描→入库→扫描件合并成数字文本"的基本流程和环节基本相同,唯独在处理一些细节方面上缺乏规范和实践指南,下面仅就一些细节问题和关键问题展开申论,以期扩大实践的视野。

1.色彩平衡与数字标尺

印本古籍,因年代久远、受潮、雨水侵蚀、墨色挥发等原因,在原有基础上出现了纸张泛黄、霉变、虫蛀、破损、污渍、上色等现象,数字化加工古籍时如实保留原古籍纸张中的色彩信息应作为数字化加工的一个基本原则。另,在数字化加工过程中,一些外在的操作,如数字化加工间用光(照明光、扫描仪灯光、闪光灯等)、环境光(由窗户直射的自然光、反射光等),以及所使用的拍照仪、扫描仪感光元器件感光度等,往往会出现数字图片较原纸张色彩失真的情况。由于数字化加工的前提理念之一是在看不到原印本的情况下也能够原色再造原本,因此古籍数字化时以能如实记录原色为最佳。比较通行的做法是数字化时放置彩色色卡和灰阶色卡,确保在任何照明条件下能够得到准确的色彩。这种做法不仅可以加快数字化工作流程,而且也方便再造古籍时影像原色再现。值得一提的是,拍摄或扫描时放置色卡,并非只是针对古籍数字化的特别要求,而是近40年来在摄影领域一直被使用的行业标准。日本的早稻田大学、国立国会图书馆、国立公文馆内阁文库及美国哈佛大学哈佛燕京图书馆等机构，均采用了彩色色卡和灰阶色卡，其中彩色色卡一般有 18 色、24 色，灰阶色卡一般有 6 级灰阶、20 级灰阶。从古籍再现的角度，建议数字化加工时放置 24 色彩色色卡和 20 级灰阶色卡为佳（如图 1 所示）。

　　印本古籍的版框大小、版面大小，是版本鉴定中非常重要的依据之一。过去在著录印本古籍属性信息时，都是著录人员用尺子衡量后填充进去的。现在古籍数字化，一般通行的做法是直接放置一把精确到毫米的标尺，以减少著录人员与阅读人员之间的信息不对称（如图 1 所示）。标尺的长短，并无一定之规，以能方便版本研究人员等比例复制衡量长宽为原则。

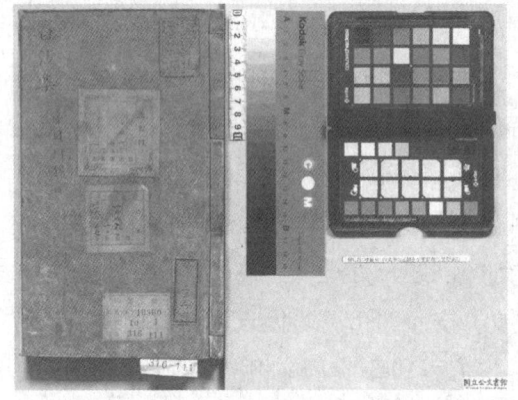

此为日本国立公文馆数字化《白沙子全集》汉籍时放置的色卡和标尺。左侧者为古籍，紧靠书脊者为标尺，次标尺者为 20 级灰阶色卡，最右者为 24 色标准色卡

此为美国哈佛大学数字化《大清搢绅全书》汉籍时放置的色卡和标尺。左侧者为 6 级灰阶色卡 + 18 色彩色色卡 + 标尺，右侧者为古籍

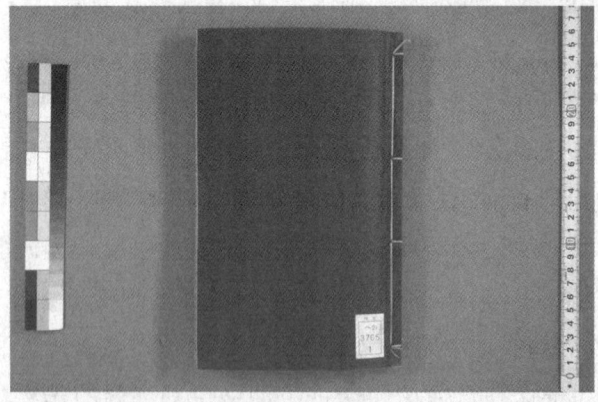

此为日本早稻田大学数字化《皋鹤堂批评第一奇书金瓶梅》汉籍时放置的色卡和标尺。左侧者为 18 色彩色色卡 + 20 级灰阶色卡，中间者为古籍，右侧者为标尺

图 1　海外汉籍数字化时安设色卡和标尺例证

2.采集粒度、存储参数与格式

古籍数字化加工时,页面到底以单面、跨页还是筒子页为单位进行采集为佳?从海内外各图书馆的数字化情况来看,答案似并无定论:国家再造善本工程,采用筒子页方式采集(如图2所示);日本几乎所有图书馆(如日本国立国会图书馆、早稻田大学图书馆、京都大学图书馆、国立公文馆、宫内厅书陵部、静嘉堂文库)、美国哈佛大学哈佛燕京图书馆、普林斯顿大学葛思德东方图书馆及加拿大约克大学图书馆数字汉籍均采用跨页方式采集(如图3所示);德国国立柏林图书馆、美国加州大学伯克利分校东亚图书馆、加拿大不列颠哥伦比亚大学东亚图书馆等采用单面方式采集(如图4所示)。究竟采用何种方式,一般根据加工的目的和成本来决定:如果仅用于浏览,采用跨页方式比较好,这样既符合阅读习惯,又可以减少人工翻页操作的时间;如果用于再造出版,采用筒子页或单面方式为佳,但是采用筒子页方式要评估拆线、穿线、平展、折叠等操作对古籍的损害。

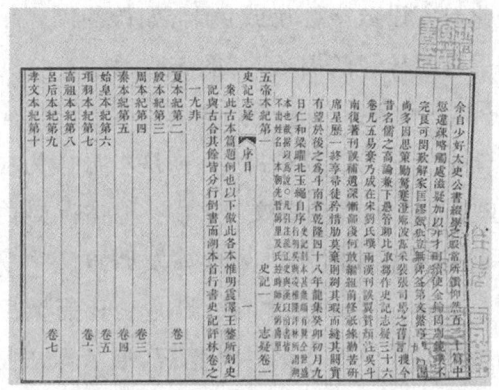

图2 筒子页(中华再造善本对古籍的数字化均按筒子页方式采集。此为[清]梁玉绳撰《史记志疑》书影)

图3 跨页(笔者所见日本各图书馆对馆藏汉籍的数字化,均按跨页方式采集。此为《白沙子全集》书影)

更值得一提的是,数字化加工的采集环节应使用何种参数和格式进行存储。根据美国国家网络化文化遗产倡导组织(National Initiative for a Networked Cultural Heritage,NINCH)的图片数字化加工指南[40],推荐先采集为超高清无压缩的主文件(master file),其他低精度的子文件(sub master file)由主文件派生。一般建议主文件采用300dpi以上像素、24bit以上全彩色的无损压缩TIFF格式或JPEG2000无损压缩的图片格式进行长期保存。美国哈佛大学哈佛燕京图书馆中文善本古籍和齐如山专藏汉籍的数字化采用的是JPEG2000无损压缩方式,图片分辨率为24bit全彩色300dpi[41];日本国立国会图书馆对纸本文献的采集采用的是JPEG2000无损压缩方式,图片为24bit全彩色400dpi[42]。派生文件,可以根据实际需要由主文件压缩成 JPG 格式（.jpg），或封装成 PDF（.pdf）、DjVu（.djvu）等文件。

3.特殊情况处理

在古籍数字化过程中，有一些情况虽然很少见，但也是数字化中无法绕开的，需要特别对待和规范处理。兹就所见列举一二。

（1）古籍碎片是否需要数字化

在古籍整理过程中，不可避免会遇到各种原因出现的古籍碎片，古籍数字化习惯了整部书的扫描，对一些损毁严重的碎片往往并不在意。对于这类文献，一般仍予以数字化，并在数字化时安设数字标尺或色卡，如德国国立柏林图书馆对碎片的揭示（如图5所示）。

（2）无字页是否需要扫描

无字页分为两种情况：一种是本身作为衬页，正反面原本就没有文字；另一种情况是因古籍书写的墨迹因年代久远挥发而致文字脱墨甚至完全缺失。这样的古籍是否还有数字化加工的必要？关于第一种情况，通行做法是

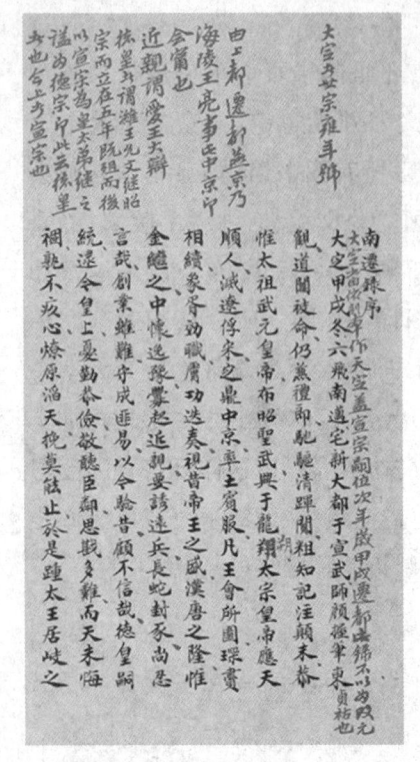

图4 单面（加拿大不列颠哥伦比亚大学东亚图书馆对馆藏古籍均按照单面采集。此为［金］张师颜撰《南迁录》书影）

全部进行数字化采集。笔者所见日本、美国、加拿大、欧洲各图书馆的数字汉籍，无一例外，均进行了扫描，并按顺序装订（如图6扉页背面，尽管无字，也进行了数字化加工）。关于第二种情况，笔者所见日本国立国会图书馆藏的部分朝鲜本汉籍，殆因年代久远或当年印墨的工艺水平有缺陷，导致文字全部挥发缺失而仅存朱印。针对此种情况，日本国立国会图书馆采取的办法仍是整部予以数字化扫描。

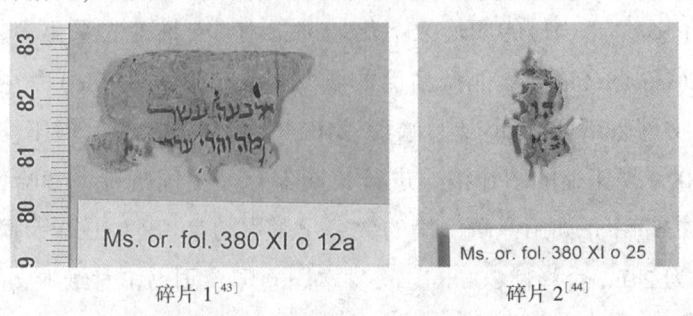

碎片1[43]　　　　　碎片2[44]

图5 德国国立柏林图书馆对古籍碎片的揭示

扉页背面 　　　　　　　　所夹卡片的第二页

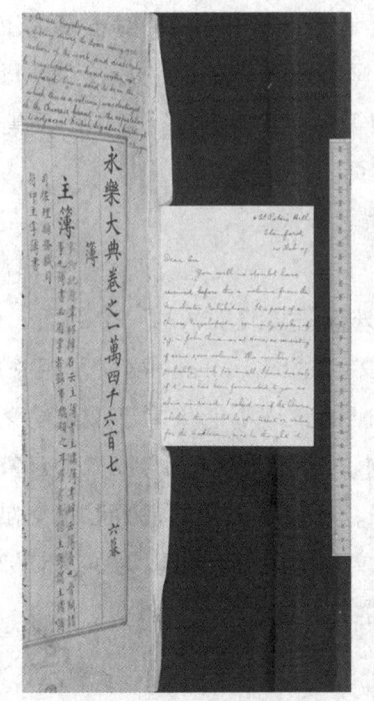

所夹卡片的第四页 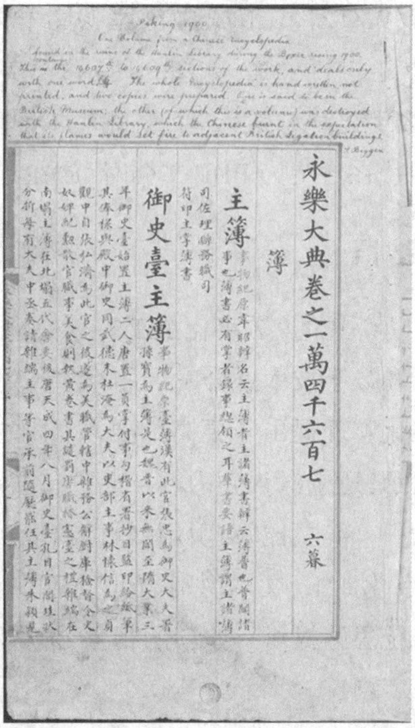　　　　　　　首页

图6　英国牛津大学博德利图书馆对夹页的数字化处理

(3)古籍中的夹抄如何处理

如果书中有夹抄,一般要把夹抄数字化。关于夹抄的数字化,目前没有一定的标准,但是可以从已有的数字古籍中得到一些启发。比如,英国牛津大学博德利图书馆(Bodleian Library)收藏的《永乐大典》卷一四六〇七至卷一四六〇九"簿"字[45],除首页上有英文题记(英文题记表明这一册是 Thomas Biggin[①]于1900年从翰林院盗走,并于1907年赠予博德利图书馆),还有一张夹在扉页背面与首页之间的卡片(卡片对折,第二、四页有手写文字)。在数字化过程中,博德利图书馆的做法是单独拍摄两张有卡片所处位置和清晰文字的照片,插在封装的数字文本之中(如图6所示)。另,如大英图书馆所藏《永乐大典》卷一三四九六至卷一三四九七"制"字[46],在对封面内页所贴便签纸进行数字化时,先展示便签纸折叠时的总体面貌,然后展示便签纸展开的总体面貌,最后才是正式的内容页(如图7所示)。

(4)古籍的附属物件,如外观、外包装(如函套、书柜)是否需要数字化

印本古籍的附属物件,反映了当前古籍自身的状态、保存状态,一般也应予以数字化。如爱尔兰切斯特·比蒂图书馆(Chester Beatty Library)、德国国立柏林图书馆、大英图书馆、美国汉庭顿图书馆在数字化汉籍时,对古籍的书口或书脊、存藏状态进行采集(如图8所示)。美国加州大学伯克利分校东亚图书馆的古籍,在数字化时对函套、存藏古籍的箱柜等保存状态亦进行了拍照采集(如图9所示),图片在封装为 PDF 文档时,放在首页。

三、结语

本文所综述的"数字化加工",仅是海外汉籍实践现状的一个剖面。近些年,以跨人文和数字技术融合发展的"数字人文(Digital Humanities)"及相关理念,给文献数字化整理提出了更高的要求,即文献的整理不能仅囿于文献物理属性的规范化揭示,还应深入到内容层面进行文本内容规范化标引,以方便计算机进行规模化索引、标注、比较、引用、分析和呈现。从数字人文的视野看古文献数字化(包括数字化加工、文本识别与处理环节、文本呈现等),可以为古文献数字化加工跳出传统思路提供一些新的视角,值得学界关注。

---

① 身份未知,很有可能是英国海军士兵。

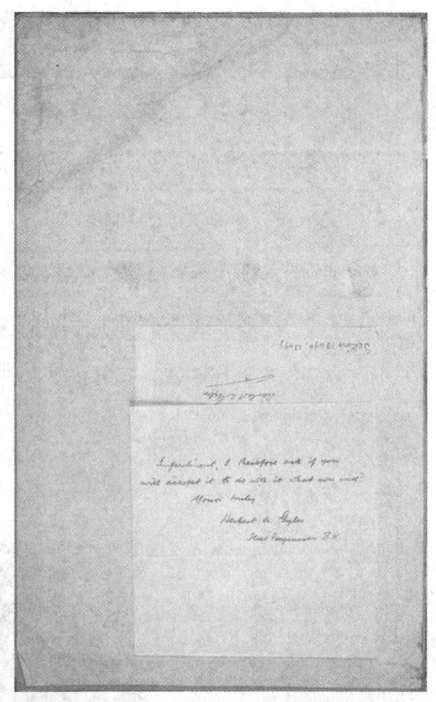

封面　　　　　　　　　　　　封面内页所夹便签页的折叠状态

封面内页所夹便签页的展开状态　　　　　　首页

图7　大英图书馆对夹页的数字化处理

爱尔兰切斯特·比蒂图书馆藏《永乐大典》卷八〇三至卷八〇六"诗"字[47],对书脊进行了数字化

德国国立柏林图书馆藏《永乐大典》卷九〇三至卷九〇四"诗"字[48],对书口进行了数字化

大英图书馆藏《永乐大典》卷八二七五"兵"字[49],对书脊进行了数字化揭示,可见书的状态

此为日本九州大学藏明崇祯本《帝鉴图说》1卷([明]张居正编)。此为卷轴,数字化正文之前,对其整体外观进行了数字化采集

此为日本国立公文馆对内阁文库南宋刻本《平斋文集》32卷([宋]洪咨夔撰)数字化时,对整体外观进行了数字化采集

图 8　各图书馆对古籍附属物件的处理举例

函套内景 　　　　　　古籍 　　　　　　函套外景

图 9　美国加州大学伯克利分校东亚图书馆对宋刊本《出曜经》存卷第十八《乐品第三十一》([后秦]竺佛念译)进行数字化时,对函套内景、古籍、函套外景均进行了采集

致谢：海外汉籍相关统计及线索，在调研过程中得到了加拿大多伦多大学郑裕彤东亚图书馆乔晓勤先生、不列颠哥伦比亚大学东亚图书馆刘静女士，美国斯坦福大学东亚图书馆馆长杨继东先生、华盛顿大学东亚图书馆沈志佳女士、哥伦比亚大学东亚图书馆王成志先生、康奈尔大学东亚图书馆馆长郑力人先生、哈佛大学哈佛燕京图书馆马小鹤先生和杨丽瑄女士、加州大学伯克利分校东亚图书馆林海青先生、芝加哥大学远东图书馆馆长周原先生和吴嘉勋先生，德国巴伐利亚州立图书馆东亚部托马斯·塔贝里（Thomas Tabery）博士等的帮助，专此志谢。

（朱本军，北京大学图书馆副研究馆员，中国高校人文社会科学文献中心[CASHL]秘书长）

参考文献：
[1] 张文亮,敦楚男.近十年我国古籍数字化研究综述[J].图书馆学刊,2017(3):126-130.
[2] 沈津.有多少中国古籍存藏在美国东亚图书馆[EB/OL].[2019-08-30].http://news.163.com/18/0716/13/DMRBP8CN000187UE.html.
[3] 美国普林斯顿大学东亚图书馆.普林斯顿大学图书馆藏中文善本书目[M].北京:国家图书馆出版社,2017.
[4] 李国庆.美国俄亥俄州立大学图书馆中文古籍目录[M].北京:中华书局,2017.
[5] 徐鸿,张海惠,陆金福,等.美国匹兹堡大学东亚图书馆中文古籍书录[M].桂林:广西师范大学出版社,2015.
[6] 早稻田大学图书馆.早稻田大学图书馆所藏汉籍分类目录[M].东京:早稻田大学图书馆,1991.
[7] 宫内省图书寮.图书寮汉籍善本书目[M].宫内省图书寮,1930(昭和五年).
[8] 东京大学东洋文化研究所.东京大学东洋文化研究所汉籍分类目录[M].东京:大藏省印刷局,1975.
[9] 静嘉堂文库.静嘉堂文库汉籍分类目录:正编[M].东京:静嘉堂文库,1930(昭和五年);静嘉堂文库.静嘉堂文库汉籍分类目录:续编(1930-1951)[M].东京:静嘉堂文库,1951.
[10] 尊经阁文库.尊经阁文库汉籍分类目录[M].东京:侯爵前田家尊经阁,1935(昭和十年).
[11] 东北大学附属图书馆.金谷文库目录[EB/OL].[2019-07-30].http://www.library.tohoku.ac.jp/collection/collection/kanayabunko-catalog.pdf;东北大学附属图书馆.东北大学所藏和汉书古典分类目录(经部·史部)[M].仙台:东北大学附属图书馆,1974;东北大学附属图书馆.东北大学所藏和汉书古典分类目录(子部·集部·丛书部·附录)[M].仙台:东北大学附属图书馆,1982.
[12] 庆应义塾大学附属研究所斯道文库.庆应义塾大学附属研究所斯道文库收藏マイクロフィルム等目录[M].东京:庆应义塾大学附属研究所斯道文库,1987.
[13] 广岛大学图书馆.广岛大学斯波文库汉籍目录[EB/OL].[2019-07-30].http://opac.lib.hiroshima-u.ac.jp/portal/siba/index.html.
[14] 高田时雄.近代日本之汉籍收藏与编目[EB/OL].[2019-07-30].https://wenku.baidu.com/view/7981841fb7360b4c2e3f6471.html.
[15] 国立民族学博物馆[EB/OL].[2019-07-30].http://www.minpaku.ac.jp/.
[16] 新潟大学所藏汉籍目录[EB/OL].[2019-07-30].http://www.lib.niigata-u.ac.jp/Kanseki/KansekiCat.html.
[17] 刘玉才.日本宫内厅书陵部藏宋本汉籍三种[C]//故宫博物院,故宫学研究所.宫廷典籍与东亚文化交流国际学术研讨会论文集.北京:故宫博物院,2013:283-288.
[18] 落合文库[EB/OL].[2019-07-30].https://www.lib.kumamoto-u.ac.jp/collections/ochiai.

[19]小岛文库[EB/OL].[2019-07-30].http://www.lib.kochi-u.ac.jp/about/collections/ojima.htm#kanseki.

[20]刘世杰.介绍《名古屋市蓬左文库汉籍分类目录》[J].新世纪图书馆,1981(1):62-63.

[21]余力,管家娃.我国古籍数字化建设现状分析及发展研究[J].数字图书馆论坛,2017(11):41-47.

[22]傅德华,李春博.日本统治朝鲜时期的汉籍出版物研究:以《高丽大学校中央图书馆(1984)汉籍目录》为例[J].军事历史研究,2006(3):136-141.

[23]Jiang Zhenyu.Catalogue of the Chinese Collection of the University of Malaya Library[M].Singapore:The University of Malaya Press,1965.

[24]李国英,周晓文,张宪荣.曼彻斯特大学约翰·瑞兰德图书馆所藏汉籍概述[J].河北师范大学学报(哲学社会科学版),2015,38(2):151-155.

[25]谢辉.英国图书馆所编汉籍目录初探[J].新世纪图书馆,2015(2):75-79.

[26]张西平.德国巴伐利亚公立图书馆中国古籍善本述录[J].世界汉学,2003(1):161-167.

[27]杜文彬.西班牙藏中国古籍书录[M].北京:国家图书馆出版社,2015.

[28]The Tragedy of Google Books[EB/OL].[2019-08-01].https://www.theatlantic.com/technology/archive/2017/04/the-tragedy-of-google-books/523320/.

[29]Google Book Search Libraries and Their Digital Copies[EB/OL].[2019-08-01].http://www.infotoday.com/searcher/apr07/Grogg_Ashmore.shtml.

[30]巴伐利亚州立图书馆数字化[EB/OL].[2019-08-01].https://ostasien.digitale-sammlungen.de/digitisation?locale=zh_TW.

[31]全国汉籍データベース[EB/OL].[2019-08-01].http://www.kanji.zinbun.kyoto-u.ac.jp/kanseki.

[32]全国汉籍データベース参加机关一览[EB/OL].[2019-08-01].http://kanji.zinbun.kyoto-u.ac.jp/kansekikyogikai/ichiran.htm.

[33]早稻田大学古典籍总合[EB/OL].[2019-07-30].http://www.wul.waseda.ac.jp/kotenseki/index.html.

[34]宫内厅书陵部收藏汉籍集览[EB/OL].[2019-07-30].http://db.sido.keio.ac.jp/kanseki/T_bib_search.php.

[35]Research Guide for Chinese Studies[EB/OL].[2019-08-01].https://guides.library.harvard.edu/Chinese.

[36]哈佛大学数字化5.3万卷中文善本[EB/OL].[2019-08-01].http://whs.mof.gov.cn/pdlb/tszs/201708/t20170825_2683912.html.

[37]傅斯年图书馆古汉籍善本数字化数据库国际合作建置计划[EB/OL].[2019-08-01].http://rarebookdl.ihp.sinica.edu.tw/introduction.html.

[38]Ostasien Digitalisierte Sammlungen[EB/OL].[2019-08-01].https://staatsbibliothek-berlin.de/die-staatsbibliothek/abteilungen/ostasien/projekte/digitalisierte-sammlungen/.

[39]Catalog[EB/OL].[2019-08-01].http://digital.staatsbibliothek-berlin.de/suche?category=Ostasiatica.

[40]The NINCH Guide to Good Practice in the Digital Representation and Management o Cultural Heritage Materials[EB/OL].[2019-08-01].http://www.emuzeum.cz/admin/clanky/files/279-guidedigi.pdf.

[41]吴茗.浅析古籍数字化建设的组织模式:以哈佛燕京图书馆中文古籍数字化项目为例[J].数字图书馆论坛,2012(3):42-45.

[42]庞淑杰.日本国立国会图书馆大规模馆藏数字化工程[J].图书馆理论与实践,2014(9):86-88.

[43]Digital Collections-Fragment[EB/OL].[2019-08-01].https://digital.staatsbibliothek-berlin.de/werkansicht?PPN=PPN809021757&PHYSID=PHYS_0001.

[44]Digital Collections-Fragment[EB/OL].[2019-08-01].https://digital.staatsbibliothek-berlin.de/werkansicht?PPN=PPN791116689&PHYSID=PHYS_0001.

[45]《永乐大典》卷一四六〇七至卷一四六〇九"簿"字[EB/OL].[2019-08-01].https://iiif.bodleian.ox.ac.uk/iiif/viewer/69ce919c-3bdc-42af-847f-dc4e27033059.

[46]《永乐大典》卷一三四九六至卷一三四九七"制"字[EB/OL].[2019-08-01].http://www.bl.uk/manuscripts/Viewer.aspx?ref=or_11658_f001r.

[47]《永乐大典》卷八〇三至卷八〇六"诗"字[EB/OL].[2019-08-01].https://viewer.cbl.ie/viewer/object/C_1756/1/LOG_0000/.

[48]《永乐大典》卷九〇三至卷九〇四"诗"字[EB/OL].[2019-08-01].https://digital.staatsbibliothek-berlin.de/werkansicht?PPN=PPN335857895X.

[49]《永乐大典》卷八二七五"兵"字[EB/OL].[2019-08-01].http://www.bl.uk/manuscripts/Viewer.aspx?ref=or_11273_f001r.

古籍影印对版本研究的助益

——兼谈"四部要籍选刊"的影印

The Contribution of Rare Book Photocopying to Edition Research——And Discussion on the Photocopying of "*Si Bu Yao Ji Xuan Kan*"

王荣鑫

摘　要：古籍影印是古籍再生性保护的一种重要方式。文章主要探讨了古籍影印与版本研究的关系，认为采用不同的影印方式(如灰度影印和位图影印)对版本研究会起到不同的作用。影响古籍影印效果的因素主要有成本、材料、生产方式、市场等。现有几种代表性的古籍影印本(如文澜阁《四库全书》、百衲本《史记》、国家图书馆出版社"国学基本典籍丛刊")，虽各有得失，但对版本研究都有一定的助益。浙江大学出版社的"四部要籍选刊"，影印出版模式独特，目前也取得了一定的成绩，但还在探索未来的努力方向。文章指出，古籍影印未来的发展重点是稀见古籍影印、回归域外汉籍影印、学术价值高的明清古籍影印、图录性工具书影印以及深度整理古籍的影印。

关键词：影印；古籍；"四部要籍选刊"；版本研究

古籍影印对版本研究有着极大的帮助：一是影印可使古籍化身千百，打破广大学者版本研究的空间限制；二是古籍原本随着时间的流逝仍在消损，部分古籍原本丧失了，影印本却保存了下来，从而打破了广大学者版本研究的时间限制。涵芬楼在"一·二八"事变中被炸毁，古籍原本损失惨重，商务印书馆的影印本保留了这批书的样貌，即为一例。

古人没有我们今天的条件，即便是号称影写、影刻的那些本子，所能保存的原本信息量也参差不齐。以前要判断一种书的面貌，只能看原印本。自从有了照相技术,从事版本研究的人将之用于版本样貌的记录,进而就有了影印。影印本身也在随着拍照和印刷技术的发展而不断发展。近代以来的前辈学人和出版人,在影印古籍方面做了很多工作,很多影印本已经成为古典学术研究中普遍使用的工具。民国期间商务印书馆、世界书局等机构影印的一批主干典籍,以及新中国成立以后中华书局、上海古籍出版社及国家图书馆出版社(及其前身)所做的这方面的努力,均值得称道。本文拟探讨古籍影印与版本研究、影印本在版本研究中的应用、影印古籍的未来发展空间等问题。

一、古籍影印与版本研究

(一)灰度与位图影印之争——影印理念之别

使影印本最大限度地接近古籍原貌,是影印出版者共同的追求。但到底怎样才算更"接近古籍原貌"?这是争论的焦点。首先,要使影印100%呈现古籍原貌是不可能的。原因在于:无论使用怎样高端的设备、精妙的图片处理手段及先进的印刷技术,影印本与古籍原本都会存在一定的差别。影印造成古籍原本信息的丢失是必然的,只不过程度不同而已。其次,古籍本身是一个变体,"古籍原貌"本身也是一个多解的概念。试以宋版书为例,宋版书的原本在宋代和在当代是不一样的。历经千年,纸张会变黄,会有虫蛀的现象,字迹也会漫漶。现在我们对于宋版书原貌的所有描述,都是基于我们的推测。发黄、虫蛀、漫漶,这些都是我们能确定的当下的"古籍原貌"。即使某册宋版书保存完好,洁白如棉,我们也难说现在的洁白与宋代新印出时的洁白程度一样。那么我们常说的"留真"是留哪个真呢?我们说的保留"原貌"又是保留哪种原貌呢?

古书在古代的所谓"原貌",如今已不可知,可知的只有古籍今天的样貌和我们对它们过去面貌的推测。为此,从科学精神出发,我们要尽量减少人为因素的介入,影印古籍时应当以当下古籍的面貌为基准去"接近古籍原貌"。但在古籍影印技术传入中国之初,影印理念却并不统一。影印出版人理念的分歧,就反映在影印技术的选择上。一部分人认为应该接近古书最初的样子,即"修旧如新",印出来白纸黑字,也就是"位图影印";另一部分人则认为应该接近书在当下的样子,即"修旧如旧",保留原书的底色、虫蛀、漫漶等,也就是我们说的"灰度影印"。

两相对比,中国古籍影印事业兴起一百多年来,位图影印一直占据着影印市场的主流。石印技术和照相技术在近代由欧洲传来,是古籍影印产生的技术基础。较早将这些技术大量应用于中国古代典籍影印的,则是日本人。黎庶昌、张元济等近代古籍影印的先驱者,其实很大程度上是受日本古籍影印的影响。但他们在影印实践中却选择了一种与日本人有一定差别的方式。日本自影印技术产生至今,灰度影印一直占据主流,而中国近代的古籍影印则大多选择了位图影印。这种选择是基于对中国读书人心理的揣摩,也在一定程度上影响了读书人的心理。我国早期的影印出版者认为读书人会更喜欢"修旧如新",而读书人也在长久接受这种影印本之后,默认了影印古籍"修旧如新"的方式,从而使位图影印成为影印的主流,一直延续至今。

一般人认为,影印古籍只需要做两个工作:第一步是拍照片,第二步是把照片印出来。很多人意识不到还需要做大量的工作,尤其是需要进行艰难的修图工作。以往印白纸黑字时须在胶片上涂抹掉很多东西,如今则是在 Photoshop 上涂抹掉很多东西。一些比较细的笔画,在原本上隐约可见,在影印本上也因为调整对比度而消失了。在不同理念的指导下,不同的古籍影印者即便从同一家图书馆获取同样的古籍照片,制作出的影印本也会有很大的差别。影印本的行款、内容当然还是一样,但是刻字特点、笔迹深浅的变化、虫眼等信息,就有很大差别了。

近年来,在我国灰度影印的书多起来。但是,尽管灰度影印保留了更多的信息而方便了版本研究,而从界面友好程度和方便阅读的角度看,还是位图影印更胜一筹,所以位图影印仍然十分常见。出版人需要从影印底本的稀缺性和目标读者的需求出发,来决定是选择灰度影印还是选择位图影印。

(二)"修旧如旧,难仍其旧"——影响影印效果的不同因素

除影印理念的区别外,古籍影印的实践还受到多种因素的影响。

1.成本因素

从古籍原貌的呈现度上说,彩印要比灰度和位图有优势,这是一个共识。但从近代出现古籍影印至今,彩印古籍都在少数,原因就在于彩印的成本太高。如《中华再造善本》影印时原计划是彩印、精装,后来因为种种原因,改为线装,少量彩印,大部分黑白印。可见,不能单纯追求逼真,也需要考虑实际成本。

2.材料因素

近年浙江大学出版社陆续影印出版了"四部要籍选刊",重庆师顾堂也陆续影印出版了"师顾堂丛书"。这两套丛书的影印理念是很接近的,大部分是位图印刷,方便读者阅读。但因为纸张不同①、修图原则不同、市场定位不同,两套书的效果还是有着明显差别的。总体而言,"师顾堂丛书"的呈现度更高,更多地保

---

① "四部要籍选刊"采用的是 80g 米黄双胶纸,据我所知"师顾堂丛书"大部分用的是 80g 东方书纸。

留了原刻的笔锋。"四部要籍选刊"纸张偏黄,更有古意,成本相对低廉,目的是降低定价、方便更多的学生和非专业文史爱好者购买。

3.生产方式因素

油墨、印刷机、印刷等生产方式因素,对影印效果也都有着重要的影响。浙江大学出版社影印《宋画全集》和《元画全集》,除专门订购了德国优丽纸(一种特殊的哑粉纸)之外,还采用了比较好的油墨,印出的书画作品明显更有精气神,也就是更接近作品原貌。而由于调频印刷的特点限制,前500张印制效果略差,所以前500张全部废弃,专门用以调试印刷机。这两部书成品总共2000套,实际每个印张印了2500张,五分之一的影印成本废弃了。拿五分之一的产品来做调试,一般的机构达不到这样的条件。而没有这成本高昂的调试,印制效果也不会这么好。

又如过云楼旧藏的宋本《锦绣万花谷》,该书被江苏凤凰出版传媒集团购买,并曾在萧山古籍印刷厂原大四色宣纸线装影印。笔者在萧山古籍印刷厂看到样书,觉得其效果远远好于常见的影印古籍。后来又在苏州博物馆看到这套《锦绣万花谷》的原本,方知尽管影印本已做得非常精美,但仍与原本相去甚远。原本纸张的柔和性,字迹与纸张令人舒服的层次关系,影印本都不具备。

4.市场因素

常有读者向出版社推荐影印某种古籍,本意甚好,大多数情况下推荐的也确实是好书,但是绝大多数无法付诸出版。原因在于古籍影印的市场非常小,如果没有国家或者其他方面的资金支持,读者对印装用料与"价位合理"又有较高的预期,都会面临经费掣肘的困境。作为古籍编辑,既要从影印古籍的使用者角度考虑,也需要考虑古籍影印的市场问题。

古籍影印有助于学者掌握版本信息,推动版本学研究的发展,因此有必要大力倡导古籍影印工作。但在当前和可预见的未来的技术条件下,不可否认,影印本与古籍原本还是存在必然的差别。影印本除了提供查看版式、字迹和校勘异文等便利,版本学研究所必需的纸张状况、气味、手感等物质性条件,影印本仍难具备。笔者认为要做好版本学研究,仍需要适量购藏古籍原本或去图书公藏机构接触古籍原本。在版本研究上,影印古籍是不能完全替代古籍原本的。

二、几种代表性影印本在版本研究中的应用

(一)文澜阁《四库全书》的影印与版本研究

文澜阁《四库全书》在太平天国运动中遭到破坏,所剩原抄本不足全部体量

的25%。丁丙、钱恂和张宗祥曾先后主持补抄。其中丁丙补抄所用底本基于其八千卷楼的藏本,也有其在江浙地区访求到的善本。钱恂、张宗祥补抄,则大部分以文津阁《四库全书》作为底本。经过三次补抄,文澜阁本基本成为完帙。这三次补抄各自用了不同的稿纸,加上清抄原本,实际有四种稿纸。版本研究者在研究文澜阁《四库全书》时,必须先断定其是清抄原本,还是哪一种抄本。

2004年杭州出版社自筹资金600万元开始影印文澜阁《四库全书》,经费很快捉襟见肘。后浙江省和杭州市两级政府又拨付150万元,仍难持续。2012年绿城集团注资3000万元,方使项目起死回生。2015年项目完成。杭州出版社这次影印,抹掉了原书稿纸的所有痕迹,自己设计了行格栏线,把原书的文字一条条剪切出来,贴到自己设计的行格里。这个工作是非常困难的,但价值不大,甚至起反作用。原本读者可以通过四种不同稿纸的样貌去辨别其是原本还是某次补抄,推动版本研究和校勘研究。抹去相关信息后,其对于版本研究的作用即大为降低。更为尴尬的是,影印本出版后,浙江图书馆出于古籍保护的考虑,对文澜阁《四库全书》的开放采取了更为谨慎的态度,普通读者要看馆藏的原本比以前更难了。

(二)百衲本《史记》的影印与版本研究

1936年商务印书馆所影印的百衲本《史记》,以从日本访回的黄善夫本为底本,大大推动了相关的学术研究。杜泽逊先生后来随王绍曾先生整理《百衲本二十四史校勘记》,发现商务印书馆在影印中做了大量改动(多达2000余处)。尽管大部分改动是恰当的,但不告知读者改动情况的做法还是欠妥。这归根结底是一个图书定位问题。如果读者需要的是一部差错比较少、适合阅读的《史记》,那么应该校改差错;如果读者只想看黄善夫本的面貌,那么就不应该改字。从某种意义上说,书中的差错正是黄善夫本的标志之一,改了便不能称为黄善夫本了。如果确实为了给读者提供一个差错少、适合阅读的本子,可以仿效《四部备要》做排印本。商务印书馆当年对底本改动如此之大,却不对外公布,对于今天的出版人来说不值得效法。

当代的古籍影印不再提倡在原书图片上描润和校改差错,除了呈现古籍原貌的初衷,另外的原因则在于当代的编辑水平整体上差了很多,妄改易造成新的差错。

(三)"国学基本典籍丛刊"的影印与版本研究

笔者认为,国家图书馆出版社"国学基本典籍丛刊"的影印成就总体上已超过了《四部丛刊》。虽然《四部丛刊》中的校勘成果很难超越,但是在其他方面,

"国学基本典籍丛刊"紧沿《四部丛刊》的道路行进并超越了它。从底本选择上说,两套书都坚持遴选主干典籍的较古较善之本,在当代,我们的选目基础、底本获取的容易程度已远远高于一百年前;从印制质量上说,现在的拍照、修图、印刷、装订技术自然远超当年;从发行量上说,平装的"国学基本典籍丛刊"的发行量远超当年线装的《四部丛刊》,因而它化身千百、保护古籍原本的作用也就更大;从对版本研究的帮助上说,《四部丛刊》因为改动巨大,其实是自成版本的,一般不能拿来作为研究古籍原本的材料,而"国学基本典籍丛刊"则尽量呈现古籍原貌,在当下的影印理念指导下,采用了保存信息更多的灰度印刷,所以对版本研究有更多帮助。

从以上所举三例看,古籍影印本有助于版本研究。但如果考虑不全面,利用影印本也会对版本研究造成一定的困扰。

三、"四部要籍选刊"的影印

"四部要籍选刊"是浙江大学出版社和传古楼合作的重要古籍影印项目,丛书主编蒋鹏翔曾详细介绍了这套书的策划缘起、早期运作和未来规划[1]。在此主要介绍一下传古楼与浙江大学出版社的合作模式等。

(一)"四部要籍选刊"的影印出版模式

传古楼最初与浙江大学出版社的合作就是基于学术著作的出版模式,虽然影印古籍不同于一般的学术著作,但对于一家从未涉足影印古籍的出版社来说,只要选题纳入他们熟悉的模式,就可以操作。传古楼向浙江大学出版社资助一部分资金用于图书出版的启动,并对书的图片进行修图和排版,交稿后由浙江大学出版社审读、校对并付诸出版。浙江大学出版社赠送传古楼一批样书,大部分图书仍由浙江大学出版社发行。为了方便销售,赠送传古楼的样书做成毛边本或者裸背本。出版社发行的书,在销售后按照约定向传古楼支付版税。传古楼的版税和特装本销售所得除用作工作人员薪酬外,再滚动投入后续项目中。在这种模式下,从 2011 年至今,"四部要籍选刊"在浙江大学出版社出版了 18 种,计 105 册①。

(二)"四部要籍选刊"的影印成绩

现在"四部要籍选刊"的运作方式基本趋于稳定:选目、获取底本、撰写影印说明、编制目录等辅文,由主编蒋鹏翔负责;修图排版、获取底本所需资金,由传

---

① 另有 1 种 6 册在西泠印社出版社出版,由传古楼全部包销。

古楼团队负责;出版流程、内容的编辑加工、一些必要的设计,由浙江大学出版社负责。应该说这种合作较为深入,蒋鹏翔和传古楼团队近年的努力使得浙江大学出版社在古籍影印领域得以迅速成长起来,成为小有名气的品牌。对于传古楼团队而言,浙江大学出版社在经济效益要求和选题内容的自由度等方面给予了一定优惠政策;社内对于笔者责编"四部要籍选刊"的经济效益要求和选题的通过率,也略宽松于其他图书。可以说,总体上呈现出一种共赢局面,这种共赢有经济效益上的,更多的是社会效益上的。对于笔者个人而言,尽管这套丛书是工作中极小的一部分,但对编辑个人的成长非常关键。在运作这套丛书时,笔者的市场意识、成本意识、读者意识都得到了提高,也推动了其他方面的出版工作。

(三)"四部要籍选刊"未来的努力方向

当下出版市场波谲云诡,"四部要籍选刊"能延续多少年、影印多少种,这些笔者都无法预测。笔者在本文前面部分提到的一些思考,都与这套丛书的未来规划有关。"四部要籍选刊"将坚持几个"不变"的原则:一是坚持单面影印,二是坚持选取明清精校精注本为底本,三是坚持更方便阅读的位图印刷,四是在成本允许的范围内尽量控制定价。同时,还有几个要"变"的方面:一是在选目上经、子、集都已趋于平衡,史部还很薄弱,所以要在史部上多下点功夫;二是要增加整理深度,从读者需求出发提供更多的附加值。此外,未来也面临一些亟待解决的问题,如传古楼团队和浙江大学出版社在古籍影印上人员不足,纸张和工价上涨导致成本压力越来越大,目前修图的精细程度和传古楼对生产速度的要求之间存在一定矛盾,等等。这些需要做更多工作,并请相关研究者予以指导。

四、古籍影印的未来发展重点

《四库全书》现存各阁本的影印本,以及《四库全书存目丛书》《四库禁毁书丛刊》《四库未收书辑刊》《续修四库全书》,共同编织起一张巨大的网,常用典籍几乎被全部网罗其中。各大图书馆出版的"馆藏珍本丛刊""未刊稿本丛刊"等,几乎也穷尽了公藏机构的古籍。日本、美国、韩国的一些大图书馆所藏汉籍,已经被陆续影印回来。"国学基本典籍丛刊"以小、快、灵的方式,迅速占领了广大学者的书架。国内外图书馆电子图像逐渐免费公布,电子图像获取越发容易……在目前这种状况下,古籍影印还有多少空间?笔者认为,古籍影印的发展空间日渐缩小是肯定的,但仍有足够的作为空间。

(一)稀见古籍的影印

目前我国古籍普查尚未完全结束,在普查过程中还不断有此前未知的珍本、善本被发掘出来,这些仍可通过影印的形式向社会披露。另有很多珍本、善本藏于私人藏家手中,这些资源更难为学者所利用,如能将私人藏品中价值较高的古籍陆续影印出来,亦是嘉惠学林之举。

(二)回归域外汉籍的影印

国内馆藏的家底目前还没有摸清,国外机构所藏汉籍的家底也尚不清楚,海外汉籍回归仍然有很多工作要做。笔者2016年奉浙江大学出版社之命调研普林斯顿大学图书馆藏汉籍状况,拟将其中有价值的部分影印回来。后得知普林斯顿大学藏有9部宋元版汉籍,经查《普林斯顿大学葛思德东方图书馆所藏中文善本书目》,得出的数据与此大致吻合。9部宋元版古籍可以影印出版一套丛书,如果深入详细地排查该馆所藏明清版古籍,也可能有不少精品。然而直至现在,由于很多复杂的原因,影印方案至今没有实现。但这给了我们新的启示,说明域外汉籍以影印的形式回归还有可为的空间,且一定能对版本研究产生积极作用。

(三)学术价值较高的明清古籍影印

无论是过去的《四部丛刊》还是现在的"国学基本典籍丛刊",都尽量甄选较古版本作为底本,所以其底本以宋元本居多。这很大程度上也是因为民国期间的商务印书馆及现在的国家图书馆出版社在底本获取上有优势,一般出版机构很难做到。除了宋元本,明清两朝的版本值得影印的也较多。

一方面,明清时期的初刻本、初印本、稿本、较好的抄本有其影印的价值;另一方面,许多传世典籍到明清两代,特别是清代的乾嘉时期,得到了精当的校勘和深入准确的注释,张之洞称之为"国朝人之精校精注本"。"四部要籍选刊"的选目原则,便是选取明清两朝后出转精的本子。这些版本文物价值没有那么大,但学术价值却未见得就低于宋元本。

另外,清乾隆以后产生的著作,未能列入《四库全书》,有的通过当代影印《续修四库全书》得以传世。但《续修四库全书》体量太大,不单独发行,一般人难以购藏。从中选取价值较大的本子单行影印,也是不错的切入点,如王先谦《荀子集解》等。

版本特征的部分流变能通过观察不同时代刻本的样貌感受出来,很多信息可以通过影印本来呈现。从版本特征上说,宋元以至晚清,版式、行款、字体必然有一个渐变的过程,影印不同时期的作品可以使读者对版刻风气的流变产生比较直观的感受。从书籍史的角度看,明代、清代的刻书与宋代、元代有着诸多不同,除了匠体字的日趋成熟,还有很多书籍史的细节可以通过影印本呈现。如辛德勇在《翻书说故事》里专门有一篇文章探讨"捺印本",其中一节讲到徐乾学曾印了一批《通志堂经解》的单行本来送人,单行本与丛书本其实是同一块板子,只是捺去了书口的"通志堂"字样。通过观察"捺印本"的影印件,我们能够感知一段鲜活的印刷史,窥见当时文人的一种交往方式。

(四)图录性工具书的影印

《中国版刻图录》《明代版本图录》《清代版本图录》等使用非常普遍、指导性很强的版本图录,已出版问世较久。当时的拍照、修图、印刷技术,与今天不可同日而语,且当时多采用线装,既不利于反复翻阅,又因为价昂而不利于传播。笔者曾以500元从杭州通雅轩购得《清代版本图录》,此价格尚可承受。至于《中国版刻图录》,购入一套需要数万元,一般的读者是很难负担的。如果对这几种图录进行修订,重新拍照、修图、彩色印刷、硬壳精装,效果可能要好于先前的做法。在使用《清代版本图录》的过程中,笔者曾设想联系贾二强先生主持修订该书,但至今未能付诸实施,近来听说已有同行在策划实施,值得期待。

(五)深度整理古籍的影印

乔秀岩先生在《文献学读书记》中说,影印的每一种书都应该详加校勘。这虽然是理想化的要求,但是增加整理深度应该是古籍影印的一个增长点。"师顾堂丛书"、广西师范大学出版社的"蛾术丛书"的部分产品在影印时进行了校勘,将校勘记附在书后。即使不能校勘,附上人名、地名、书名等必要的索引也是整理深度增加的表现,至少也要附上交代版本源流、介绍底本出处和特点的出版说明。总之,影印出版要为读者提供更全面的服务,简单的扫描付印模式不值得提倡。可以说整理越深,对版本研究的帮助也就越大。

(王荣鑫,浙江大学出版社编辑)

参考文献:

[1] 蒋鹏翔."四部要籍选刊"的过去与将来[N].中华读书报,2015-12-30(19).

上海中医药大学图书馆古籍影印工作述略

A Brief Introduction of Ancient Book Photocopying in the Library of Shanghai University of Traditional Chinese Medicine

陈　腾

摘　要："上海中医药大学图书馆藏珍本古籍丛刊"第一辑影印出版了五种版刻年代较早、存世数量稀少的古籍：《重刊巢氏诸病源候总论》《素问钞补正》《新刻全补医方便懦》《局方发挥》《丹溪心法类集》。本文以提要形式分别介绍五种医籍的撰者行实，概述文本内容，考辨版本源流与递藏关系。

关键词："上海中医药大学图书馆藏珍本古籍丛刊"；中医古籍；影印

　　近代以来，中医药学术研究屡甄新境，可谓医灯传焰，历尽劫灰，又如老树着花，益焕光彩。中医药学术成果的创获，端赖于学术理念的革新与研究方法的改进，也获益于文献材料的扩充丰富。所谓文献材料的扩充丰富，不仅包括出土发现的古医药文化资源，也包括广大再生性中医药古籍。影印出版是古籍再生性保护工作的重要内容，国内外各大公藏单位的中医药典籍，近年陆续以高清画质的影印方式，进入中国的学术场域。昔之灵兰秘典，今则化身千百，传本扬学，嘉惠杏林。

　　上海中医药大学图书馆拟分批影印出版馆藏珍贵古籍二十余种，为中医药研究提供再造善本，实现中医古籍的再生性保护。"上海中医药大学图书馆藏珍本古籍丛刊"第一辑于2018年5月出版。这套丛书选择了五种版本年代早、内容完整、校勘精细的古籍进行影印，书前冠以笔者撰写的五种提要，对撰者行实与文本内容略作概述,区分古籍原刻、翻刻与初印、后印,系统考察版本源流,并揭示了古籍实物的递藏关系。

一、《重刊巢氏诸病源候总论》

《重刊巢氏诸病源候总论》五十卷,隋巢元方撰,明嘉靖间汪氏主一斋刻方东云聚奎堂印本。一函六册。竹纸。线装。半页十行,行十九字。白口,白鱼尾,左右双边,版心下方间有刻工名。版框高18.1厘米,宽11.8厘米。首为宋绶序,次为纲目与目录,卷端题"隋太医博士巢元方撰/明新安汪济川方矿校",潘喜陶批。

巢元方之生平史志鲜载,唯《开河记》载有其治愈开河都护麻叔谋风逆事。陈梦赉《中国历代名医传》云,巢元方为隋代京兆华阴(今属陕西)人,大业年间授太医博士,后擢升太医令[1]。

《诸病源候论》是我国第一部病因证候学专著。据段逸山《诸病源候论通检》统计,全书分七十一类,计一千七百三十九论[2]。巢元方总结了隋以前的医学成就,根据《内经》的基本理论阐发病因病机,对中风、虚劳、伤寒、温热诸证论述尤详。该书深受历代医家重视,唐代王焘《外台秘要方》对其多有引用,宋代太医局则用以课试生徒。《四库全书总目》云:"盖其时去古未远,汉以来经方脉论,存者尚多,又裒集众长,共相讨论,故其言深密精邃,非后人之所能及。《内经》以下,自张机、王叔和、葛洪数家书外,此为最古。究其旨要,亦可云证治之津梁矣。"[3]859吕思勉《医籍知津》谓此书乃古代医论之渊薮,以儒家之书譬之,犹孔颖达之义疏[4]。

《诸病源候论》之北宋天圣五年(1027)国子监刻本已经失传,现存最早的版本为南宋刻本,日本宫内厅书陵部藏。其次为元刻本,国家图书馆和北京大学图书馆藏。宋元刻本皆已影印出版。至于明代刻本,因卷端题署之异,所见有以下三种,即"明新安汪济川方矿校""明新安汪济川江瓘校""明新安吴勉学师古校",分别简称方本、江本、吴本。山本惟允《诸病源候论解题》认为江本与方本版式相同,"文亦不差一字。方矿未详何人,且汪与江共刻此书,无复刻之理。意是书估欲其易售,妄改校者姓名耳"[5]504。学者多据此以江本、方本为同版。《经籍访古志》卷八云:"又有汪济川方矿校本及吴勉学校本,俱重刊前刻者。"[6]所谓前刻,即汪济川江瓘校本。学者或据此以方本、吴本为二刻。经审辨,江本、方本与吴本实为同一刻本之不同印本。

方本乃《四库全书》缮录底本,目录页末有牌记:"歙方东云/处敬校刊/于聚奎堂"，江本目录末页牌记则作"歙岩县汪氏／主一斋校刊"。上海中医药大学图书馆所藏明刻本即为方本，然无牌记，间有补版、抄配。此书目录页末有朱批："巢元方，隋时名工，其书有法无方，后附《养生方》，皆外治法。顷阅《内经素问》《灵枢》《难经》并《金匮》，诸症方药，合参细校，方能有得，学者勿以泛论置之。海昌潘喜陶识。"钤有"海宁陈鳣观"（朱长）、"仲鱼图像"（朱方）、"陈仲鱼家图书"（白长）、"得此书费辛苦后之人其鉴我"（白长）、"简庄艺文"（朱长）、"醉经阁"（白方）、"沔彼"（朱圆）、"潘喜陶印信长寿"（白方）、"隋太医巢元方之后"（朱方）、"巢凤初"（朱长）、"凤初平生珍赏"（朱长）、"巢念脩藏"（白方）等印。山本惟允云："此书成于隋而晦于唐，经五代而显于宋，以不得泯于千载之后也，抑或奇哉。"[5]499此明刻本经陈鳣、冯云濠、潘喜陶递藏，后归中医世家孟河巢氏，而孟河巢氏正视己为"隋太医巢元方之后"，堪称书林佳话。

二、《素问钞补正》

《素问钞补正》十二卷，附《滑氏诊家枢要》一卷，唐王冰注、元滑寿抄、明丁瓒撰，明刻本。一函四册。竹纸。金镶玉装。两节版，上栏半页二十行，行二字，版框高1厘米，宽13.7厘米；下栏半页十行，行二十二字，小字双行同，版框高18.1厘米，宽13.7厘米。白口，单黑鱼尾，四周单边。首为嘉靖己丑年（八年，1529）丁瓒序，次为凡例与目录，卷端题"唐太仆启玄子王冰注／元许昌滑寿伯仁钞并注／后学温守京口点白子丁瓒补正／永嘉医生王宫辑录"，佚名批点。

滑寿，字伯仁，自号撄宁生，襄城（今属河南）人，先从王居中学医，后从高洞阳学针灸。滑寿对《素问》原书删繁去冗，节要类编，成《读素问钞》两卷，凡十二类。卷上为藏象、经度、脉候、病能，卷中为摄生、论治、色诊、针刺，卷下为阴阳、标本、运气、汇萃，书末附补遗一篇。《读素问钞》钩玄撮要，颇便后学，汪机赞曰："非深于岐黄之学者不能也。"[7]

丁瓒，字点白，镇江（今属江苏）人，正德十二年（1517）进士，官至温州府知府。时医或病《素问》之隐赜，或病《素问钞》之亥豕。丁瓒遂取其抄本，重为补正，成《素问钞补正》十二卷。《素问钞补正》悉依旧例，滑氏注文，标以"滑云"；丁氏增益者，加圈以别之。又以《五运六气主客图》并《诊家枢要》附列于后。

《素问钞补正》的最早版本为嘉靖八年（1529）刻本，上海图书馆与宁波天一阁博物馆有藏。嘉靖本十行二十二字，上下黑口，双黑鱼尾，四周双边。《四库存目丛书》子部第三十八册据上图藏本影印。此书另有明刻本，日本内阁文库与上海中医药大学图书馆有藏，二者同板。内阁文库藏本内封署大字书名"新刊官板补注/黄帝内经素问",中有小字"万历甲申夏月周氏对峰刊行"。内阁文库依此将版本项著录为明万历十二年(1584)周对峰刻本。周对峰即周曰校,明万历间金陵人,书坊名为万卷楼。此内封文字实属明万历间周曰校刻《重广补注黄帝内经素问》所题,内阁本有此,或系误装。审慎起见,依《中国古籍善本书目》之旧,仅定上海中医药大学图书馆藏本为明刻本。

此本经佚名圈点,并有朱批、墨批,钤有国立暨南大学、复旦大学与上海中医药大学之图书馆藏章。原书经过修复,加衬改装金镶玉,分装四册,今合印为两册。

三、《新刻全补医方便懦》

《新刻全补医方便懦》三卷,题金李杲撰,明万历间书林乔山堂刻本。一函三册。竹纸。金镶玉装。半页十行,行二十五字。白口,单黑鱼尾,四周单边。版框高19厘米,宽12厘米。内封题"乔山书舍/精镌全补医方便懦/太医院校刊"。卷端题"东垣李杲撰辑/后学吴望皋校正/书林乔山堂刊行"。

李杲(1180—1251),字明之,晚年自号东垣老人,真定(今河北正定)人。李杲幼从张元素学医,尽得其法,创脾胃学说,是易水学派的代表人物。东垣之学对后世影响深远,坊刻医书多有伪托其名而行世者,《新刻全补医方便懦》即其例。

本书主要汇集明代流行之药性、医方歌诀,易诵易记,属医学入门读物。卷一首论脉法,次记伤寒、风寒暑湿疟痢、咳嗽、霍乱、水肿、宿食等内科病的证治与方药,另记妇人、小儿诸病证治及外用膏药方;卷二载二百四十首药性歌及经络脏腑补泄、温凉、引经歌诀等;卷三为生死歌诀篇,分上、中、下三篇,录《内经》《难经》诸书脉义,重视辨脉,阐发脉理。

明代万历间建阳刘氏书坊乔山堂刊刻医书甚多[8,9],然乔山堂刻本《医方便懦》存世极罕。台湾"故宫博物院"藏日本抄本,底本为明书林乔山堂本,仅存卷一。日本内阁文库藏明万历间书林乔山堂刻本,仅存卷一、卷二,卷首无扉页,前数十页亦有缺损。《海外中医珍善本古籍丛刊》所收《医方便懦》,乃据内阁文库藏本影印,首卷第一至十三页据本书补,又缺第十七、十八页。

本书卷端钤有"森氏""愚斋图书馆藏"朱文方印,可见曾经森立之、盛宣怀递藏。原书经过托裱镶衬,分装三册,现合订为一册。

四、《局方发挥》

《局方发挥》一卷,元朱震亨撰,明刻本,一函一册。白棉纸。金镶玉装。半页十行,行十七字。黑口,双逆黑鱼尾,四周双边。版框高 16.5 厘米,宽 10.3 厘米。卷端题"金华朱彦修撰"。清翁大年跋。

朱震亨(1281—1358),字彦修,义乌(今属浙江)人,以世居丹溪,学者尊称其为丹溪先生。初从许谦学儒,后改业务医,师事罗知悌,得刘守真之再传,旁通张从正、李杲二家之学说,终成金元医学之集大成者。赵良仁、戴思恭、刘叔渊、徐彦纯、王履、虞诚斋等及门弟子从不同角度将丹溪学说发扬光大,形成了医学史上著名的丹溪学派[10]。

《太平惠民合剂局方》自南宋高宗绍兴二十一年(1151)颁行以后,"官府守之以为法,医门传之以为业,病者持之以立命,世人习之以成俗"。朱丹溪病其"别无病源医论,止于各方条述证候",加之世人"集前人已效之方,应今人无限之病",乃作《局方发挥》,驳正救弊。《局方发挥》成书于元至正七年(1347),大旨为辟温补、戒燥热、倡滋阴。全书针对香燥方药等问题,广设问答,前后三十一条,多方辩难,分析利害,阐发辨证论治之精神。

在中国医学史上,《局方发挥》的刊刻与流传具有重要的历史意义。《四库全书简明目录》云:"古之医家各明一义而已,其分别门户以相攻者,则自此书始。"[11]《四库全书总目》云:"医之门户分于金元。"其重要标志之一即"丹溪之学与宣和局方之争"。《太平惠民合剂局方》一书"盛行于宋元之间,至震亨《局方发挥》出,而医学始一变也"[3]865。

上海中医药大学图书馆藏明刻本《局方发挥》,新制书衣贴洒金书签,上有翁大年题签及"伯翁"白文长方印。旧书衣有篆文"拜经楼"云纹拱花印。卷端钤印:"拜经楼吴氏藏书"(朱方)、"吴兴刘氏嘉业堂藏书记"(朱长)、"求恕斋"(朱长)。是书先后为吴骞、翁大年、刘承幹珍藏,《嘉业堂藏书志》著录。书末有翁大年跋:"《局方发挥》一卷,金华朱彦修撰;《内外伤辨》三卷,东垣老人李杲撰。系拜经楼旧藏书也。巾箱本,黑口板,每页廿行,行十七字,与孙渊如前辈所藏《兰室秘藏》三卷元椠本同。道光二十五年夏日,叔均翁大年。"是书原与《内外伤辨》合装一册,现已分装,其版式精美,字体遒劲,名家题跋,至可宝爱。

五、《丹溪心法类集》

《丹溪心法类集》四卷,明杨珣撰,明正德三年(1508)卢翊刻本。一函四册。白棉纸。线装。半页九行,行十八字。黑口,黑鱼尾,四周双边。版框高 20.3 厘米,宽 13.5 厘米。首为明正德三年卢翊序,次为总目,卷端题"长安后学恒斋杨珣类集/吴陵后学刘勋校正"。

杨珣,字楚玉,号恒斋,长安(今陕西西安)人,曾任职太医院,撰有《针灸详说》《针灸集书》等书。丹溪弟子戴思恭,再传弟子蒋用文、盛寅、赵友同等,先后任职太医院[12]。杨珣接受丹溪之学,裒集丹溪遗文,吸收戴思恭等论述,编成《丹溪心法类集》四卷,刊于陕西,简称陕本。《丹溪心法类集》书凡四卷,题为春、夏、秋、冬四集。卷一冠以七篇医论,分别为《本草衍义补遗》《十二经见证》《不治已病治未病》《亢则害承乃制》《审察病机无失气宜》《能合色脉可以万全》《治病必求其本》;卷二至四录各科病证一百零六门,每一病证,先记丹溪先生原论,次述戴思恭论述及方药,如网在纲,有条不紊。丹溪学说之微言精义于此最详。书中所记八味丸、大补阴丸、越鞠丸等名方,至今仍广泛应用于临证。

陕本为《丹溪心法类集》最早刊本[13]。然陕本已佚,现存其重刻本,即正德三年(1508)卢翊于桂林"订正亥豕,节取羡廪,市板饷工,易书重刻"之本,简称桂本。卢翊,明直隶常熟(今属江苏)人,字凤翀,号玉渠,弘治三年(1490)进士,授新谕令,广西右布政使。桂本存世珍罕,弥足珍贵,国内仅见国家图书馆和上海中医药大学图书馆两地有藏。

难能可贵的是,此藏本钤有"钱王孙""字云士"白文方印。钱汝霖(1618—1689),本姓何,初名青,字云士,亦作"云粗",海盐(今属浙江)人。明末诸生,明亡后隐居澉浦紫云村,学行敦笃,世称紫云先生,又曰商隐先生。有《紫云遗稿》。今将商隐先生旧藏桂本影印行世,卢序第三页佚,据上海中医药大学图书馆藏日本影抄本补。

(陈腾,上海中医药大学图书馆馆员)

参考文献:
[1]陈梦赉.中国历代名医传[M].北京:科学普及出版社,1987:74.
[2]段逸山.诸病源候论通检[M].上海:上海辞书出版社,2008:前言3.
[3]永瑢,等.四库全书总目[M].北京:中华书局,1965.
[4]吕思勉.医籍知津[M]//吕思勉.中国文化思想史九种.上海:上海古籍出版社,2009:18.
[5]山本惟允.诸病源候论解题[M]//冈西为人.宋以前医籍考.北京:学苑出版社,2010.
[6]涩江全善,森立之.经籍访古志[M].上海:上海古籍出版社,2017:311.
[7]汪机.重集素问钞序[M]//滑寿.读素问钞.汪机,注.刻本.黄铣,1525(明嘉靖四年).
[8]谢水顺,李珽.福建古代刻书[M].福州:福建人民出版社,1997:276-282.
[9]陈国代,徐俐华.建阳书林乔山堂刘龙田刊刻书考略[J].飞天,2009(24):84-87.
[10]刘时觉,林乾良,杨观虎.丹溪学研究[M].北京:中医古籍出版社,2004:43-79.
[11]永瑢,等.四库全书简明目录[M].上海:上海古籍出版社,1985:391.
[12]方春阳.朱丹溪弟子考略[J].中华医史杂志,1984,14(4):209-211.
[13]马继兴.中医文献学[M].上海:上海科学技术出版社,1990:193.

《永乐大典》修复工程略说

A Brief Introduction of the Restoration Project of *The Yongle Encyclopedia*

胡 泊

摘 要:2002年8月,国家图书馆启动了有史以来最大规模的《永乐大典》修复工程。回顾此次修复的实施背景、状况调查、方案制定、试修工作、立项实施、修复过程及成果,对今后的珍贵文献保护修复或许可资借鉴。修复中树立的职业风范以及在组织管理、修复原则运用、具体工艺等方面取得的宝贵经验,对今后文献修复水平继续提升,也有很大的启发。

关键词:《永乐大典》;修复;国家图书馆

2002年,在《永乐大典》(以下简称《大典》)纂修600周年之际,国家图书馆藏《大典》修复工程在国家图书馆拉开序幕。回顾此次修复的实施背景、状况调查、方案制定、试修工作、立项实施和修复过程、修复成果、修复经验,对今后的珍贵文献保护修复或许可资借鉴。

一、修复工程实施背景

《大典》是明代永乐皇帝命内阁首辅解缙等人编纂的大型类书,成书11095册,保存了我国上自先秦、下迄明初的典籍七八千种,为中国古代规模最大的百科全书。作为皇家藏书,其不但内容丰富,而且装帧华美,堪称我国古代书籍设计制作的典范。《大典》自成书以来命运多舛,屡经浩劫,入藏时大都存在轻重不等的破损问题。2002年初,国家图书馆决定对馆藏《大典》开展保护性修复。在对修复方案进行了反复论证和试修后,2002年8月,国家图书馆启动了有史以来最大规模的《大典》修复工程。修复组攻克了多项技术难题,终于圆满完成了修复任务,修复后的《大典》恢复了原本的宏大、庄严的风貌。2018年9月,"旷世宏编　文献大成——国家图书馆藏《永乐大典》文献展"开展时,参与修复的老同志看到展柜中自己曾经用心血延续其生命的《大典》,无不眼含热泪。作为修复组中的晚辈,我也为当年前辈精湛的技艺和背后所饱含的职业精神所震撼。笔者只能用文字对当年的工作历程加以回溯,共享一段妙手仁心共铸书魂的往事。

早在20世纪20年代,京师图书馆(国家图书馆前身)对《大典》修复工作即有所开展,但受当时人力物力条件所限,只是小规模地零散修复。在1926年至1948年间的文献修复组善本书修复档案中,共有7条《大典》修复交接记录,涉及27册另1页。此后30余年则未再见相关修复记录,修复工作基本搁置。直至1983年,当时山东掖县发现的一册《大典》入藏北京图书馆,因破损状况严重,修整组(2000年后改称修复组)的肖顺华师傅受命对该册《大典》进行修复。

2002年,随着"中华再造善本工程"的开展,《大典》的仿真复制工作开始实施。在扫描制版的过程中,发现馆藏部分《大典》破损情况比较严重,如不修复,可能导致破损状况进一步恶化。由此,尽快对《大典》开展大规模系统性修复变得愈加迫切。

二、状况调查

鉴于《大典》在世界文化史上的重要地位,善本部对《大典》的保存状况和破损情况进行调查。

调查中发现,几乎所有书籍都存在不同程度的破损。破损类型包括火烬、水渍、缺损、撕裂、黏结剂失效等。其中,没有书皮的3册,原有书皮但书皮脱落的61册,书皮残缺一半的5册,书皮纸板由于浆糊失效已完全软化的5册。另外书口开裂的15册,天头部分整册缺损近5厘米的1册,有人为损坏破洞的1册。而在前人修复过的40册中,有3册被全书托裱;有8册被改为线装,3册被改装为蓝皮;19册书皮所用丝织品材料被更换,并且颜色呈暗红色;有3册换成了纸质书皮。

三、方案制定

根据上述调研情况,修复人员制定了修复方案。

1.修复原则

修复人员认为,《大典》的修复工作除坚持"可逆性原则""可区分原则""最小干预原则"外,突出强调了"整旧如旧"原则,也就是对古籍进行整理和修复后使其尽量保持原始面貌。

"整旧如旧"作为一个原则,一种观念,在古籍修复领域内早已被确立下来,但具体运用时却因人、因书而存在着不同的理解。就《大典》修复工作来看,这个"原貌"指哪个原貌,是修复前的现状还是初始原貌,成了当时需要明确的一个问题。明确这一点,对于确定修复工作所要达到的目标效果,以及选择修复材料、设计工艺流程都是非常重要的。

修复人员仔细分析调查结果后认为,《大典》虽然多有破损,也存在大量前人修复痕迹,但主体部分书册仍然保留了明代成书时的原貌,为《大典》复原提供了参照。同时,在前人修复过的《大典》中,有些改换了书皮,有些彻底改变了装帧,这些改变不仅会对后续研究造成干扰,有些修复材料甚至会加剧书页老化,这对《大典》今后的保护和研究都是不利的,不宜继续保留。修复组经过反复研究后认为,《大典》修复时应以未修复过的书册为样本,全面恢复《大典》原貌。

2.修复细则

大的原则明确后,修复组又根据《大典》的具体破损情况进一步制定了修复工作细则:

(1)鉴于《大典》大多数书衣为四角损坏,因此在修复时不必将书衣拆开,更不要将丝织品从纸板上揭下来,只需局部修补完整即可。

(2)对于前人修复使用的酸性和霉变纸板要进行撤换,选择 pH 值为中性的手工宣纸托裱配制。

(3)为保持书籍原貌,尽量在不拆掉纸捻的情况下完成修复工作。这一原则适用于仅书皮有破损或书皮脱离书芯的《大典》。这样的书,书芯基本完好,只对书皮进行修复,可保留书芯的原始状态,是最佳选择。

(4)烬余痕迹是《大典》经历浩劫的标志,在修复过程中要尽量保留下来。

(5)修复时,要严格控制水的用量,以防版框和栏线遇水后洇化。

(6)不描栏、补字。

(7)书籍上面的旧有装订材料,凡是没有损坏的,要继续使用,不得更换。

(8)对于前人修复过但没有改变原始基本形貌,只是在局部外观上与样本存在差异的书册,不再进行以"复原"为目标的修复。

(9)对于前人修复过但已经改变了原始装帧形式的《大典》,按原始装帧形式改回。

（10）建立修复档案，记录修复前后的文献破损形态，利用现代仪器设备对文献载体材料进行检测，以检测数据为依据制定出科学的修复与保护方案。

四、试修工作

修复方案上报后，经批准，修复组首先试修一册。试修由当时担任修复组组长的杜伟生牵头。

随着试修开展，修复人员开始甄选修复材料，设计具体工艺，并逐项推进落实。如在书页补纸的选择上，修复人员认为，以本馆珍藏的"乾隆高丽纸"作为书页补纸，从纸张的外观、老化程度、纤维成分以及纸张强度、密度、厚度来看都非常合适。在修复组副组长张平等人的不懈努力下，修书衣的手工生丝织品也成功找到。修复用染料则确定全部选用高档天然国画色颜料。

工艺方面，为达到对《大典》修复效果的要求，一些往常的做法做了相应的改进，一些修复流程甚至需要开发全新的工艺。

如在修复书衣时，没有把用作书衣的丝织品从纸板上揭下来，只把破损处周围掀起1厘米左右，然后用颜色近似的丝织品修补。

修复书皮的纸板时，要把纸板分层揭开1厘米左右，把补纸插进，然后在补纸上再粘纸，直至补纸和纸板厚度相同为止。

修补书页时，创造性地使用"掏补"技术，即在不拆掉书皮和纸捻的情况下，把毛笔和补纸伸进书页中间修补书页上的破洞（图1）。选用的补纸四周用手撕

图1 掏补书页

出毛边，以减少补纸和书页互相搭接处的厚度。压平书页时，每修补8~10页，就要用宣纸夹进书页之间，用压书板把书夹住，再加重物压平。

修复人员凭借扎实的技术功底、丰富的修复经验及对修复原则、修复细则的正确把握，最终顺利完成《大典》试修，并达到了预期的修复效果(图2、图3)。

图2 《永乐大典》修复前　　　　　　图3 《永乐大典》修复后

五、修复工程立项实施

2002年4月，"《永乐大典》编纂600周年国际研讨会"在国家图书馆成功召开。这次会议对《大典》修复的正式立项和启动起到重要的推动作用。当时共有来自6个国家和地区的80多位代表参加会议，研讨内容涉及《大典》研究的各方面，而《大典》的修复和保护也是其中重要的研讨内容，并有相应的修复成果展览配合举办。

会议期间，国家图书馆就《大典》的修复问题专门组织了座谈会，征询听取业内专家的意见。座谈会上主要讨论了《大典》该不该修和怎么修的问题，专家还从多个角度对《大典》的保护方式进行了评议指导，听取了修复组关于《大典》试修情况的汇报。

座谈会以后，馆部领导听取了《大典》试修汇报和修复方案，并观摩了《大典》试修成果，经共同论证，最终批准了修复申请。2002年8月，修复工作正式开始。

六、修复过程及成果

修复档案显示，当时修复组共有9名修复人员直接参与了《大典》修复。据有关老同志回忆，由于前期准备充分，修复工作总体平稳顺利，但因《大典》为皇家藏书，开本宽大，装帧奢华，工艺复杂，为了显示皇权的至高无上，许多制作手法都是独一无二的，因此，《大典》的破损情况显得更为复杂和罕见，许多问题即便是对于身经百战的老修复师，在之前也都是未曾遇到的，这给修复工作带来了一定的考验。

如《大典》原有的书皮面板是用宣纸一层层糊成的,历经 600 年沧桑,有不少已严重糟朽软化,无法逐层分离。如用局部修补的办法,纸板软硬不均,很难平整。因此,书皮面板需要重新手工糊制。在使用"掏补"法修复《大典》书页时,由于是不拆书捻而将整册书页一起修,补几页就要停下来,否则破洞位置相同的书页就会被浆糊粘在一起。这些都无形间拖慢了修复速度,给修复工作如期完成造成不小困扰。

面对压力,修复师们团结协作,攻坚克难,一方面努力进行技术挖潜,从各个环节提高工作效率,一方面想方设法在修复室有限的空间里开辟更多工位,以便修复人员在等待书页压平时能够继续工作。大家还主动放弃工间休息,晚上推迟一个小时下班,周末还时常加班。

终于,经历 9 个多月的紧张工作,除 3 册曾整册托裱的《大典》决定不予修复外,全部修复工作完成。国家图书馆为修复完成的《大典》配置了专用书柜(图4),使《大典》有了更好的保存环境。

2018 年 9 月,"旷世宏编 文献大成——国家图书馆藏《永乐大典》文献展"在国家典籍博物馆举行,国家图书馆精选《大典》部分珍品向读者展示。笔者借此机会近距离观测了《大典》的修复效果和保存状况。通过目验,笔者看到《大典》保存状况较为良好,外观基本保持平整、方正,书页无明显褶皱;各处粘接位置牢固,未出现新的破损;修补材料颜色协调,质地、纹理也与原件有很好的匹配。可以说,15 年后,《大典》所呈现出的修复效果依然是令人满意的。事

图 4 《永乐大典》新柜

实也证明,修复人员当年对修复原则的具体运用是恰当的,选用的材料是安全的,采取的各项修复措施是长期有效的。

《大典》修复本身和巨大的宣传效应极大提升了我国文献修复的国际影响。《大典》得到有效保护的同时,修复队伍也丰富了经验。

如今，国家图书馆在藏品修复、修复室建设、人才培养、科研创新等方面都取得了巨大发展，近年相继开展了多个规格高、规模大的文献修复工程。当年在《大典》修复中树立的职业风范，以及在组织管理、修复原则运用、具体工艺等方面取得的宝贵经验，对今后文献修复水平继续提升，仍然有着巨大的启发作用。借此也向杜伟生、张平等多位参与过《大典》修复的前辈表示崇高敬意，他们用自己有限的职业生涯，为600年《大典》延年益寿，功德无量。

（胡泊，国家图书馆古籍修复师，副研究馆员）

国家图书馆藏《永乐大典》述略

A Brief Introduction of *The Yongle Encyclopedia* Collected in the National Library of China

谢德智

摘　要：《永乐大典》为明成祖永乐年间编撰的一部大型百科全书，保存了14世纪以前大量的文学、历史、哲学、宗教和应用科学等方面的丰富资料，但自成书以来便命运多舛，正本至今杳无踪迹，唯有嘉靖重录副本残留于世。国家图书馆作为收录《永乐大典》最多的机构，一直对其倾注了极大的心力，并奉之为镇馆之宝精心收藏。本文试从《永乐大典》入藏国家图书馆的历史踪迹，梳理其现存情况，并结合我馆对其价值研究和挖掘利用的探索、实践，分享未来发展的规划与感悟。

关键词：《永乐大典》；嘉靖重录副本；庋藏；辑佚；国家图书馆

作为中国古代最大的类书，《永乐大典》（以下简称《大典》）从编纂成书到现在已经有600余年。这部皇皇巨著抄成后，一直深藏皇宫，学人鲜能一睹。及至嘉靖时重抄一部，情况仍未根本改变。明清鼎革，正本失传，副本在清代续有遗失，近代更遭八国联军焚毁和劫掠，遭到毁灭性的重厄。为保护这座人类文化史上的丰碑，国家图书馆自1912年接收拨交的60册《大典》以来，一直在探寻这部伟大著作散失的踪迹，并在保存、修复、出版和数字化等方面做着深入的研究和探索，以期使这一文化遗产重现于世，并在当下发挥更好的作用。

一、《永乐大典》入藏探迹

《永乐大典》因成书于永乐年间而得名，从永乐元年（1403）筹备，到次年初成

《文献大成》，后经三千儒臣文士精心纂修，终于在永乐六年（1408）告成，定名《永乐大典》。《大典》全书22877卷，外加凡例和目录60卷，按《洪武正韵》编排，分装11095册，约3.7亿字[1]。

《大典》编成后，因卷帙浩繁，未遑刻板，仅抄写一部藏于南京文渊阁。永乐十九年（1421）北京皇宫落成，《大典》随文渊阁藏书北迁，藏于紫禁城内的文楼。嘉靖皇帝好古礼文，对《大典》殊宝爱之，常有一二帙置于书几案头供查阅。嘉靖末年，宫禁失火，明世宗为防备不虞，命阁臣儒士摹写副本，历时五年，于隆庆元年（1567）抄成。从此，正本和副本分藏于文渊阁和皇史宬。明亡之际，永乐正本不知下落，唯有嘉靖副本残留传世。

由于封建统治者的垄断，永乐正本没能在世上流传，发挥其应有的作用，嘉靖副本又历遭战火焚毁及官吏监守自盗等厄运。据清乾隆五十九年（1794）军机处上谕档，当时移至翰林院敬一亭庋藏的嘉靖副本已佚去上千册，实存9881册[2]。鸦片战争后，《大典》惨遭劫掠，散佚严重。至光绪元年（1875）重新清点时，仅存5000册左右；光绪十九年（1893），更减少到600余册[3]。光绪二十六年（1900），八国联军攻入北京，更使《大典》遭遇灭顶之灾。至宣统元年（1909）筹建京师图书馆（国家图书馆前身）时，仅剩当时被同治十三年（1874）状元、清末大臣陆润庠运回府中的64册翰林院遗本。

1912年，在主管图书馆、博物馆等部门工作的中华民国政府教育部社会教育司佥事兼第一科科长周树人（鲁迅）的建议和努力下，教育部获国务院批准，从陆润庠处将64册《大典》残本负载到部。除4册庋置于教育部图书室展览外，另60册派专差送往京师图书馆，嘱其妥为整理储藏，成为国家图书馆最早入藏的一批《大典》[4]。

《大典》送往京师图书馆后，经细心整理，储藏于善本库中。京师图书馆的员工们深感《大典》属孤本秘籍，佚而仅存，弥足珍贵。为使《大典》弘扬于世，垂之永久，京师图书馆四处征集，广为搜罗。其间，京师图书馆虽先后更名为国立北平图书馆、北京图书馆、国家图书馆，但搜集《大典》的工作从未间断，馆藏《大典》的数量也由最初的60册，逐渐增加到1934年的93册。

1931年九一八事变以后，华北局势动荡不安，政府下令将北平所贮文物南迁，以防不虞。为躲避战火，《大典》先后被运往上海（1933年，暂存于公共租界仓库）、美国（1941年，暂由美国国会图书馆代管）、北平（1941年，今藏于国家图书馆)、我国台湾(1965年,暂存于台湾"故宫博物院")①。这一切都被京师图书馆善本简明书目及当年装箱目录底册清楚地记录了下来。战火纷飞的艰难岁月,也无法阻挡爱国文化人士搜集和抢救古籍善本的脚步,在郑振铎和袁同礼等馆内外人士的通力合作下,国立北平图书馆仍从沪上采购到2册《大典》。

1949年中华人民共和国成立后,党和政府更加重视文化遗产的保护工作,《大典》的搜集工作也出现了新局面。苏联列宁格勒大学东方学系图书馆(1951年,赠还11册)、苏联国立列宁图书馆(1954年,赠还52册)、德意志民主共和国(1955年,赠还3册)、苏联科学院(1955年,赠还1册)相继赠还《大典》67册,使远离故土的《大典》重回祖国的怀抱,得以在北京图书馆团聚[5]。与此同时,饱经沧桑的《大典》也激起了海内外各界人士的爱国热情,周叔弢、赵元方、徐伯郊、商务印书馆、北京大学、广东文管会等一批爱国人士和藏书单位,纷纷献出珍藏的《大典》。

在遗赠、捐献的热潮中,《大典》的采购工作也取得了可喜的成绩。一些书商和收藏家纷纷改变了旧观念,不再把《大典》视为"家珍家宝"世代家传,而是以公平合理的价格将其售予北京图书馆及其后身国家图书馆与世人共享。最新入藏国家图书馆的1册《大典》,还是从海外回归祖国的。这册"模"字韵"湖"字号的《大典》,原藏加拿大华裔袁女士处,2007年她携《大典》回国拟寻理想安置之所时,恰与"中华古籍保护计划"启动后华东区的专家督导组偶遇,仿佛是天意,这次巧遇最终使该书归藏国家图书馆,而这一册又恰与国家图书馆原藏部分缀合,使《大典》"湖"字韵的三册合璧。

经过国立北平图书馆时期的大力搜求和中华人民共和国初期的捐献热潮,以及各时期的零星入藏,目前国家图书馆《大典》的收藏量已经达到224册,其余已知的残本仍散落在8个国家和地区的30多个单位和个人那里,存世总数有400余册,国家图书馆庋藏的《大典》总数高居各处收藏之首。

书的命运往往与国之命运相依,《大典》数千册的灰飞烟灭不过百余年时间,今日所存不过百分之三四,它的聚散离合是中华古籍的悲欢缩影,留给后人的是财富,也是警钟与责任。

---

① 多年来有一种误传,认为寄存美国、转运我国台湾的60册《大典》就是由民国教育部拨交、国家图书馆最早入藏的60册。实际情况是:国家图书馆最早入藏的60册《大典》中,有35册装箱运美,另外25册当年未运走,先存上海,后运回北平,今在国家图书馆善本库中贮藏;当年运往美国的60册《大典》中,有25册是国家图书馆后来自己采购的。

二、现存《永乐大典》概况

因永乐正本迄今未见,故国家图书馆现存之《大典》均为嘉靖重录副本。国家图书馆所藏《大典》主要来自政府拨交、本馆采访、国内外赠送等多种渠道,这也是善本古籍最常见的几种来源方式。

作为国家图书馆四大专藏之一,《大典》反映了国家图书馆善本古籍来源的一般情况。根据我们对《大典》历年入藏情况的统计,由政府拨交的比重高达73%,共计164册,多为京师图书馆时期(1912—1928)和北京图书馆期间(1949—1998,此后更名国家图书馆)调拨而得,是《大典》的主要来源;位居第二的是采访购买,占比16%,共计36册,是国立北平图书馆时期(1928—1949)《大典》入藏的主要来源;而由个人和机构捐赠而来的亦达到8%,共计17册,多见于北京图书馆时期(1949—1998)。由此可见,《大典》入藏国家图书馆的背后,无不倾注着党和政府的关怀以及各界爱国人士的不懈努力。虽然国立北平图书馆时期入藏量所占比重不大,却已是国家动荡、经费短缺的战乱时期取得的最大成绩;中华人民共和国成立后国家安定,《大典》渐次汇入国家图书馆,亦是国富民强、安定兴邦的和平年代里人类文明得以传承和弘扬的伟大功绩。

国家图书馆所藏《大典》虽为嘉靖重录副本,但明世宗在重录时,为保副本与正本一致,重录前与阁臣徐阶等周密研究,制定出严格的规章制度。誊写人员早入晚出,登记领取《大典》,并完全依照《大典》原样重录,做到内容一字不差,规格版式完全相同,每天抄写三页,不得涂改,也不允许雇人抄写。这使得嘉靖副本最大限度地保留了永乐正本的原貌,也为后世研究《大典》提供了重要的参考。

《大典》书高50厘米,宽30厘米。黄绢硬面,包背装,纸张采用以桑树皮和楮树皮为主要原料制成的皮纸,洁白柔韧。封面左上有黄绢书签,题"永乐大典"四字,下注卷第几,书签四周印蓝色双线。封面右上有黄绢蓝边方形标签,题某韵,次行题隶属该韵的册数,每册一至三卷不等。每半页框高35.5厘米,宽23.5厘米,标题为大字,半页8行;小字双行,行28字。书口有三个鱼尾:上鱼尾下题"永乐大典卷××",下端双鱼尾内题页码。边框、行线、引用书名、书口文字,以及断句圈声用的小圆圈概用红色,余皆墨色,朱墨灿然,便于查阅。作为大型类书,《大典》除将各个门类事物的首字用篆、隶、草体书写外,正文均为端正大方的楷书台阁体。书中所载器物、山川、宫宇、园艺等均有插图,插图用传统白描线条勾勒,人物景象生动逼真,工致精美。嘉靖录副时,也由画工以原图摹绘而成,这些宋元和明初绘画作品及插图的遗存,对绘画史和书籍插图史的研究也极具价值。

三、《永乐大典》的研究及利用

《大典》收书上自先秦,下迄明初,是我国古代类书中内容编纂最为繁富、卷帙规模最为宏大、历史影响最为广泛的一部,不仅对中国古籍的编纂及学术研究产生了深远影响,而且在世界文化史上也占有重要位置。作为一份人类文化遗产,《大典》既是中国的,也是世界的。研究和纪念《大典》最好的方式是科学地继承其精髓,古为今用,推陈出新,用渊薮之精华,辑古书之遗韵。

《大典》最大的贡献在于保存了我国明初以前大量文献资料。作为中国历史上辑录古籍数量最多、涉猎知识门类最广的一部类书,"凡书契以来,经史子集,百家之书,至于天文、地志、阴阳、医卜、僧道、技艺之言"均收录书中,可谓"包括宇宙之广大,统会古今之异同"[6]。《大典》不仅汇集了明永乐之前的七八千种古籍,更使宋元以前的佚文秘典多得借以保存流传。其内容无所不包,涵盖经、史、子、集四部,其中所辑录书籍,一字不易,悉照原著整部、整篇或整段分别编入,具有极高的文献保存和研究价值。而全书体例"用韵以统字,用字以系事",便于检索,这也为日后的目录学和类书体研究提供了重要的历史文献资料。

对后世而言,《大典》最大的功能就是辑佚。《四库全书总目》曾评价《大典》云:"元以前佚文秘典,世所不传者,转赖其全部全篇收入,得以排纂校订,复见于世……正不必以潦草追咎矣。"[7]因此,《大典》也被称为"辑佚的渊薮",使很多消失的典籍得以传世至今。由《大典》中辑出的佚书,不仅种类甚多,而且大都具有极高的文献价值。其中规模最大的一次辑佚工作,当在编纂《四库全书》时。乾隆三十七年(1772),安徽学政朱筠提出用《大典》辑佚,当时所辑出的书籍,计有经部66种、史部41种、子部103种、集部175种;清代著名学者邵晋涵从《大典》里辑出《旧五代史》,使得"二十四史"官修史书得以完整保全;从《大典》中辑成的《宋会要辑稿》,已经成为后世学者们研究宋代典章制度时案头必备的工具书;其他如《农桑辑要》《水经注》等脍炙人口的名著,也都是从《大典》所辑或是用《大典》校补而得。

国家图书馆自入藏《大典》以来,一直潜心《大典》的辑佚。从第一任馆长缪荃孙,到后来的袁同礼、赵万里,都对《大典》的辑佚倾注了大量心血。缪荃孙先生曾辑出《曾公遗录三卷》《明永乐顺天府志》《中兴三公年表一卷》等书,赵万里先生曾辑出《陈了翁年谱》《元一统志》《薛仁贵征辽事略》等,这使很多几近失传的典籍再现于学林。

国家图书馆对《大典》的研究并不仅仅限于辑佚,更致力于通过与学界联合,借助影印技术和信息网络挖掘《大典》，以唤醒沉睡在典籍中的文化，使之传于后世。2002年，在《大典》编纂即将迎来600周年之际，时任国家图书馆馆长任继愈先生向世界《大典》收藏单位发出呼吁：望世界各地藏书机构、收藏家群策群力，共襄盛举，拿出《大典》原书，提供拍照、再版之用，使这一文化遗产重现于世，垂之永久[8]。

经过各界人士的共同努力和几代图书馆人的呕心沥血，国家图书馆将所藏及搜集到的嘉靖本《大典》通过现代修复和印刷技术，陆续依照原书仿真出版，并在此基础上加大数字化研发力度，大大方便了各国学者的研究工作。

（谢德智，国家图书馆副研究馆员）

参考文献：
[1]张忱石.永乐大典史话[M].北京：中华书局，1986：18.
[2]中国第一历史档案馆.纂修四库全书档案[A].上海：上海古籍出版社，1997：2372.
[3]赵爱学.国家图书馆藏嘉靖本《永乐大典》来源考[J].文献，2014(3)：37.
[4]陈杏珍.北图藏明内府写本《永乐大典》述略[J].北京图书馆馆刊，1998(4)：124.
[5]陈红彦.国家图书馆藏《永乐大典》述略[C]//中国国家图书馆.《永乐大典》编纂600周年国际研讨会论文集.北京：北京图书馆出版社，2003：260.
[6]朱棣.永乐大典序[M]//钱大昕.十驾斋养新录：卷十三.上海：上海书店，1983：311-312.
[7]永瑢，等.四库全书总目[M].北京：中华书局，1965：1165.
[8]任继愈.任继愈致《永乐大典》收藏单位呼吁书[J].文津流觞，2003(4)：1.

《永乐大典》影印编年简史

A Brief Chronicle of the Photocopying of *The Yongle Encyclopedia*

赵 前

摘 要：《永乐大典》是中国古代内容浩繁、卷帙最多的大型类书。从20世纪初，中外有识之士打破传统封闭的收藏理念，将各自收藏的《永乐大典》，借助石版印刷、珂罗版印刷等技术手段影印出版。本文就百年来《永乐大典》影印情况按时间顺序进行梳理，希望能有助于读者阅览和研究者参考之需。

关键词：《永乐大典》；影印；出版

《永乐大典》（以下简称《大典》）成书于明永乐六年（1408），由太子少师姚广孝与翰林学士解缙等奉明成祖朱棣之命主持编修。全书22877卷，另有凡例、目录60卷，装订成11095册。书中保存了我国上自先秦下迄明初的经、史、子、集各种典籍资料七八千种，总字数约3.7亿，是中国古代卷帙最为浩繁、辑录最为广博的大型类书。《大典》以《洪武正韵》为纲，"用韵以统字，用字以系事"，即按韵分列单字，每一单字下注有音韵训释，且录篆、隶、楷、草各类书体。同时，对相关天文、地理、人事、名物、诗文词曲等随类收载，记于其后。《大典》所载典籍内容都是直录原文，成段成篇乃至全书收录，不易一字，因此不少珍贵文献赖此得以保存原貌。特别是元代以前世所不传之佚文秘典，由于全篇全书被收入《大典》而得以流传，且出处明晰。清代四库馆臣曾从《大典》中辑出佚书300余种，加之后世学者所辑，总数已近600种，由此可知《大典》在保存古代文献资料方面的重大价值。

可惜《大典》原稿和永乐、嘉靖二部抄本都难逃散佚厄运。目前所知,世界上仅存嘉靖抄本400余册。为了使这些残存的《大典》得以传播利用,从20世纪初,中外有识之士打破传统封闭的收藏理念,将各自收藏的《大典》,借助石版印刷、珂罗版印刷等技术手段影印出版,供世人使用和鉴赏。现按时间顺序梳理如下:

1916年

涵芬楼主人张元济先生首先将自己收藏的1册《大典》(卷四八五、卷四八六),作为《涵芬楼秘笈》十集中的第一种影印出版。韵目是"一东",卷四八五内容为"忠,忠传一",卷四八六内容为"忠,忠传二"。

1917年

罗振玉将其从日本访得的1册《大典》收入其辑成的《吉石庵丛书》(计27种)中影印出版。此册《大典》(卷一四六二八、卷一四六二九),韵目是"六暮",卷一四六二八内容为"部,吏部十五　吏部条法",卷一四六二九内容为"部,吏部十六　吏部条法"。

1926年

著名学者、教育家、藏书家傅增湘先生,将自己收藏的1册《大典》(卷二六一〇、卷二六一一),按照《大典》嘉靖抄本原样影印出版。傅先生在这册《大典》卷末写了一道跋文,不仅介绍了这两卷《大典》的内容,还介绍了其中的优劣及影印原因。此书首开按原貌影印《大典》先例,开本尺寸高50.4厘米,宽30厘米;半框尺寸高35.3厘米,宽23.6厘米。

1930年(日本昭和五年)

日本东洋文库将收藏的11卷《大典》影印出版,这11卷《大典》从卷一九四一六至卷一九四二六,按原有形式分为5册。第一册:卷一九四一六、卷一九四一七,韵目为"二十二勘",内容分别为"站,站赤一""站,站赤二"。第二册:卷一九四一八、卷一九四一九,韵目为"二十二勘",内容分别为"站,站赤三""站,站赤四"。第三册:卷一九四二〇、卷一九四二一,韵目为"二十二勘",内容分别为"站,站赤五""站,站赤六"。第四册:卷一九四二二、卷一九四二三,韵目为"二十二勘",内容分别为"站,站赤七""站,站赤八"。第五册:卷一九四二四至卷一九四二六,韵目为"二十二勘",内容分别为"站,站赤九""站,驿站一""站,驿站二"。这5册《大典》在乾隆三十八年(1773)编纂《四库全书》时曾从中抄录出《丹墀独对》《经世大典》《郭昂诗》《元玄集》《云溪居士集》等。影印出版的这5

册《大典》是"东洋文库丛刊"第一种,由东洋文库编纂并发行。此书开本尺寸高 30.8 厘米,宽 18.1 厘米;半框尺寸高 21.3 厘米,宽 13.9 厘米。书仿《大典》包背装的形式,将原封面摄影后印在黄纸上,然后粘贴于纸板作为影印本的封面。

1938 年(日本昭和十三年)

日本东洋研究会影印出版《大典》卷二六〇八、卷二六〇九。此《大典》韵目为"七皆",卷二六〇八内容为"台,御史台三",卷二六〇九内容为"台,御史台四"。另附有日本学者内藤湖南撰写的《宪台通纪考证》一书。此书是作为"东洋史研究丛刊"第三辑之一种出版的,开本尺寸高 20.3 厘米,宽 11.9 厘米;半框尺寸高 14.4 厘米,宽 9.4 厘米。书的装帧为线装形式,1 函 2 册,第一册为《大典》卷二六〇八和卷二六〇九,第二册是内藤湖南撰写的《宪台通纪考证》。

1939 年

北京人文科学研究所将收藏的《大典》卷三五八四、卷三五八五影印出版。此册《大典》的韵目是"九真",卷三五八四内容为"尊,尊名三、事韵、诗文",卷三五八五内容为"尊,追尊、事韵、姓氏等"。此书开本尺寸高 28.8 厘米,宽 19.8 厘米;半框尺寸高 22.1 厘米,宽 14.1 厘米。原书现藏台湾"中央研究院"历史语言研究所。

1959 年

中华书局将《大典》卷二三四五至卷二三四七依照嘉靖抄本原样影印出版(图1),作为中华人民共和国成立十周年献礼。此册《大典》是苏联 1954 年还给

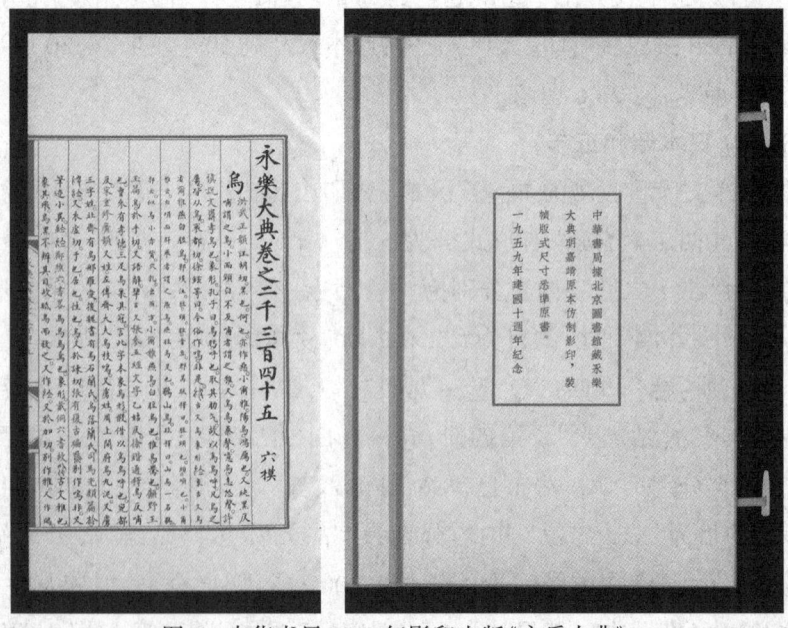

图1 中华书局 1959 年影印出版《永乐大典》

中国的。这是中华人民共和国成立后第一次将《大典》按照明嘉靖抄本原貌仿真影印出版。中华书局在出版说明中称:"这里单独选印一册(卷二三四五—二三四七),大小式样全照原书,让读者看到《永乐大典》内容的一斑和装帧的原来形式。"该册的韵目是"六模",卷二三四五内容为"乌,事韵、诗文一",卷二三四六内容为"乌,诗文二",卷二三四七内容为"乌,义乌县等"。此书开本尺寸高 50 厘米,宽 29.9 厘米;半框尺寸高 35.6 厘米,宽 23.4 厘米。装帧共分三等,售价各不相同。

1960 年

中华书局将经过长期访查搜集到的 730 卷《大典》影印出版(图 2)。这样大规模地全面系统地影印出版《大典》,是《大典》编纂完成以后的第一次。中华书局将《大典》原书缩小为线装四开本(开本尺寸高 20.2 厘米,宽 13.3 厘米;半框尺寸高 14.6 厘米,宽 9.8 厘米),书名用红色,正文为黑色,双色套印,清晰醒目。分装成 20 函,共 202 册。1982 年,中华书局又将陆续搜集到的 67 卷《大典》,仍按 1960 年的装帧形式套印出版,分装成 2 函 20 册。至此,中华书局共影印出版《大典》797 卷,全 22 函 222 册。1986 年,为了便于广大读者使用,中华书局又将 797 卷《大典》印制成 16 开精装本,并附《永乐大典目录》60 卷,共装 10 册。

图 2　中华书局 1960 年影印出版《永乐大典》

1962 年

我国台湾世界书局影印出版 742 卷《大典》(图 3),它是在 1960 年中华书局 730 卷《大典》影印本的基础上,另外加配台湾和西柏林收藏的 12 卷《大典》影印而成。世界书局影印出版的《大典》,是杨家骆主编的"中国学术名著"第四辑"类书丛编"的第一集。此集还收录了《永乐大典辑略》《影印出版永乐大典存本并前编、附编、总目》《洪武正韵》《文渊阁书目》《内阁藏书目录》《四库全书辑永乐大典本书目》《永乐大典目录考》《永乐大典考证》《永乐大典存本引书详目》《永乐大典存本引得》等 123 卷。全集共 865 卷,32 开精装本,100 册。

图 3　台湾世界书局 1962 年影印出版《永乐大典》　　图 4　日本京都大学 1973 年影印出版《永乐大典》

1973 年

日本京都大学人文科学研究所将该所收藏的《大典》1 册（卷六六五、卷六六六）按照明嘉靖抄本仿真影印出版（图 4）。该册的韵目是"一东"，卷六六五内容为"雄，南雄府二"，卷六六六内容为"雄，南雄府三"。开本尺寸高 50.5 厘米，宽 30 厘米；半框尺寸高 30.5 厘米，宽 23.5 厘米。

1980 年

上海图书馆将该馆收藏的《大典》1 册（卷七三二二至卷七三二四）按照明嘉靖抄本仿真影印出版。该册的韵目是"十八阳"，卷七三二二内容为"郎，太子司议郎等"，卷七三二三内容为"郎，文林郎等"，卷七三二四内容为"郎，宣德郎等"。

1983 年

书目文献出版社（后更名北京图书馆出版社、国家图书馆出版社）将北京图书馆（后更名国家图书馆）从山东掖县新购藏的 1 册《大典》（卷三五一八、卷三五一九）按照明嘉靖抄本仿真影印出版。其出版说明写道："北京图书馆新近入藏《永乐大典》一册。此册为真字韵门制类卷三五一八至三五一九，计两卷。原册全帙当为五十六页，现存三十九页零一角。过去各家均未著录，现由山东省掖县社员捐献给国家,实为文献工作的重要收获。为便于学术界整理与研究,我社决定将这一珍贵文献依原貌影印出版。"李致忠先生为影印此册《大典》撰写了影印本后记。此册《大典》开本尺寸高49.9厘米,宽30.1厘米;半框尺寸高35厘米,宽2.31厘米。

1985年

我国台湾大化书局出版"重编影印"《大典》,收录《大典》总计752卷,并附袁同礼《永乐大典考》等6篇文章。印成16开精装本,共装10册。

2003年

上海辞书出版社出版《海外新发现永乐大典十七卷》。此书由钱仲联先生题写书名,胡道静先生撰写书序。17卷包括:韵目"二支",卷八〇三内容为"诗,诗话四十五",卷八〇四内容为"诗,诗话四十六",卷八〇五内容为"诗,诗话四十七",卷八〇六内容为"诗,诗话四十八";韵目"十九庚",卷八五九六内容为"生,事韵七",卷八五九七内容为"生,事韵八";韵目"二纸",卷一〇一一〇内容为"纸,事韵三",卷一〇一一一内容为"纸,诗文 姓氏",卷一〇一一二内容为"只 咫 事韵、抵 抵 砥 事韵、底 事韵、厎 砥 枳 事韵、轵 疻 事韵";韵目"一送",卷一三二〇一内容为"用,财用",卷一三二〇二内容为"用,事韵一",卷一三二〇三内容为"用,事韵二";韵目"四霁",卷一四二一九内容为"相地十一,相龙法",卷一四二二〇内容为"相地十二,相龙法";韵目"九震",卷一五九五七内容为"运,佛祖统纪 法运通塞志一",卷一五九五八内容为"运,佛祖统纪 法运通塞志二";韵目"一屋",卷一九八六六内容为"竹,竹名二"。全书双色印制,16开精装本,装成1册。

2004年

国家图书馆出版社将中国国家图书馆、上海图书馆、四川大学博物馆、南京图书馆所藏《大典》163册影印出版,并附索引1册(图5)。国家图书馆出版社为了满足学术界及广大读者的多年愿望,将存世的《大典》全部按照明嘉靖抄本仿真影印出版。为了保存原书的全部信息,采用先进的扫描技术制版,并依照原书的版式规格,采用特制宣纸套色印刷,黄绢硬面,包背装,力求做到装帧考究,精致典雅。此书仅印制150套,全球发行。2014年12月20日,习近平总书记在澳门大学横琴新校区考察时,向学校赠送了一套仿真影印版《大典》和《北京大学图书馆藏稀见方志丛刊》,并现场在赠书函上签名。

图 5　国家图书馆出版社 2004 年影印出版《永乐大典》

2013 年

国家图书馆出版社按照明嘉靖抄本仿真影印出版美国哈佛燕京图书馆藏《大典》2 册(卷七七五六、卷七七五七;卷八八四一至卷八八四三)、哈佛大学贺腾图书馆藏《大典》1 册(卷九八一)。

2014 年

国家图书馆出版社按照明嘉靖抄本仿真影印出版国家图书馆新入藏的 1 册《大典》。此册《大典》为"湖"字韵,卷二二七二至卷二二七四,原书为加拿大华裔袁葰文女士所藏。同年,国家图书馆出版社又按照明嘉靖抄本仿真影印出版美国普林斯顿大学东亚图书馆葛思德文库所藏《大典》2 册(卷一四九四九、卷二〇三七三)。

2015 年

我国台湾台北万世国际股份有限公司按照明嘉靖抄本仿真影印出版原北平图书馆寄存故宫博物院的 62 册《大典》,原书现存台北"故宫博物院"。同年,国家图书馆出版社按照明嘉靖抄本仿真影印出版牛津大学博德利图书馆藏《大典》19 册及德国柏林国家图书馆藏《大典》1 册(卷七〇七八至卷七〇八〇)。

2016 年

国家图书馆出版社按照明嘉靖抄本仿真影印出版美国汉庭顿图书馆藏《大典》1 册(卷一〇二七〇、卷一〇二七一)、英国大英图书馆藏《大典》24 册、英国阿伯丁大学图书馆藏《大典》1 册(卷一一九〇七)。

2017 年

国家图书馆出版社按照明嘉靖抄本仿真影印出版德国柏林民族学博物馆藏《大典》4 册(卷九〇三、卷九〇四;卷一〇三三;卷四九〇八、卷四九〇九;卷一三一八九、卷一三一九〇)、英国剑桥大学图书馆藏《大典》2 册(卷一六三四三、卷一六三四四;卷一九七三七至卷一九七三九)。

2019 年

国家图书馆出版社按照明嘉靖抄本仿真影印出版日本国立国会图书馆藏《大典》1 册(卷二二七九至卷二二八一)、爱尔兰切斯特·比蒂图书馆藏《大典》3 册(卷八〇三至卷八〇六;卷一〇一一〇至卷一〇一一二;卷一九八六五、卷一九八六六)。

除了以上这些,日本也曾影印过天理图书馆所藏的 16 卷《大典》,因未见该书原貌,此不赘述。

从 1916 年张元济先生率先将自己收藏的《大典》影印出版至今,已有一百多年了。在藏有《大典》的个人、机构和出版者的共同努力下,特别是最近十年在"中华古籍保护计划"的推动下,通过影印技术再现了存世的《大典》丰采,并将其化身千百,嘉惠学林。

(赵前,国家图书馆研究馆员)

活字本简史与类型

A Brief History and Types of Movable-type Editions

徐忆农

摘 要：活字本又称活字印本。活字印刷术自 11 世纪由北宋毕昇发明后，陆续传播到朝鲜、日本、越南等周边国家。15 世纪铅合金活字机械印刷技术在德国出现，并迅速成为数百年间世界范围内生产图书的主要印刷方式。此技术是否受中国活字印刷术影响目前尚无定论，但早已传入欧洲的中国造纸术与雕版印刷术对其具有重要影响，则是显而易见的。虽然中国印本古籍以刊本为主，活字本仅占很少部分，但历经宋、元、明、清近千年演进历程，遗存至今的活字与活字本，包括汉文、西夏文、回鹘文等皆可获见，而用于排版的活字涉及泥、木、锡、铜、铅等各类材质。另外，活字本既包括活版印本，也包括以活字制成整版印刷的书本。在古籍编目时，一般依据活字材质及制版方式对活字本进行版本类型著录。

关键词：印刷术；活字印本；演进历程；传播影响；版本类型

活字本是采用活字制版印刷的书本，又称活字印本。活字本有狭义、广义之分。狭义的活字本指以活字排版直接印刷的书本，即活版印本；广义的活字本既包括活版印本，也包括以活字排版后，再制成整版（如泥版或以纸型浇铸铅版）而进行印刷的书本。

一、简史

图书是记录和传播知识的工具，而作为中国古代四大发明之一的印刷术，则是图书的一种重要生产技术,具体来说,它是把图文转移到载体之上的复制技术。中国早期发明的印刷术是将图文刻在整块木板上,制成版,然后在版上加墨印刷,称为雕版印刷术,也叫整版印刷术。这种印刷术至迟在唐代已出现,但具体发明时间至今没有定论。由于雕版印刷术每印一页书就要雕刻一面书版,造成人力物力浪费很大,为了提高效率,节省资源,北宋庆历年间(1041—1048)平民毕昇(？—约1051)改进技术发明了活字印刷术。据同时代科学家沈括(1031—1095)所著《梦溪笔谈》记载,毕昇是以胶泥烧制单字排为"活版"来印书。沈括详细介绍了毕昇造字、排字、刷印、贮字的方法,由此可知,毕昇的发明是世界上首创的一整套活字印刷工艺技术。

宋元时代,继毕昇之后,不少人用泥、木、锡、铜进行过各种造字实践活动,也有人用所造之字印刷过书籍。这一时期的活字本与活字存世稀少,其中20世纪发现的西夏文活字本佛教书籍已为学术界所认可,《国家珍贵古籍名录》陆续公布了多部国内传本,另外还有不少传本藏于域外。20世纪初,法国人保罗·伯希和(Paul Pelliot,1878—1945)在敦煌石窟发现了960枚回鹘文木活字,今藏巴黎。其后,中国与俄国考古人员又陆续有新的发现,存世的回鹘文木活字现已逾千枚。伯希和认为,回鹘文木活字出现于1300年左右,也有学者将其时代推定在12世纪末到13世纪上半叶之间或更早时期[1]。2018年春,有中国收藏者从日本发现一匣97枚据记录为罗振玉旧藏的古代铜活字。为此,十余位从事版本学、金属学、钱币学和印刷史研究的学者在北京召开学术论证会,对这批活字的性质、年代、国别和学术价值等问题进行讨论,一致初步认定这批活字是中国古代青铜活字,制作年代在宋元时期[2]。而此时期的汉文活字本现在尚存争议,如温州出土的《佛说观无量寿佛经》,有学者认为是北宋活字印本,也有学者认为是雕版印本[3]。但宋元时期记载汉文活字印刷活动的文献已陆续发现不少。如北宋邓肃(1091—1132)在《栟榈先生文集》中有"安得毕昇二板铁"诗句;南宋周必大(1126—1204)在《庐陵周益国文忠公集》中记载以"胶泥铜版"印自著《玉堂杂记》;元姚燧(1238—1313)在《牧庵集》载蒙古时期姚枢(1201—1278)教学生杨古用"沈氏活版",印刷了《小学》《近思录》和《东莱经史论说》等书;元王祯在《农书》中附《造活字印书法》一文,记录用瓦(泥)、锡、木造活字与排印的方法,并自述以所造木活字印刷过《旌德县志》百部;元李洧孙(1243—1329)撰《知州马称德去思碑记》载马称德于元至治二年(1322)"活书板镂至十万字",又据元王元恭修《至正四明续志》载,以此活字印成过《大学衍义》一书。

明代活字本约有百余种存世。学术界一般认为,现存最早一部有明确纪年的活字本汉文书籍,是明弘治三年(1490)华燧(1439—1513)会通馆"活字铜版"印本《会通馆印正宋诸臣奏议》。此类型印本通常著录为铜活字印本[4],但有学者据有关文献记载,推论它是锡活字印本而非铜活字印本[5],因而可统称之为金属活字印本。明代金属活字印本大部分出现于弘治至嘉靖间,如当时无锡华氏与安氏所印制书籍至今存世较多。明代也有不少活字印本未著录制字材料,其中有造字材料不详的,也有不少为木活字印本。另外,明代唐锦(1475—1554)著《龙江梦余录》称"近时大家多镌活字铜印",而陆深(1477—1544)著《金台纪闻》有"近时毗陵人用铜铅为活字"印书的记载。从技术层面来看,中国活字印刷术当时还是在不断进步的。

清代活字本相对于以前各代来说,存世数量较多,印刷方式也丰富多彩,历代出现的泥、木、锡、铜等活字版都有应用。出现这种状况的一个重要原因,是清朝政府直接组织人力、物力制造活字印书,如清廷雍正时用所造铜活字印制完成1.6亿字的《钦定古今图书集成》,乾隆时造木活字印制多达数千卷的《武英殿聚珍版书》。这种清政府直接参与的行为,无形中带动了民间活字印刷术的运用与推广,如清代后期,许多活字排版印本称"聚珍"本,就是明显的例证。在此时期,有《红楼梦》《续资治通鉴长编》《海国图志》等活字珍本传世,而吕抚(1671—1742)、翟金生(1774—1822)、林春祺(1807—?)等人潜心于泥、铜活字制造或改进工作,虽留存至今的作品不多,但风格各异,有较高的观赏价值。另外,清康熙徐氏真合斋"磁版"印本《周易说略》[3]与清乾隆公慎堂所印《题奏事件》[6]43-50等书,由于缺少印制过程的文字描述,仅凭目测,有人以为整版,有人以为活版。

活字印刷术在今天看来明显比雕版印刷术更为先进,但直到西方现代机械印刷术传入之前,中国印本图书长期是以雕版印本为主的。中国古代以活字排印的图书以家谱为多,家谱之外的活字本在中国古籍中仅占很少部分。虽然中国古代活字本总量有限,但内容广泛,经、史、子、集、丛五部皆备,如明活字印本《毛诗》《宋诸臣奏议》《墨子》《太平御览》《唐人集》,清活字印本《易例》《续资治通鉴长编》《红楼梦》《松鹤山房诗集》等,特别是清政府制造活字印刷《钦定古今图书集成》《武英殿聚珍版书》等大型类书与丛书,都是影响深远的传世珍籍,说明活字本在中国古代也曾发挥过继绝存真、传本扬学的重要作用。

中国的活字印刷术诞生后,陆续传播到周边国家。在朝鲜半岛,著名学者金宗直(1432—1492)在《白氏文集》卷末新铸字跋中说:"活板之法始于沈括。"虽然他将毕昇误为沈括,但说明《梦溪笔谈》早已传入朝鲜半岛,为该国学者所熟知。据文献记载,1234年高丽宰相崔怡(1195—1247)用铸字印成《详定礼文》,

现已不存。有学者认为此记载有疑点,但即使从 13 世纪算起,朝鲜半岛出现活字印刷术,也晚于毕昇"活版",而高丽与宋朝有着密切的文化交往,因而受中国印刷术的影响不是没有可能的。古代朝鲜半岛活字印刷术在政府主持与推动下不断发展起来,已知制造各类活字达数十次[7]682-686。16 世纪末,中国的活字印刷术又由朝鲜传至日本,如 1597 年日本木活字印本《劝学文》称"此法出朝鲜"。越南古代又称安南。据明强晟(1452—1514 后)《汝南诗话》记载,天顺间安南以"活字板"印明使臣钱溥(1408—1488)与其国相等唱和诗集。19 世纪中期,越南从中国买去木活字印刷《钦定大南会典事例》等书,中国的活字印刷术与印刷用具一同传入越南。毕昇发明活字印刷术四百年后,在 1450 年前后,德国人谷登堡(Johannes Gutenberg,1394—1468)研制出字模浇铸铅合金字母活字与木制印刷机,印刷《四十二行圣经》等书籍,开创印刷机械化先河。中国的活字印刷术是否对谷登堡研制铅合金活字有直接影响,目前尚存争议,但在此之前,中国的造纸术与雕版印刷术已传入欧洲,对欧洲印刷事业的开始显然具有重要影响[8]。清代后期,西方铅印、石印等现代机械印刷术传入中国,《六合丛谈》《大美联邦志略》《格致汇编》等大量中文铅印本书刊陆续涌现,中国传统的手工雕版、活字印本与之并行一段时期,由于技术落后,最终为铅印本等西法印本所取代。如今,铅印本也逐步退出历史舞台,世界印刷术进入了计算机"冷排"印本居于主流地位的新时代。

二、类型

中国活字印刷术自 11 世纪问世以来,一直不断改进,处于发展变化的过程中,出现过泥、木、锡、铜、铅等活字。古代朝鲜半岛活字印刷术运用较广,曾用木、陶、瓢(利用老葫芦皮做成的活字称"瓢活字",也有人推测或为对朴姓人家所刻木活字的误称)[9]、铜、铁、铅等各种材料制造活字。15 世纪中期,德国人谷登堡制成铅合金活字。在传统文献整理时,学术界一般依据活字材质及制版方式对活字本进行版本类型著录,其中,以铜、锡、铅、铁等材质活字排印而成的书本可统称为"金属活字印本"。

(一)泥活字印本

指以泥质活字排成印版,经敷墨覆纸刷印而成的书本。据 11 世纪北宋沈括《梦溪笔谈》记载,布衣毕昇用胶泥刻字,每字为一印,火烧令坚,然后将泥字在两套铁范与铁板上交替排为"活版"印刷书籍。印毕,拆下活字,按韵贮存于木格,以备再用。12 世纪末南宋周必大用沈括所记方法,以"胶泥铜版"印刷其自著的

《玉堂杂记》。13世纪末元朝农学家王祯在《农书》末刊印《造活字印书法》一文，文中记录有人"以烧熟瓦字"做活字印版。《说文解字》中说："瓦，土器已烧之总名。"因而瓦字当与泥字相近。以上记录皆无印本传世。20世纪后期，甘肃武威出土西夏文印本《维摩诘所说经》，据专家考证为12世纪中期泥活字印本[10]。在《俄藏黑水城文献》中，也发现有几种同时期西夏文泥活字印本[11]。这些印本距毕昇"活版"约百年，证明毕昇的发明很快就传到中国西部地区。清代道光年间安徽泾县翟金生等人，用毕昇之法，经三十年造成五种大小不同泥活字十万多个，排印出《泥版试印初编》《仙屏书屋初集诗录》等书。毕昇泥活字是雕刻上去的，但翟金生泥活字有以字模翻制而成的[7]581-588。

（二）磁版印本

指用磁（同"瓷"）土制版，火烧令坚，再敷墨覆纸刷印而成的书本。据清代王士禛（1634—1711）《池北偶谈》卷二十三"瓷易经"条记载，益都翟进士曾"集窑户造青瓷《易经》一部"，"如西安石刻十三经式"。此经当为青瓷观赏品而非印刷品。今传世古籍中，有清康熙末山东泰安徐志定真合斋磁版印本张尔岐著《周易说略》《蒿庵闲话》两部书。《周易说略》书名页横书"泰山磁版"四字，书序中有"偶创磁刊，坚致胜木"之语，《蒿庵闲话》卷一末页注有"真合斋磁版"五字。有学者根据书中断版现象，认为二书是整版而非磁活字印本。另据清代金埴（1663—1740）《巾箱说》记载，康熙五十六年至五十七年（1717—1718）间，泰安州有士人"能锻泥成字，为活字版"，有不少学者认为此人大概指的是徐志定[7]575-578。徐氏所创磁版或与元代王祯《造活字印书法》所录将活字与薄泥入窑烧制成印版相近，由于是活字与整版相结合的制版工艺，因而磁版印本会有断版现象。

（三）活字泥版印本

指选用旧有阳文反字的木质雕版作为字源，将特制泥条的一端压于雕版的单个文字上，制成类似于铸字用字模的阴文正字泥质"字母"，再按照书的内容，检用对应的泥质"字母"压于特制的泥版上，制成阳文反字的泥质印版，其后敷墨覆纸刷印而成的书本。活字泥版工艺为清乾隆元年（1736）前后浙江新昌人吕抚所创，他用此法印刷了自著《精订纲鉴廿一史通俗衍义》，书中记载制版印刷工艺甚详。这种以活字制整版再印刷的方式，如果不考虑字体及多人同时排印等因素，理论上无须造重复之字就可排版刷印书籍。而吕抚在实际操作时，称制三千余字可印文章，制七千余字可印古书，这是中国古代以最少的汉文活字来印刷书籍的记录。同时，吕抚之法还克服了活字版不能保留整版的最大弊端，为世界上已确知的泥版印刷之始。19世纪初,欧洲相继出现以铅活字版制作泥版或纸型再浇铸铅版的工艺,从而解决了铅活字版保留整版的问题,但仍须造重复之字。直到20世纪中后期,在世界范围内的主流文字印刷方式,还是铅活字与纸型浇铸铅版的组合模式。如果排除材料等因素,18世纪昌抚所创活字泥版印刷术,既能够保留整版,又无须造重复字,可以说其工艺理念是具有先进性的。

(四)木活字印本

指以木质活字排成印版,经敷墨覆纸刷印而成的书本。据沈括《梦溪笔谈》记载,宋人已尝试用木活字印书,但未成功。20世纪末,宁夏贺兰县出土西夏文佛经《吉祥遍至口和本续》,经专家考证为12世纪后期或13世纪初的木活字印本[11]。元朝农学家王祯撰写《造活字印书法》附在其自著《农书》之后,除记录瓦(泥)、锡活字印书法外,主要叙述自制三万多个木活字与造转轮排字架之详情。王祯用木活字印成《旌德县志》百部,虽未传世,但他系统描述木活字印刷工艺,为后世留下了宝贵的印刷史料。20世纪,法国人伯希和与中俄考古人员陆续发现逾千枚回鹘文木活字。由于古代回鹘人活动的西域地区处于中原与西方的中间地带,而回鹘文木活字出现的时间也介于11世纪北宋毕昇发明泥活字与15世纪德国谷登堡研制出铅活字之间,加之回鹘文与西方文字同属表音文字,因此回鹘文木活字有可能起着东西方活字间的桥梁作用。明清两代木活字印本存世较多,其中不少为家谱,存世达数千种。明弘治碧云馆活字印本《鹖冠子》是现存最早的汉文木活字印书实物。清乾隆时期金简(?—1794)主持刻制大小枣木活字二十五万余个,乾隆帝以"活字版"之名不雅,改称"聚珍版",这套木活字先后印成一百多种书籍,世称《武英殿聚珍版书》,此套大规模的木活字印本丛书在中国古代影响较广。金简把制造木活字印书的经过,写成一部《武英殿聚珍版程式》,用木活字排印收入丛书,这是继元代王祯的记载之后,中国古代又一部重要的记录木活字印刷术文献。相比而言,元代王祯是先刻字后分割成活字,活字直接排版印刷,而清代金简是先制成木子(木钉),后刻成活字,其后用套格预先刷印格纸,再套刷活字版成书,实为活字套印本,其中大多为单墨色套印本,也有朱墨套印本。另外,清代多色活字套印本今也有存世。

(五)锡活字印本

指以锡为材料制成活字,经排版刷印而成的古籍传本。元王祯《造活字印书法》记载"近世又注(或作铸)锡作字",说明至少在13世纪,中国已有人用锡活字印书,而欧洲至15世纪才出现金属活字印本。明代中期,无锡会通馆华燧的传记资料有"范铜为版,镂锡为字"之语,又称"范铜板、锡字",而现存华燧印书却并未题"锡字",仅称"活字铜版"。虽然通行古籍书目将此类型版本著录为"铜活字印本",却仍有不少学者认为华氏会通馆印书实为"锡活字铜版"印本,原理与宋代毕昇发明的"泥活字铁版"相近[5]。但无论如何,这些书是现存较早的中国金属活字印书,与欧洲15世纪"摇篮本"时代相近,因而十分珍贵。另外,据美国传教士卫三畏(Samuel Wells Williams,1812—1884)记载,清道光、咸丰间,有广东邓姓印工铸锡活字三副二十多万个,印刷彩票和书籍。书籍排版以黄铜做界行,因而实为锡活字铜版框。有学者研究,此套锡活字本现存有《三通》《十六国春秋》《陈同甫集》等书[6]64-76。

(六)铜活字印本

指以铜质活字排成印版,经敷墨覆纸刷印而成的书本。宋元时期铜活字印本目前尚未发现。2018年中国收藏者在日本发现罗振玉旧藏的古代铜活字,若能确认制作年代在宋元时期,则可填补中国印刷史研究中早期铜活字甚至金属活字实物的空白,学术意义重大。在明代活字本古籍中,有数十种原书称为"活字铜版"或"铜版"等印本,最著名的是无锡华燧会通馆印书,主要有《宋诸臣奏议》《锦绣万花谷》《容斋随笔》等。华燧的侄子华坚兰雪堂同样以"活字铜版"排印《白氏长庆集》《蔡中郎文集》《春秋繁露》等书。无锡使用"活字铜版"印刷的还有安国(1481—1534),他排印了《吴中水利通志》等书。此外,明代还有题为"浙江庆元学教谕琼台韩袭芳铜板印行"《诸葛孔明心书》、"建业张氏铜板印行"《开元天宝遗事》、"芝城铜板活字印行"《墨子》、"闽游氏仝板活字印"《太平御览》等书存世。以上各本在通行的古籍书目中多著录为铜活字印本。然而,有学者认为"活字铜版"仅指版框材料为铜质,不能说一定是铜活字,如华燧所用活字当为锡字。清代康熙年间,内府已有铜活字,印成《律吕正义》《御制数理精蕴》《御定星历考原》等书,而雍正年间内府以铜活字印刷上万卷的《钦定古今图书集成》,是中国历史上规模最大的一次铜活字印刷工程。清代民间也有铜活字印本传世。康熙前期,出现题为"吹藜阁同板"活字印本《文苑英华律赋选》,传统著录为铜活字印本,现也有学者认为是木活字印本[12]。康熙后期有铜活字印本《松鹤山房集》存世。道光年间,福建林春祺制造大小铜活字则达四十多万个,印有《音学五书》等书,称"福田书海"本。另外,古代朝鲜半岛在政府主持下,多次铸造铜活字印书,现有不少活字与活字印本存世。

(七)铅活字印本与铅印本

铅活字印本指以铅质活字制版,经敷墨覆纸刷印而成的书本。明代弘治、正德间,陆深《金台纪闻》有"近时毗陵人用铜铅为活字"之语,但至今尚未发现相关印本存世。在后代著述中，一般认为陆深所记指以铜与铅分别制造活字，而现代有学者认为此语似指以铜与铅合金制造活字[13]。据《文献撮录》记载，朝鲜在1436年"范铅为字"印《通鉴纲目》，且有印本传世。其后，德国谷登堡在1450年前后以铅合金铸造活字排版，并用木质印刷机械代替手工刷印书籍，此为西方现代印刷术之始。朝鲜与西方铅活字皆出现于陆深记载之前。西方铅活字印刷术迅速传播，数百年间成为世界上主流的印刷方式。在传统版本目录学著述中，将以东方古代铅活字手工排印的书籍称为铅活字印本，而将以西方现代铅合金活字排版并用机械印刷的书籍著录为铅印本。最早将西式铅印技术传入中国的是西方传教士。1588年，欧洲传教士在澳门建立印刷社，其后出版拉丁文《基督教儿童与少年避难所》等书，这是在中国首次采用西方铅活字印刷的书籍[14]。1815年至1823年，英国传教士马礼逊（Robert Morrison，1782—1834）编著的世界首部汉英双语对照字典《华英字典》在澳门陆续印刷出版，所用英文铅活字为西法铸造，中文铅活字质地、尺寸虽与英文相同，但字面则是以旧法雕刻而成的[15]。1843年，英国传教士麦都思（Walter Henry Medhurst，1796—1857）在上海创办墨海书馆，以西法铸造与旧法雕刻的中文铅活字混合排版印刷。1844年，美国长老会在澳门开设印刷所"华英校书房"，1845年迁宁波，1860年迁上海，先后更名为"华花圣经书房""美华书馆"。在姜别利（William Gamble，1830—1886）的主持经营下，该馆独家具备中、日、英文铸字技术，快速成长为此后数十年间中国最大的西式印刷出版机构与活字供应者。1884年，英国商人美查（Ernest Major，约1830—1908）在上海创制扁体中文铅字，出版《古今图书集成》等书。这些在中国较早采用西方铅印技术的出版机构，所用中文铅活字可分为两类：一为整体字，即一个活字代表一个汉字；一为拼合字，又称叠积字，是将汉字的左右或上下结构分别制成铅字，其后拼合成完整汉字。光绪年间，日本人在上海办的修文印书局传入了纸型制铅版技术，这是活字版与整版相结合的制版工艺[7]444-462。在晚清洋务运动中，清政府兴办的京师同文馆与江南制造局先后设立印书处，都备有中、西文铅活字和印刷机。1897年，创办于上海的商务印书馆是具有较大规模的民营现代印刷出版机构，该馆于1900年收购修文印书局，开始用纸型制铅版印书。同时，该馆不断引进当时世界先进的设备和技术，并陆续创制精美的中文新字体，铸造大量铅活字供应国内各处使用。其后，西方人所造旧式中文铅活字渐被淘汰，中国现代民族印刷业逐步发展起来。

回望历史，凝聚着中华民族智慧的活字印刷术，自11世纪由北宋毕昇发明后，陆续向外传播，在东西方能工巧匠的共同努力下，从15世纪至20世纪，逐渐成为世界范围内生产图书的主要印刷方式，并形成一种庞大的印刷工业，使越来越多的人能够接触知识，摆脱愚昧，走向更为理性的新世界，从而推动包括近现代中国在内的整个世界文明向前发展。可以说，诞生于中国的活字印刷术对人类文明进程产生了积极影响。2010年"中国活字印刷术"入选联合国教科文组织《急需保护的非物质文化遗产名录》。

（徐忆农，南京图书馆研究馆员）

参考文献：
[1] 杨富学.回鹘文献与回鹘文化[M].北京:民族出版社,2003:347-352.
[2] 艾俊川.从文献角度看罗振玉旧藏铜活字[J].中国出版史研究,2018(2):7-13.
[3] 潘吉星.中国古代四大发明:源流、外传及世界影响[M].合肥:中国科学技术大学出版社,2002:162-212.
[4] 全国图书馆标准化技术委员会.汉文古籍特藏藏品定级(第1部分:古籍):GB/T31076.1—2014[S].北京:中国标准出版社,2015.
[5] 潘天祯.潘天祯文集[M].上海:上海科学技术文献出版社,2002:55-94.
[6] 艾俊川.文中象外[M].杭州:浙江大学出版社,2012.
[7] 张秀民.中国印刷史(插图珍藏增订版)[M].韩琦,增订.杭州:浙江古籍出版社,2006.
[8] 卡特.中国印刷术的发明和它的西传[M].吴泽炎,译.北京:商务印书馆,1957:173-181.
[9] 曹炯镇.中韩两国古活字印刷技术之比较研究[M].台北:学海出版社,1986:142-143.
[10] 牛达生.西夏活字印刷研究[M].银川:宁夏人民出版社,2004:116-119.
[11] 史金波.现存世界上最早的活字印刷品:西夏活字印本考[J].北京图书馆刊,1997(1):67-78.
[12] 辛德勇.中国印刷史研究[M].北京:生活·读书·新知三联书店,2016:327-394.
[13] 钱存训.中国纸和印刷文化史[M].郑如斯,编订.桂林:广西师范大学出版社,2004:183-204.
[14] 万启盈.中国近代印刷工业史[M].上海:上海人民出版社,2012:1-5.
[15] 苏精.铸以代刻:传教士与中文印刷变局[M].台北:台湾大学出版中心,2014:45-46.

文献的生命周期

——评林明著《中国古代文献保护研究》

Life Cycle of Documents—A Review of Lin Ming's *A study of Document Preservation and Conservation in Ancient China*

凌一鸣

摘　要：近年来，有关中国古代文献保护技术、方法与理念的著作陆续推出，林明所著《中国古代文献保护研究》即其中重要代表。该书以古籍文献的生命周期为线索，探讨了从制作到修复各个阶段古籍保护的方法、制度与注意事项，试图从思想理论与技术方法两方面探索中国古代文献保护的特点。在古籍保护学术史上，以系统全面建立研究体系为指归的著作相对匮乏，《中国古代文献保护》的结构框架、研究方法、指导理论在同类型著作中具有鲜明的个性，值得进一步发掘与讨论。

关键词：《中国古代文献保护研究》；书评；生命周期

中国古代典籍的保护理念、方法与制度一直是相关研究中比较薄弱的领域，林明著《中国古代文献保护研究》基于"古籍的生命周期"这一线索，从理论到技术展开论述，试图建立中国古代文献保护研究的范式，可以说为相关研究提供了一条可资参考的路径，同时也为沿着这一路径继续探索留下了空间。

一、成书背景

21世纪以来，科技的迅猛发展和随之而来的网络化、数字化、非实体化趋向给图书馆和图书馆学的生存与发展造成了深刻的影响。海外图书馆学教育与研究的执牛耳者——由美国高校图书馆学信息学院系组成的iSchool联盟推动了图书馆学的"去专业化",同时也使得中国图书馆学研究与教育面临两难选择。正如中山大学图书馆学学者程焕文指出:"iSchool 运动和国家文化发展的双重影响使中国的图书馆学教育出现了两种不同的发展趋向:一种是因袭模仿英美图书馆学教育的百年套路,追逐英美 iSchool 的潮流。另一种是扎根中国大地,去'西方中心化',面向国家文化发展需求,构建独具中国特色的新时代图书馆学人才培养体系。"[1]正是在建设中国特色图书馆学学科体系思想的指导下,程焕文等中山大学图书馆学学人试图以一些更具中国特色的学术领域来丰富与充实图书馆学的教学与科研体系,达到所谓"去西方中心化"的目的。因此中山大学图书馆学人形成合力,推出了"中山大学图书馆学丛书"等相关著作,而《中国古代文献保护研究》正是其中重要的组成部分。

近年来,古籍保护越来越受到国家社会各方面的关注。2007 年,国务院办公厅发布了《关于进一步加强古籍保护工作的意见》(国办发〔2007〕6 号),标志着"中华古籍保护计划"正式启动。这意味着我国首次由政府主导、在全国范围展开的古籍抢救工程付诸行动。在此背景下,不但大量具体实践工作付诸实施,一些具有指导性的论著也应运而生。据学者统计,2006 年至 2015 年的十年间,"古籍保护"在图书馆学研究中属于高频关键词[2],正在从冷门走向热门。而其中最前沿者就是对古籍保护学科建设的探讨,如姚伯岳、周余姣的《任重道远 砥砺奋进——我国古籍保护学科建设之探索与愿景》[3]对古籍保护独立成学的合理性、必要性、可能性做出了论证。中山大学图书馆学学者群对此也有探讨,在他们的论述中,《中国古代文献保护研究》正是中山大学古籍保护学科建设实践的特色之一[4]。正如程焕文为丛书所作序中所言,该丛书目的在于"集中反映中山大学图书馆、中山大学图书馆学与咨询科学研究所的研究成果"[5]4,是该校研究团队构建图书馆学学科体系的一个组成部分,也是该校对现有的图书馆学体系创新突破的体现。

除了全国范围内古籍保护日益受到重视与中山大学努力建设图书馆学学科体系的背景,本书作者林明对古代文献保护问题的关注与钻研则是本书成书的个体动因。林明受到中山大学图书馆学的本硕专业教育训练,并在该校获得历史学博士学位,主要研究领域为信息资源管理、图书馆管理、文献保护与修复等。同时,他又长期从事图书馆实践与管理工作,对图书馆的运行与管理有较深刻的理解,能够将古代文献保护与现代图书馆运作相结合。林明曾参与中山大学图书馆古籍修复实验室与国家级古籍修复中心的建设、人才培养以及海内外古籍保护与修复的交流与合作,有古籍保护工作的实践经验,并对民国时期文献的保护[6]以及海外的文献保护体系有过专门研究[7],这些都为他系统爬梳中国古代文献保护技术、方法、制度与理念提供了良好的基础。

二、内容述评

《中国古代文献保护研究》全书由八个部分组成,除了"引言"和"结论",主要包括"古代文献保护研究综述""文献受损的因素""文献制作中的保护""文献收藏中的保护:建筑与用具""文献收藏中的保护:方法与制度""文献修复技术与方法"等。

第一章是"引言"。作为意在建设相关研究范式的著作,本书首先辨析了几个核心概念:文献、文献收藏、文献学、文献保护。其目的在于界定本书的研究对象和研究范围。在对众多的定义进行梳理与回顾后,作者认定其所指的文献为"被广泛应用的可携带型载体与记录在其上的知识和信息的集合体,具体而言,本题所研究的对象文献包括所有被古代纳入收藏的图书、档案、书画等"[5]4。这一定义显然是为本书叙述的进行与论证的展开服务的,是一种对现有定义进行提炼和收束的狭义与实用的定义。与此定义相一致,本书认为其所研究的文献学为"现代意义上的文献学"的组成部分,更侧重"文献收藏聚集后的行为",即文献保护——"文献的生产者、保管者和使用者为了使其所生产、保管和使用的文献免遭自然的和人为的损毁,延长文献保存期限和使用寿命,尽可能保持其原来形态的技术和措施"[5]5-6。

第二章是"古代文献保护研究综述"。作者从史料整理与出版、研究论著、研究主题三个方面对从古至今有关中国古代文献保护的记载和研究进行了回溯,尤其是对古籍中对文献保护有较多记述者如《齐民要术》《历代名画记》《梦溪笔谈》《装潢志》《澹生堂藏书约·聚书训》《藏书纪要》《赏延素心录》《藏书十约》等进行了介绍,为后几章论述的展开奠定史料基础。作者在学术综述部分的末尾,表明了其书的立意所在:"本书拟通过对中国古代官私藏书活动中文献保护技术、理论的相关资料加以系统爬梳,综合审视中国古代文献保护技术的发展过程。其次对后人相关研究成果加以分析和总结,在深入探究中国古代文献保护技术发展脉络的基础上,全面总结中国古代文献保护的方法和思想,讨论如何在当代文献保护活动中借鉴和继承前人的智慧。"[5]6

第三章是"文献受损的因素"。第三章至第七章为本书论述的主体部分,而第三章又是后面几章展开论证的基础与前提。作者把文献受损的因素归结为载体因素、环境因素(温度和湿度、光线、灰尘)、生物因素(害虫、霉菌、其他生物)、灾害因素(水灾水难、火灾火患)及人为因素(管理不善、子孙不守)。主要论述方法是从古籍中搜罗关于古籍遭灾受损的记载,并进行层层分类。这样论述的优势在于保持条理的清晰,能较为便捷地从繁杂的文字记录中提取几条比较明确的线索,从而便于针对每种因素对症下药展开论述。但是划分标准过于绝对,容易使读者误认为几种因素是互不交叉的。而实际上造成古籍伤害的因素往往没有如此截然和绝对的界限,古籍的受损常常是多种因素交叉作用的结果。比如管理不善这一点,除如作者所说会导致火灾或文献散落之外,也很容易导致环境的恶化、虫害的滋生,各种因素并不孤立,而是互相催化和转化的。

第四章是"文献制作中的保护"。本书认为文献制作的过程有三个"方面":"一是文献载体的制作和准备;二是文献信息通过记录媒介记录在载体上;三是将记录了信息的载体整合在一起,也就是文献的装帧和装订。"[5]53 以上三方面,实际上是文献制作的三个步骤,作者对"文献制作中的保护"这一问题的讨论即围绕这三个步骤展开。第一个步骤分析了载体的耐久性加工与避蠹加工,第二个步骤论述了墨的固久与防虫加工,第三个步骤探讨了装帧与装裱保护。作者不仅从古代文献中选辑相关记载,并且引入了现代理化原理与技术,印证这些记载的科学性与合理性。

第五章是"文献收藏中的保护:建筑与用具"。在收藏这个环节中,本书开创性地对建筑与用具辟专章进行探讨。特别是在建筑方面,作者的核心关注点集中在建筑防火和建筑环境防护两方面,虽并未提出明确的评价藏书建筑水平的标准,但已经指出了古代藏书楼重防火、高敞、遮阳等特点。本书选取天一阁与皇史宬为个案进行分析,它们分别为始建于明嘉靖年间的私人藏书楼与皇家档案库,作者对两处建筑的文献保护方法与效果进行了描述与评价。而在装具问题上,本书将装具分为三类:(1)囊、帙、函套与夹板;(2)箧、书匣与书箱;(3)书柜与书架。作者并未明确提供分类理由,但文中暗示,前两者属于单个或少量文献所用的装具,第三种属于专门藏书处所建立以后,储藏大量文献的大型文献装具。至于前两者的区别,当是因为它们在保护程度、形制、用途和耐久度上有所不同。这种划分具有一定个人性。

第六章是"文献收藏中的保护:方法与制度"。本章依然属于文献收藏环节,其中"防潮""防蠹""曝书""防火""防损污"诸节侧重于方法,"防散佚灭失"一节侧重于制度。作者引证了大量文献尤其是古籍文献,试图尽可能地罗列古人保护文献的方法。其中,对于古人最为重视的防蠹之法,作者将其归纳为植物防蠹(包括芸香避蠹、烟草避蠹、皂角避蠹、木瓜避蠹、茱萸避蠹)、药物避蠹(包括麝香避蠹、樟脑避蠹)、翻书避蠹以及其他避蠹方法,而"其他避蠹方法"中甚至包括祭祀长恩与放置春画等"偏方"(虽然后者是为防蠹还是辟火尚有争议)。这种搜罗几乎囊括了古人所有的常见避蠹方法,在相关研究中十分突出。曝书同样极受藏书家与研究者重视,它既属技术层面问题,在漫长发展过程中也逐渐形成制度。本书通过曝书活动之历史、曝书方法之实施、曝书之功能及得失三个切入点对曝书展开讨论,形成了比较完善的专题研究。微有不足的是,本书对鼠患、蚁害、书蠹之殃分别展开了论述,而"防损污"一节又论及防鼠灭蚁,并与古人"惜书"之记载并列,在逻辑连贯性和合理性上有待商榷。严格来说,"损污"的提法实际上也是潮湿、蠹虫甚至火灾可能造成的恶果,只是指向更为模糊。"防散佚灭失"一节,则系统梳理了公私藏书家保守书藏的各种制度性规定(包括钤印确权、传家制度、副本制度、防灾制度),暗用了现代文献保藏的种种制度与应急预案进行对应并进行了系统论述,论藏于述,可见功力。

第七章是"文献修复技术与方法"。与刘家真《古籍保护原理与方法》[8]等古籍保护论著不同,本书的"古籍保护"视野更为宽广,它不仅包括保藏环节,还把修复环节也纳入研究范围。本章具有创新性地从修复技术的产生、完善到理论总结叙述了其发展的历程,勾勒了一条修复技术发展史的主线,不仅为后面具体技术的论述构建了时空框架,也为以后的相关研究打下了基础。本章在技术探讨之前,从大量琐碎的古代文献记载中抽取了其所认可的修复原则:不遇良工,宁存故物;不在华美,护帙有道。简而言之,即谨慎、实用的职业态度。而在技术操作层面,作者从材料、用具、技法三个方面展开讨论。其中技法部分又是重中之重,作者将其析为五个步骤进行了细致描述,包括拆书揭裱、纸绢配染、洗污补缺、衬纸、装订成册。在结束五步骤论述后,又特辟专题论述最为藏家与学界瞩目的金镶玉装。值得注意的是,本章在最后以一节的篇幅专门探讨修复用糊,这在同类研究中非常特殊,体现了作者对该问题的高度重视,正如其转引的一位美国修复师所说"和修复师谈浆糊就好像和西方人谈宗教"。作者从原料和添加物、制作方法、存放与使用三个方面,对以往历史记录、学术研究与工作总结中关于浆糊的不同说法予以论证辨析,尽可能地呈现了目前浆糊研究的进展情况。

第八章是"结论"。第三章至第七章的讨论以述为主,作为前文的收束与总结,本章对这五章提到的技术方法进行了汇总。但本章倾向于对古代文献保护的特点进行理论升华,并归纳出两条脉络:从制作防护到收藏防护的转变,从官府为主到私人为主的转变。这两点是从历史发展的角度所得出的结论,与其说是特点,不如说是古代文献保护的演进趋向。本章第三节"中国古代文献保护思想"是作者对全书论证进行理论化的集中体现,并得出三条原则:敬惜字纸,秘而不宣;以防为主,防治结合;因地制宜,区别对待。与前面的特点相同,作者力图对中国古代文献保护思想进行鸟瞰式的观照,并进行高度概括性的浓缩。但是这三条原则却显得与前面数章内容脱节,没有充分体现技术、制度、观念三个点的呼应。

本章乃至本书最后落脚点在于"对中国古代文献保护的借鉴",即本研究的现实意义,也体现了古籍保护研究的传承和嬗变。

本书结尾附有《天一阁范氏禁例》《天一阁藏书传钞简约》《订书十约》《古糊方选录》《装修书籍操作规程及成品检查标准》五篇文字。前两篇主要对应第六章"文献收藏中的保护:方法与制度",是以天一阁为个案展现古代文献保藏的管理。后三篇主要对应第七章"文献修复技术与方法",其中第四篇特别针对第七章第五节"修复用糊",可见本书作者对修复用浆糊的格外重视。

三、赏瑜指瑕

本书与王国强等著《中国古代文献的保护》[9]几乎同时问世,两者都是该领域研究的开创之作。两者在材料、方法及立意上难免有重复之处,但是在思路上又有比较明显的差异,因而各具特色。通过对比,更可见林氏此书的特色和意义。

王氏总结其著思路为:"(1)全面收集古代文献保护方法资料,编写'中国古代文献保护方法资料编年',并对资料进行详尽分析,以展示古人文献保护的成就,探寻古代文献保护技术的发展规律。……(2)对古代文献保护所使用的药材进行药理分析,分析其防蠹防蚁防鼠的活性成分,为古代文献保护提供借鉴。(3)借鉴传统而不囿于传统。在分析前人文献保护方法基础上,运用现代化技术加以改进,通过比较、筛选,寻找到更适合的古代文献保护的药物。(4)以此为基础,提供今天古代文献保护的技术方案。"[9]47由此可见,王氏搜集材料以至撰写著作的动机是古为今用,从古代文献保护的技术中寻找可资实用者加以发掘、改进与利用,为今天的古籍保护工作服务。因此有学者认为该书"对古籍保护工作具有全面的指导性"[10]。王氏自己也另撰专文,讨论与验证古代文献保护方法在今天是否有效,具有怎样的现实价值[11]。由此不难看出,王氏更重视方法层面的探讨和开发,虽然旁及理念,但主要是对技术方法的原则、原理进行总结。

而林氏此著,虽然是立足于方法与技术,但终点与目标却是构建研究体系。

因此林氏对文献受损的各种因素逐一观照,将其视作古籍生命周期中可能的影响因素或者说变量。随后从文献制作开始,探讨古人如何在文献生命周期中控制这些变量,使它们处在不对文献造成伤害的空间之内。同样是积累了大量材料,做了大量整理工作,林氏在写作逻辑上理论高度更高,总结性更强,特别是更能体现文献生命周期这一概念的动态性。

特别值得关注的是,林著更敏锐地察觉到了文献保藏与文献修复的关系,他认为古人的文献保护措施是以预防为主,修复为辅,"古人采取的预防性保护措施在防止或减缓文献的损坏方面起到了巨大的作用,而且一直是古人文献保护工作的中心和重点"[5]283。而修复活动更多是作为补救性措施,为提升保藏效果、弥补保藏失误而采用。这一判断,对两者的关系做出了合理的解释,为古籍保护学的建设,乃至古籍保护学科的建设提供了逻辑理路。

当然,林著作为相关领域的开拓性成果,所涉内容庞杂,难免出现一些兼顾不到的问题,主要表现在以下几个方面。

第一,缺乏实验支撑。本书几乎全部史料来源都是古人的相关记载和前人的研究成果,对于纸上记述的种种说法,并未用理化实验加以验证,因此也无法给出古人保护方法与技术的科学性考察。这意味着书中所提到的许多文献保护方法(如避蠹方法)仅仅是摘录古籍,以备一说,而无法证明其是否仍具备实用价值,更遑论其原理是否有据可依或者科学与否。

第二,述论脱节。本书常常出现有述无论的现象,即条列了大量相关材料,却未对材料做归纳与总结,这大大降低了本书的研究深度与论证力度。更有少量论述内容与章节主题不符的现象。例如第五章第二节"藏书楼建筑保护设计案例分析"中分析了天一阁,提到天一阁管理制度严密,尤其是"书不出阁,代不分书"[5]126,这一点虽然是天一阁相关的问题,但是主要与下一章的"方法与制度"相关,而与本章"建筑与用具"无涉。本书第八章的最后一节"对中国古代文献保护的借鉴"中提到四个方面的借鉴(爱书观念、载体防护、藏书建筑、典藏管理),而前面连篇累牍讨论的修复方法与技术却只字未提,甚至在有所关联的"载体防护"中也没有体现,这不能不说是一大短板。

第三,表述不清或前后矛盾。如第 242 页谈"传统文献修复技法应分为三个阶段",下面却叙述了五个阶段内容,此后的详细论述也是按照五个阶段展开(拆书揭裱、纸绢配染、洗污补缺、衬纸、装订成册),此处所提的三个阶段就令人一头雾水。就在同一页,所谓五个阶段的展开,作者自言"根据潘美娣《古籍修复与装帧》和杜伟生《中国古籍修复与装裱技术图解》来分述之",此前却未就这两部书在古籍修复技法归总上的地位和特色进行任何介绍，只是将其并列在其他研究之中，因此让读者模糊了其选材的标准。

第四，现实意义解说不足。相比于前面提到的王国强等著《中国古代文献的保护》，本书关于古代文献保护的现实意义，主要体现在第八章最后一节"对中国古代文献保护的借鉴"中，但是相比王著对每种方法的现实价值展开探讨，林著所说的借鉴相对比较笼统，难以落到当今古籍保护工作的实处，未能充分实现与现实的呼应。

尽管存在这些问题，林氏此著仍是相关研究中导夫先路者，为以后更深入的研究开拓了空间，尤其是提供了大量的资料指导，对于后续的研究者有重要的参考价值。

（凌一鸣，天津师范大学古籍保护研究院讲师）

参考文献：

[1] 程焕文,潘燕桃,张靖,等.新时代中国图书馆学教育的发展方向[J].中国图书馆学报,2019,45(3):14-24.

[2] 程大帅.基于共词知识图谱的我国图书馆学研究热点及趋势分析[J].图书馆学刊,2017,39(1):136-142.

[3] 姚伯岳,周余姣.任重道远 砥砺奋进：我国古籍保护学科建设之探索与愿景[J].中国图书馆学报,2019(4):44-60.

[4] 张靖,刘菡.古籍保护学科建设研究：背景、现状及空间[J/OL].图书馆论坛,2020(3):101-106.

[5] 林明.中国古代文献保护研究[M].桂林：广西师范大学出版社,2012.

[6] 林明,张珊珊,邱蔚晴,等.我国图书馆民国时期文献保护状况调查[J].国家图书馆学刊,2015,24(2):55-62.

[7] 林明.哈佛大学图书馆的文献保护体系[J].大学图书馆学报,2010,28(4):21-26.

[8] 刘家真.古籍保护原理与方法[M].北京：国家图书馆出版社,2015.

[9] 王国强,等.中国古代文献的保护[M].武汉：武汉大学出版社,2015.

[10] 刘云飞,朱琳.中国传世古代文献的守护者：评《中国古代文献的保护》[J].山东图书馆学刊,2016(1):76-78.

[11] 王国强,孟祥凤.中国古代文献保护方法的现实价值[J].图书情报工作,2012,56(3):104-108.

论古籍编目中对异名同书者采用"双名制"的必要性
——由元董鼎所著有关《尚书》的注解谈起

The Necessity to Keep the Different Titles that the Same Book Bears in the Cataloging of Ancient Books—Related to Dong Ding's Annotation of *Shangshu*

赵兵兵

摘 要：本文认为，古籍中的"同书异名"，其来源有三：版本异名、传闻异名、编目异名。在古籍编目中，对异名同书者采用"双名制"（标准名+版本名）的著录办法，可以有效地限制编目者的自主裁定权，有助于提高全国古籍普查登记基本数据库等书目索引的检索效率。

关键词：古籍编目；异名同书；"双名制"；索引

一、问题的提出

《国家珍贵古籍名录图录》系列图书的出版，是近年古籍保护工作中一项备受关注的重要成果。近翻《第一批国家珍贵古籍名录图录》，编号00228者为国家图书馆藏"元董鼎撰《书集传辑录纂注》"，编号00229者为山东省博物馆藏"元董鼎辑录纂注《朱子订定蔡氏书集传》"[1]。查"中华再造善本·金元编"所收二者影印本，核其内容，知为同一种书[2,3]。又据董氏自序及其子董真卿识语，可知董鼎有关《尚书》的著作仅此一种[2]序3a-5b。既为同一种书，那么假如作者不在书籍出版后自行更换书名,根据"名从主人"的原则,它就只会有一个名字①。如此,则国图与鲁博出现定名歧异却是为何呢?

在回答这个问题之前,由之延伸思考,可以发现,这实际上是一种"异名同书"的情况。而在过往的古籍编目实践中,似乎并未对"异名同书"这一现象给检索带来的不便予以相当关注。本文即欲由董鼎所著书作一详尽分析,进而提出一己之见,以供方家讨论。抛砖引玉,敬祈指正。

二、董鼎所著书的原定名

其实,不止国图与鲁博对董鼎所著书定名不同,其他书目亦"纷纷乎若乱丝"②。查《中国丛书综录》,著录董氏此书三个版本,而用名却互不相同,曰《书传》(《通志堂经解》本),曰《书传辑录纂注》(《摛藻堂四库全书荟要》本),曰《尚书辑录纂注》(《四库》本)[4]③。再查各家书目题跋(以中华人民共和国成立前较知名的私藏知见类目录为主),著录之名亦各有异,有名《书经辑录纂注》者(《千顷堂书目》[5]),有名《尚书纂注》者(《万卷堂书目》[6]),有名《尚书辑录纂注》者(《传是楼书目》[7]、《孙氏祠堂书目外编》[8]、《艺芸书舍宋元本书目》[9]、《玉函山房藏书簿录》[10]、《仪顾堂续跋》[11]、《八千卷楼书目》[12]、《持静斋书目》[13]等),有名《尚书蔡氏传辑录纂注》者(《持静斋藏书纪要》[14]),有名《书蔡氏传辑录纂注》者(《铁琴铜剑楼藏书目录》[15]),有名《书集传辑录纂注》者(《皕宋楼藏书志》[16]、《抱经楼藏书志》[17]、《藏园订补郘亭知见传本书目》[18]、《藏园群书经眼录》[19]),有名《书传辑录纂注》者(《天禄琳琅书目后编》[20]、《郑堂读书记补逸》[21]、《楝亭书目》[22]),有名《书传辑录》者(《玄赏斋书目》[23]④、《也是园藏书目》[24]),有名《书传纂注》者(《文渊阁书目》[25])。此外,尚有名《书传》(《好古

---

① 著书者也许会在创作过程中改易书名,如俞樾《群经平议》一书,据国图藏残存稿本,知其原拟名为"经训弼违"(国图网站"中华古籍资源库"已上传所藏《俞荫甫先生遗稿九种》,可全文查看),但是作者终究只能选定一个书名。因此,在书籍问世之前,不管其曾用名有多少,都只能算是拟名,而不算"同书异名"。另外,有些书可能并非原作者命名,但一旦其名确定下来,同样是只有最初命名者改换书名时,照理才会有两个或两个以上的名字。下文涉及作者命名的叙述,均包含此一类情形。不复注。

② 古人称引他人著作,好用简称或仅凭记忆,故其纷纷甚而错误易于理解。而书目著录书名,乃专意之事,故理当"名从主人"。

③ 《(文渊阁)四库》本与《荟要》本同题《书传辑录纂注》。《尚书辑录纂注》乃《荟要》本书前提要正文内所题之名,《四库全书总目》题此名。《总目》之后诸书目著录及众家称引董书,以此名为最,而无论所据为何本,可见《总目》影响之大。

④ 此目同页又著录董鼎《注蔡氏尚书集传》一种。

堂书目》[26]、《季沧苇藏书目》[27]①)及《书传辑录纂疏》(《宋元旧本书经眼录》[14]48②)者,同一书也,而著录之名纷繁若此。这也就是常说的"同书异名"现象③,那么造成这种现象的原因又是什么呢?

前面已经说过,如果作者不改换名称,那么一种书就只有一个名字,因此除了作者自行改名的那些书,绝大部分的"同书异名"都和原作者无关。这样说来,"同书异名"乃是在书籍流传过程中才出现的,而这又可分两种情况:一种是传世之书在传写刊刻时,书名被抄写者或出版者改换而产生异名(可称为"版本异名");还有一种是亡佚之书,在目录学家编制书目时,根据前人记载为其定名,由于"传闻异辞"而造成异名(可称为"传闻异名")。至于传世之书的著录,又分两种情形:一是据所见一种或多种版本著录;二是像著录亡佚书一样,各据见闻而定其名。显然,据手持之本著录者,最为可信。按理来说,纵使每种版本都有一个异名,那一种书的异名数最多与其版本数相等。但是就董鼎之书而言,其异名之数却超出我们已知的它的版本数④。也就是说,虽所见为同一版本,但因编制书目者在书名著录上的认知差异,也会产生新异名(可称为"编目异名")。比如,《铁琴铜剑楼藏书目录》《宋元旧本书经眼录》《持静斋书目》以及《持静斋藏书纪要》,所据均为元延祐五年(1318)建安余志安勤有堂刻本,而定名互异。又《仪顾堂续跋》与《皕宋楼藏书志》,同为陆心源之书,定名亦歧。"编目异名"除与编制书目者有直接关系外,是否还有别的原因呢?

著录书名,通行的规则主要是根据正文卷端并参照他卷卷端、卷末、内封、牌记、序言、目录及版心等处题名来确定[28]。然而这些部位的题名往往不同,因此

---

① 此目该条在"经解目录"下,当是据《通志堂经解》本著录。黄丕烈于其下加按语云:"'书传'一作'尚书辑录纂疏'"。

② 莫氏于《持静斋藏书纪要》详细描述所见元刊本,题名"纂注",则此处为误记。黄丕烈及他处做"纂疏"者,同误。

③ "同书异名"实例,可参杜信孚、王剑编著的《同书异名汇录》(南京:江苏古籍出版社,2000年)。唯此书不免遗漏,且不注出处,尚有增订空间,如清陈昌齐所著《楚辞辨韵》一书,其初刻本(清嘉庆五年[1800]嘉应吴兰修校刊《赐书集》本)名《楚辞音义》,书名乃吴兰修题。至伍崇曜刻《岭南遗书》收入此书,从曾昭之说,而改名为《楚辞辨韵》(清道光三十年[1850]刊本)。详参姜亮夫《楚辞书目五种》(中华书局上海编辑所,1961年,第294~296页)。《楚辞辨韵》与《楚辞音义》即属"同书异名"一例,而《同书异名汇录》未收。拾遗补缺,是在志者。

④ 按:同一书的各种版本之间,往往前后相因,改名的情况不常见,尤其是不属于畅销类的书籍。所以,出现由版本造成的异名数与版本数相等的可能性极小,前者大于后者更是没有可能。董氏书亦不例外。查《中国古籍总目·经部》第一册(中国古籍总目编纂委员会编,北京:中华书局,2012年,第248页),著录董书现存版本,凡九种(元本三,《通志堂经解》本三,抄本一,《荟要》本一,《四库》本一)。笔者已见其中六种,它们的版本题名(各卷卷端题名)多相因袭,不存在"本各一名"的情况。所以,董书的"版本异名"最大值要远小于九。

给编目者造成了困难,同时也意味着类似情况下,编目者有较大的个人裁定权。但是,笔者认为,同一版本各处题名之不同,乃由于其功用有别,并不是说一个版本同时包含多个书名①。而诸家书目著录分歧的根本原因,或在于"通行著录方法"的不尽合理或说不尽完善。假如编目者多一点关于书名的知识,再肯下一番考索之功,大多数情况下,还是可以考证出最初所定之名(原定名)的。

董氏此书,国图与鲁博藏本,其各卷卷端前三行均题作"书卷第×/朱子订定蔡氏集传/后学鄱阳董鼎辑录纂注",唯前者有董氏自序,名《书蔡氏传辑录纂注序》,又有《书蔡氏传辑录纂注凡例》《书蔡氏传辑录引用之书》与《纂注引用诸书》,后本则无。根据"名从主人"的原则,既然作者自序在此,是否就可以据之定名了呢?当然不能。因为这个名字是出现在自序标题中,而非自序内文里,它是有可能经出版者改定的。所以,只能暂时拟用一个字数最多的书名,也就是"书朱子订定蔡氏集传辑录纂注",此名恰是这两个元刻本的"版本名",这一名称几乎可以化出所有前述异名。下面我们就用有关书名的知识,从其中先提炼一个拟定名,然后再进行验证,最后确立一个最接近"原定名"的名字。

考察古人的注释类著作,其命名方式主要分为两种:一种是"被注释之作+注解体式",一种是"被注释之作+形容理想效果或表达谦虚之词"。对"经部"而言,前一种占据压倒性优势。根据董鼎自序中所说"释经绪论,多出朱子。乃取订定《集传》为之宗,而搜辑《语录》于其次,又增纂诸家之注有相发明者,并间缀鄙见于其末"[2]自序3b-4a,再结合书中"辑录""纂注"皆以白文凸显的体例,可拟其名为"书(朱子订定蔡氏集)传辑录纂注",圆括号中的部分可有可无。也就是说,"书传辑录纂注"是最简用名,如此方才语义完足,不可更为删省,如吴澄所作是书后序即名为《书传辑录纂注后序》[29]②。至于括号中的名字,又该如何取舍呢?

书名具有时代性,书名又常与书之体例相关。譬如在经学史上,注疏著作之名,即代各有异而自具一体,如两汉"章句",魏晋"义疏",唐时"正义",宋则"注疏",明有"大全",清乃"折中"。至于蒙元一朝,其经部著述之面貌,则由诸"附

---

① 各处题名的功用,当做另文详析。大体来说,卷端题名可以作为某一具体版本的"书名",我们称之为"版本名"。需注意的是,"版本名"未必与原定名者(包括作者和编者)所用之名同。
② 周中孚《郑堂读书记补逸》卷三解读此名云:"曰书传者,蔡氏集传也;曰辑录者,辑朱子语录及他书所载朱子语也;曰纂注者,纂诸家之传注足以相发明者也。"(收入中华书局编辑部编:《宋元明清书目题跋丛刊》清代卷第9册,北京:中华书局,2006年,第383页)

录纂疏"之作以奠定,而下启明之"大全"①。这批书有胡一桂《周易本义附录纂疏》与《诗朱子集传附录纂疏》、陈栎《尚书蔡氏集传纂疏》、董真卿《周易经传集程朱解附录纂注》(后改名《周易会通》)、汪克宽《春秋胡氏传附录纂疏》等②。这几部书的命名,均符合上文所说经解类著作的命名通则,它们体例相同,命名亦近似③,假如同样身为新安人而与胡、陈皆有学术交往的董鼎不在通例之外,那么我们似乎可以将董书之名拟定为"书蔡氏集传辑录纂注"。也就是说,"朱子订定"四字可以删掉。另外,陈栎之书亦是解《书》之作,他用的底本同样是"朱子订定"的蔡沈《集传》。而陈氏与董氏之间,关于《尚书》尚有一段纠葛④。我们可以依据陈栎不以"朱子订定"名书,来推测董书之名。陈氏文集中收有《〈尚书蔡氏集传纂疏〉自序》,其后附有是书凡例,第一条云:"标题此书云'尚书蔡氏〔集〕传',法朱子刊伊川《易传》,标曰'周易程氏传',尊经也。首卷有'朱子订定'四字,不忘本也;自二卷起无四字,纪实也。"[30]⑤董书与陈书之差别,乃在于其书各卷卷端均有"朱子订定"四字,此非董氏不知《书集传》之原委,"其称《集传》为朱子所订定,似未免假借",大概"鼎于《集传》盖不免有所未惬。恐人以源出朱子为疑,故特引朱子之说补其缺失。其举《集传》归之朱子,尤曰以朱翼朱,则不以异蔡为嫌耳。非其考之不审也"[31]。

　　书名简称的规则,乃在于简称所指明确。因而,对于同一书来说,只要能保证所用简称唯一指向所要表达之书,那这个简称就是合理的。对于蔡沈《书集传》而言,这个名称为经生所熟知。"书集传""书蔡氏集传""书蔡氏传"都可以唯一指向蔡氏之书,而"书蔡氏传"乃相当于"书蔡氏集传"的简称。因此,我们所拟定的"书蔡氏集传辑录纂注",亦可拟为"书蔡氏传辑录纂注"。根据董书初

---

① 参刘成群《"附录纂疏"体经学著作与"四书五经大全"的纂修——以元代新安经学为叙述中心》(《中国典籍与文化》2013年第3期,第62~69页)和傅佳《胡一桂〈诗集传附录纂疏〉初探》(收入袁行霈主编:《国学研究》,第33卷,北京:北京大学出版社,2014年,第213~232页)二文。

② 胡一桂书,名亦纷纷,此处前者取通行名,后者则用元泰定四年(1327)建安刘君佐翠岩精舍刻本(《诗集传附录纂疏》,"中华再造善本"据国图藏本影印,北京:北京图书馆出版社,2004年)之"版本名",即其卷端题名。陈栎书据其集(《陈定宇先生文集》,[清]陈嘉基订,康熙三十三年[1694]刻本)内所收自序题名,并参照是书凡例所言名之由而定。董真卿书,则用其元刻本(《周易经传集程朱解附录纂注》,"中华再造善本"据国图藏本影印,北京:北京图书馆出版社,2004年)卷前所载董氏自序中所述书名。汪克宽书,则据元至正八年(1348)建安刘叔简日新堂刻本(《春秋胡氏传纂疏》,"中华再造善本"据国图藏本影印,北京:北京图书馆出版社,2006年)之各处题名及此本"版本名"而定。

③ 马国翰已经指出,董鼎《尚书辑录纂注》"与胡一桂《周易本义附录纂注》同一体例"(《玉函山房藏书簿录》卷三,收入中华书局编辑部编:《宋元明清书目题跋丛刊》清代卷第12册,北京:中华书局,2006年,第41页)。

④ 参廖莹:《元人诸经纂疏研究》,王铁指导,上海华东师范大学,2006年硕士学位论文,第10~11页。

⑤ 文集所载自序及凡例,亦见清刻《通志堂经解》本《书集传纂疏》。引文"集"字即据后者补入。

刻本元延祐本所载董氏自序《书蔡氏传辑录纂注序》及《书蔡氏传辑录纂注凡例》《书蔡氏传辑录引用之书》《纂注引用诸书》，我们推定董氏之书当名为"书蔡氏传辑录纂注"。董鼎之子董真卿于所著书——《周易经传集程朱解附录纂注》自序中说："大德甲辰（1304），先父深山府君命真卿从先师新安双湖胡先生，读《易》武夷山中，并携先父所著《书蔡氏传辑录纂注》访求文献。"[32]董真卿自言其父所著书名为《书蔡氏传辑录纂注》，虽然不无在刊刻中脱去"集"字的可能，但它与我们的推定结果相吻合，可以彼此互证。至此，我们认为董鼎之书最初所定之名，即其"原定名"，当为《书蔡氏传辑录纂注》。

三、对异名同书者采用"双名制"著录刍议

古籍书名的确定，除关涉著录是否谨严之外，还与书目索引的编制或相关数据库的建设有极大关联。假如书名著录这一步没做好甚至出了错，那么所做索引或数据库自然无法实现方便读者查索的目的，甚而会引起读者错误判断①。为了解决这个问题，笔者认为图书馆古籍编目，对同书异名者，当实行"双名制"。所谓"双名制"，是说著录的古籍书名，当包括"原定名"和"版本名"两项，前者具有唯一性，后者则有变异性。假如"原定名"难以确考，则当代之以"通用名"。"版本名"则是根据卷端题名所定。若各卷卷端题名不同，则可注明所据为何卷卷端；若无卷端题名而据他处题名著录，则亦标明所据部位名称。另外，在书目中，当以"原定名"或"通用名"立目，以"版本名"附注其下。而考虑到"原定名"或需专门考定，诸多古籍并无"通用名"，我们建议由国家图书馆中华古籍保护中心牵头制定一部古籍书名的国家标准，以供当前各古籍收藏单位进行古籍普查时共同遵守。这样，所谓"双名制"，实际就是同时著录"标准名"和"版本名"两项。

"双名制"的提法并非凭空臆造，推源溯本，实由章学诚"辨嫌名"的著录思想略加改造而来。章氏言曰："校雠著录，其一书数名者，必当历注互名于卷帙之下；一人而有多字号者，亦当历注其字号于姓名之下"，唯其如此，"庶乎无嫌名歧出之弊矣"[33]。假如我们编制《中国古籍总目》这样的书，章氏的办法实在有指

---

① 如《中国丛书综录》第2册（子目）有陈昌齐《楚词辨韵》与《楚辞音义》两条，并列立目，视为两书（上海图书馆编，上海：上海古籍出版社，2007年，第1197页左。此册卷前"编例"有云："凡一书为两种以上丛书所收，书名、卷数全同的，著录一次；卷数不同的，再著录一次；书名不同的，另用仿宋体字著录一次。凡属再次著录的，均缩后一格。"董鼎之书，虽著录三名，但仍以一条著录，即是其例。而陈氏之书，并列著录，并无缩格，是知以两书处理）。前文脚注已言，陈氏之书，实仅一种而已。如此，则《中国丛书综录》失考矣。此即因编目有失而误导读者之一例。

导意义,惜乎今日所见《中国古籍总目》仍不免"嫌名歧出之弊矣"。而我们所提倡的"双名制",乃针对各家馆藏单位独立编制书目而言,故与章氏之法略异,即不必一一历数同书之异名。

为了直观展示采用"双名制"的益处,不妨以仍在建设中的"全国古籍普查登记基本数据库"来做证明。下面仍以本文所讨论的董鼎之书为例。经过多次变换检索词,最终检出如下三组共九条信息。

第一组：

(1) 110000-0101-0000784 00857

書集傳輯錄纂注六卷又一卷朱子說書綱領輯錄一卷　（元）董鼎輯並注

元延祐五年（1318）余志安勤有堂刻本

10 冊　國家圖書館

(2) 110000-0101-0006266 06576

書集傳輯錄纂注六卷又一卷朱子說書綱領輯錄一卷　（元）董鼎輯並注

元延祐五年（1318）余志安勤有堂刻本

10 冊　國家圖書館

(3) 110000-0101-0006950 07265

書集傳輯錄纂注六卷又一卷朱子說書綱領輯錄一卷　（元）董鼎輯並注

元延祐五年（1318）余志安勤有堂刻本

6 冊　國家圖書館

(4) 110000-0101-0020552 A01133

書集傳輯錄纂注六卷又一卷朱子說書綱領輯錄一卷　（元）董鼎輯並注

元至正十四年（1354）翠巖精舍刻明修本

1 冊　國家圖書館

存二卷（一至二）

第二组：

(5) 500000-8703-0000533 0533

書蔡氏傳輯錄纂注六卷首一卷　（清）董鼎注　（清）納蘭成德校訂

清刻通志堂經解本

4 冊　重慶市萬州區圖書館

(6) 320000-1602-0002342 A000100493

書蔡氏傳輯錄纂注六卷首一卷　（元）董鼎撰

清康熙十九年（1680）刻本

3 册　金陵圖書館

(7)110000-0144-0000299 1021

書蔡氏傳輯錄纂注六卷首一卷　（元）董鼎撰

清康熙十九年(1680)成德刻通志堂經解本

8 册　北京師範大學圖書館

(8)410000-8286-0000587 36-00665

書蔡氏傳輯錄纂注六卷首一卷　（元）董鼎撰

清同治十二年(1873)粵東書局刻通志經解本

4 册　靈寶市文物保護管理所

存五卷(二至六)

第三组①：

(9)320000-1605-0002944 120/568

書傳輯錄纂註六卷　（元）董鼎撰

清康熙刻本

4 册　蘇州圖書館

同一种书,在目前尚未完备的"基本数据库"中已有三个名称,对使用者而言,显然不便。倘若各单位以"双名制"著录,不管各家所定"版本名"如何,使用者都可以根据"原定名"或"通用名"一索而得,自然省去不少时间,同时也避免了遗漏。

再如郑樵名著《通志》之精华《通志略》,变换检索词,凡得二组六十一条(检索"通志略"得五十三条,检索"通志二十略"得八条)。

倘若采用"双名制"著录,显然会使检索更加快捷。

诸如此类的例子当然还有很多。此处所示,虽仅尝鼎一脔,但仍可窥豹一斑,于古籍编目中对异名同书者采用"双名制"的必要性可谓昭然若揭了。

需要说明的是,本文所提"双名制"著录办法,只是对现有著录规则的补充,目的是解决各馆藏单位对同一书定名分歧,并由此带来的检索不便乃至称引纷繁等问题。而施行此项办法的前提是,尽早推出一部古籍用名的国家标准。在这部"标准"中,理当接受并执行章学诚提出的"辨嫌名"的思想。

(赵兵兵,北京大学中文系2018级博士研究生)

---

① 按:"基本数据库"可识别简化字,但不能识别异体字,故以"书传辑录纂注"检索则毫无结果。因其关联繁体字设定为"書傳輯錄纂注",而苏州图书馆著录为"書傳輯錄纂註","錄/録""注/註"不能匹配。此又当改进之一端。

参考文献：

[1] 中国国家图书馆,中国国家古籍保护中心.第一批国家珍贵古籍名录图录:第1册[M].北京:国家图书馆出版社,2008:248-251.

[2] 董鼎.书集传辑录纂注[M].影印中国国家图书馆藏元延祐五年(1318)建安余氏勤有堂刻本.北京:国家图书馆出版社,2006.

[3] 董鼎.朱子订定蔡氏书集传[M].影印山东省博物馆藏元刻本.北京:国家图书馆出版社,2006.

[4] 上海图书馆.中国丛书综录:第2册子目[M].上海:上海古籍出版社,2007:89.

[5] 黄虞稷.千顷堂书目(附索引)[M].瞿凤起,潘景郑,整理.上海:上海古籍出版社,2001:24.

[6] 朱睦㮮.万卷堂书目[M].影印清光绪二十九年(1903)湘潭叶氏观古堂刻本:卷一 3b//煮雨山房.中国著名藏书家书目汇刊:明清卷第7册.北京:商务印书馆,2005:426.

[7] 徐乾学.传是楼书目[M].影印民国四年(1915)铅印二徐目合刻本:卷一 9a//煮雨山房.中国著名藏书家书目汇刊:明清卷第17册.北京:商务印书馆,2005:333.

[8] 孙星衍.孙氏祠堂书目内外编[M].影印清光绪九年(1883)德化李氏木犀轩刻本:外编卷一 4a//煮雨山房.中国著名藏书家书目汇刊:明清卷第24册.北京:商务印书馆,2005:223.

[9] 汪士钟.艺芸书舍宋元本书目[M].影印清同治十二年(1873)吴县潘氏滂喜斋刻本:14a//煮雨山房.中国著名藏书家书目汇刊:明清卷第29册.北京:商务印书馆,2005:35.

[10] 马国翰.玉函山房藏书簿录[M].影印山东大学图书馆藏清刻本:卷三 18a-18b//中华书局编辑部.宋元明清书目题跋丛刊:清代卷第12册.北京:中华书局,2006:41.

[11] 陆心源.仪顾堂续跋[M].影印清光绪中归安陆氏刻本:卷一 15a-15b//中华书局编辑部.宋元明清书目题跋丛刊:清代卷第3册.北京:中华书局,2006:218.

[12] 丁立中.八千卷楼书目[M].影印民国十二年(1923)钱塘丁仁聚珍仿宋版印本.北京:国家图书馆出版社,2009:44.

[13] 丁日昌.持静斋书目[M].影印清同治九年(1870)丰顺丁日昌刻民国广东华英书局印本:卷一 3a-3b//煮雨山房.中国著名藏书家书目汇刊:近代卷第2册.北京:商务印书馆,2005:263.

[14] 莫友芝.宋元旧本书经眼录,持静斋藏书纪要[M].邱丽玟,李淑燕,点校.上海:上海古籍出版社,2009:184.

[15] 瞿镛.铁琴铜剑楼藏书目录[M].影印清光绪二十四年(1898)刻本:卷二 13b-15a//中华书局编辑部.宋元明清书目题跋丛刊:清代卷第4册.北京:中华书局,2006:38-39.

[16] 陆心源.皕宋楼藏书志[M].影印清光绪八年(1882)陆氏十万卷楼刻本:卷四 12a-14a//中华书局编辑部.宋元明清书目题跋丛刊:清代卷第1册.北京:中华书局,2006:49-50.

[17] 沈德寿.抱经楼藏书志[M].影印民国十三年(1924)慈溪沈氏铅印本:卷三 12a-14a//中华书局编辑部.宋元明清书目题跋丛刊:清代卷第6册.北京:中华书局,2006:34.

[18] 莫友芝.藏园订补郘亭知见传本书目[M].傅增湘,订补;傅熹年,整理.北京:中华书局,1993:70-71.

[19] 傅增湘.藏园群书经眼录[M].2版.北京:中华书局,2009:26.

[20] 彭元瑞,等.天禄琳琅书目后编[M].影印清光绪十年(1884)王先谦刻本:卷八 11b-12a//中华书局编辑部.宋元明清书目题跋丛刊:清代卷第11册.北京:中华书局,2006:336.

[21] 周中孚.郑堂读书记补逸[M].影印商务印书馆《国学基本丛书》排印本:卷三 91-92//中华书局编辑部.宋元明清书目题跋丛刊:清代卷第9册.北京:中华书局,2006:383.

[22] 曹寅.楝亭书目[M].影印国图藏万宝斋抄本//煮雨山房.中国著名藏书家书目汇刊:明清卷第15册.北京:商务印书馆,2005:39.

[23] 题董其昌.玄赏斋书目[M].影印国图藏民国间张氏适园抄本:卷一 4a//中华书局编辑部.宋元明清书目题跋丛刊:明代卷第2册.北京:中华书局,2006:62.

[24] 钱曾.也是园藏书目[M].影印国图藏清归安姚氏咫进斋抄本//煮雨山房.中国著名藏书家书目汇刊:明清卷第16册.北京:商务印书馆,2005:12.

[25] 杨士奇,等.文渊阁书目[M].影印清嘉庆四年(1799)顾修辑刊《读画斋丛书》本:卷二 11a//中华

书局编辑部.宋元明清书目题跋丛刊:明代卷第1册.北京:中华书局,2006:19.

[26]姚际恒.好古堂书目[M].影印民国十八年(1929)南京中社影印崟山图书馆藏抄本:卷一2a//煮雨山房.中国著名藏书家书目汇刊:明清卷第19册.北京:商务印书馆,2005:333.

[27]季振宜.季沧苇藏书目[M].影印清嘉庆十年(1805)吴县黄氏士礼居刻本:55a//煮雨山房.中国著名藏书家书目汇刊:明清卷第20册.北京:商务印书馆,2005:253.

[28]吴格.《中华古籍总目》著录规则[C]//国家古籍保护中心.古籍保护研究:第1辑.郑州:大象出版社,2015:249.

[29]李修生.全元文:第14册[M].南京:江苏古籍出版社,1999:331-332.

[30]陈栎.陈定宇先生文集[M].陈嘉基,订.刻本.1694(清康熙三十三年):卷一4a.

[31]《尚书辑录纂注》提要[M]//永瑢,等.四库全书总目.北京:中华书局,1965:97.

[32]董真卿.周易经传集程朱解附录纂注[M].影印中国国家图书馆藏元刻本.北京:北京图书馆出版社,2004:自序1b.

[33]章学诚.校雠通义通解[M].王重民,通解.上海:上海古籍出版社,2009:30.

编后记

王振良

  由国家古籍保护中心主办、天津师范大学古籍保护研究院承办的《古籍保护研究》第四辑已经问世。在总结经验教训的基础上，我们又推出了第五辑。本辑共刊出稿件22篇，根据古籍保护工作实际和文稿的特点，分别纳入11个栏目。

  "古籍保护综述"栏目刊文1篇。张志清《普查·总目·书志——"中华古籍保护计划"的古籍编目实践》在回顾"中华古籍保护计划"发起过程的基础上，介绍了古籍普查登记的顶层设计、路径选择、工作进展以及未来的古籍书志编纂计划。文章认为，古籍普查登记虽是古籍编目的初级层次，但可以促进未来编目的深化发展，而书志则是对古籍进行更为详细著录的方式；我国应在古籍编目方面，积极探索出一条既与国际编目规则接轨又有自身特色的道路。

  "普查与编目"栏目刊文2篇。周余姣、李国庆《古籍书目编纂之探索——以〈中华古籍总目〉为例》认为《中华古籍总目》是一部真正意义上的国家现存古籍总目，也是"中华古籍保护计划"的标志性成果之一。本文对《中华古籍总目》的性质和功用进行了介绍，并在分析书目编纂的现状和问题基础上提出三项建议，即完善相关制度、加强古籍编目人才培养、推动古籍编目理论研究。赵洪雅、林世田《澳大利亚国家图书馆新见〈崇宁藏〉零种〈大般若波罗蜜多经〉卷四二残卷浅议》介绍了这部尚未为学人所知的佛经残卷，并综合考察其版式行格、字体刀法、刻工和印工等，认为是北宋福州东禅寺传法慧空大师冲真于元丰三年（1080）

在东禅经局主持雕造的《崇宁藏》本《大般若波罗蜜多经》零种之一,为《崇宁藏》研究提供了新的材料。

"版本与鉴定"栏目刊文3篇。李致忠《〈洪武南藏〉问题考论及其重修复原之役》在详细考辨《洪武南藏》的校刻、回禄之灾、供奉崇庆州上古寺三个问题基础上,对其历史地位予以充分肯定。文章基于其传世情况,指出通过现代技术手段重修复原《洪武南藏》的意义与价值。赵昱《从"丑虏"到"强敌"——潘良贵别集版本考论》通过分析现存各个版本潘良贵别集的内容特点,梳理考察它们之间的传承关系,指出每个版本的源流情况和优劣所在,为整理出版潘良贵全集奠定了扎实基础。王琼《新见抄本〈虎口余生〉考论》以广西师范大学图书馆藏抄本为研究对象,考察其在戏曲发展史上的意义和价值。文章还把抄本内容与他本进行了比较,还原了抄本的学术意义和价值。

"收藏与整理"栏目刊文2篇。郎菁《陕西省图书馆藏丹徒赵艺博积微室藏书》考察了丹徒赵氏积微室藏书入藏陕西省图书馆的过程,揭开了围绕这批藏书的诸多谜团。寻霖《凤凰县图书馆藏致田兴恕信札》则介绍了全国古籍普查中发现的清咸丰、同治、光绪间人物致贵州提督田兴恕信札,通过考证收信人田兴恕及写信者的生平,揭示这批手札的文献价值。

"历史与人物"栏目刊文1篇。吴晓云《记古籍修复大家肖顺华先生》介绍了国家图书馆(原北京图书馆)古籍修复专家肖顺华。他担任修整组组长近三十年,为古籍修复工作及古籍修复人才培养做出了重要贡献,奠定了今日国家图书馆古籍修复领域引领行业发展的基础。

"保藏与修复"栏目刊文4篇。杨玉良《科学、技术与文化遗产——手工纸张的理化性质》指出,中国传统造纸术的产生距今已有两千余年,还原与复兴传统造纸技艺对于今天的书画爱好者、藏书机构工作人员乃至社会大众有着重要的意义。传统造纸需要通过搜集原材料、沤纸浆、捶打、漂白、洗浆、悬浮、烘干等流程展开。通过实验验证,对纸张纤维物理化学原理进行了解与使用可以影响造纸过程中一些关键环节的效率与效果,从而延长纸张寿命,提升纸张质量。徐晓静《浅谈古籍修复之衬纸使用》从何时需要衬纸、衬纸选料、衬纸方式方法等几方面阐述了衬纸之使用,对古籍修复技师有很强的参考作用。罗涵沅、袁东珏《明崇祯刻本〈圣迹图〉修复初探》探讨了四川省图书馆藏明崇祯刻本《圣迹图》的版本概况、修复历史、破损情况及修复配纸检测等,为修复工作的正式展开提供了科学有效的依据。臧春华等《枞阳县图书馆藏珍贵古籍修复项目概述》以明正德刻本《黄氏日抄》等3部14册残破严重的珍贵古籍修复为例,探讨了揭、溜、补、托、衬、合册等古籍修复技法的实际应用,对修复霉蚀粘连、缺损老化古籍具有借鉴意义。

"再生与传播"栏目刊文3篇。朱本军《海外汉籍数字化加工现状与实践研究》对海外汉籍的分布,及其所经眼的海外汉籍数字化加工基本现状、数字化加工环节中值得国内注意的经验进行了综述,并针对古籍数字化加工中比较重要的原色采集、物理尺寸标示、采集粒度、存储参数与格式及古籍碎片、无字页、夹抄、附属物件等细节处理提供了实例和建设性意见。王荣鑫《古籍影印对版本研究的助益——兼谈"四部要籍选刊"的影印》以"四部要籍选刊"为例,探讨了古籍影印与版本研究的关系,认为采用不同的影印方式(如灰度影印和位图影印)对版本研究会起到不同作用。文章还谈到影响古籍影印效果的因素以及未来古籍影印的重点——稀见古籍影印、回归域外汉籍影印、学术价值高的明清古籍影印、图录性工具书影印、深度整理古籍的影印等。陈腾《上海中医药大学图书馆古籍影印工作述略》以"上海中医药大学图书馆藏珍本古籍丛刊"第一辑影印出版为例,以提要形式介绍了《重刊巢氏诸病源候总论》《素问钞补正》《新刻全补医方便懦》《局方发挥》《丹溪心法类集》五种古籍的撰者行实,概述文本内容,考辨版本源流与递藏关系等。

"《永乐大典》专辑"栏目刊文3篇。胡泊《〈永乐大典〉修复工程略说》回顾了2002年国家图书馆启动的《永乐大典》修复工程实施背景、状况调查、方案制定、试修工作、立项实施、修复过程及成果等,对今后珍贵文献的保护修复有很大的借鉴和启发作用。谢德智《国家图书馆藏〈永乐大典〉述略》从《永乐大典》入藏国家图书馆的过程入手,探求历史踪迹,梳理现存情况,并结合国家图书馆对《永乐大典》的价值判定和挖掘利用的探索、实践,分享了未来的发展规划与研究设想。赵前《〈永乐大典〉影印编年简史》则按时间顺序对百年来《永乐大典》影印历程进行了梳理,有助于阅读者和研究者了解该书基本情况。

"名家谈古籍"栏目刊文1篇。徐忆农《活字本简史与类型》在深入研究的基础上,简明扼要地介绍了活字本的发展历程,同时重点介绍了泥活字印本、磁版印本、活字泥版印本、木活字印本、锡活字印本、铜活字印本、铅活字印本的不同特点,特别指出活字印刷术由北宋毕昇发明后,在东西方能工巧匠的共同努力下,从15世纪至20世纪陆续成为世界范围内生产图书的主要印刷方式,使越来越多的人能够接触知识,摆脱愚昧,推动了包括中国在内的整个世界文明向前发展。

"书评与书话"栏目刊文1篇。凌一鸣《文献的生命周期——评林明著〈中国古代文献保护研究〉》认为，林明著《中国古代文献保护研究》以古籍文献的生命周期为线索，探讨了从制作到修复各个阶段古籍保护的方法、制度与注意事项，试图从思想理论与技术方法两方面探索中国古代文献保护的特点。而在古籍保护学术史上，以全面建立研究体系为指归的著作相对匮乏，该书的结构框架、研究方法、指导理论在同类著作中极具个性，值得进一步发掘与讨论。

"研究生园地"栏目刊文1篇。赵兵兵《论古籍编目中对异名同书者采用"双名制"的必要性——由元董鼎所著有关〈尚书〉的注解谈起》指出古籍的"同书异名"来源有三，即版本异名、传闻异名、编目异名。而在古籍编目中，对异名同书者采用"双名制"（标准名+版本名）著录办法，可以有效限制编目者的自主裁定权，有利于提高全国古籍普查登记基本数据库等书目索引的检索效率。

自从组建新的《古籍保护研究》编辑部之后，我们每位编辑人员的心中既有喜悦，又有不安。喜悦的是要迎接新工作的挑战，不安的是要面对新工作的陌生。好在我们有强大的顾问和编委团队，解决了前期的组稿和编辑难题；还有对工作极其负责的大象出版社编辑与校对人员，在后期编校出版环节帮我们把好了关。感谢一切支持《古籍保护研究》的师友！

2020 年 5 月 30 日

征稿启事

《古籍保护研究》集刊的编辑出版，旨在推行"中华古籍保护计划"，为古籍保护工作者搭建一个古籍保护工作与研究成果的交流平台，广泛宣传古籍保护工作的重要意义，总结先进工作经验，及时发表古籍保护研究成果，推进古籍保护工作与学科建设向纵深发展。

本刊由国家古籍保护中心主办，自2015年底到2018年底共出版三辑。自2019年第四辑起，由国家古籍保护中心主办、天津师范大学古籍保护研究院承办，定为每半年一辑，一年两辑，分别于每年3月31日、9月30日前由大象出版社出版，每辑约25万字。

本刊设定栏目为"古籍保护综述、探索与交流、普查与编目、保藏与修复、再生与传播、收藏与整理、版本与鉴定、人才与培养、历史与人物、名家谈古籍、书评与书话、研究生园地"等。敬希广大古籍保护工作者、专家学者及古籍爱好者垂注并赐稿。

一、稿件要求

1.稿件必须为原创，要求观点明确，层次清楚，结构严谨，文风朴实。

2.篇幅一般在1万字以内，有关古籍保护方面的重要工作综述、重要研究成果和特邀稿件不受此限。

3.论文层级一般为三级，采用"一、（一）、1"的形式。文章结构为：文章标题（请附英文标题）、作者姓名、摘要（100~300字）、关键词（3~5个，用分号间隔）、正文、参考文献、作者介绍。

4.文章标题用三号宋体加黑，居左；作者姓名用小四号仿宋，居左；摘要、关键词用楷体，居左。正文用五号宋体，1.5倍行距；小标题加黑，居左空2格。

5.参考文献列于文后,请按《信息与文献　参考文献著录规则》(GB/T 7714—2015)要求标注。

6.注释采用页下注的形式,每页重新编号,均用圈码(①②③……)表示。

7.所有来稿请提供作者基本信息,包括姓名、工作单位、职称或职务、联系地址、邮政编码、电子邮箱、电话号码。

二、投稿事宜

1.请将稿件发至 gjbhyj2018@163.com,邮件主题注明"《古籍保护研究》投稿"字样。

2.编辑部于收到稿件后60日内回复处理意见。

3.来稿一经刊用,即按本刊标准支付稿酬,出版后另寄赠样书2册。

三、联系方式

联系人:周余姣　凌一鸣

电话:022-23767301

邮箱:gjbhyj2018@163.com

地址:天津市西青区宾水西道393号
　　　天津师范大学古籍保护研究院

邮编:300387

《古籍保护研究》编辑部

2020年4月30日